2024年度浙江省哲学社会科学规划后期资助重点课题研究成果
（编号：24HQZZ006Z）

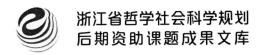

浙江省哲学社会科学规划
后期资助课题成果文库

新一代人工智能对企业创造力
与绩效的影响研究

Impact of Next-Generation
Artificial Intelligence on Enterprises' Creativity
and Performance

王绍峰◎著

ZHEJIANG UNIVERSITY PRESS
浙江大学出版社
·杭州·

图书在版编目（CIP）数据

　　新一代人工智能对企业创造力与绩效的影响研究 /
王绍峰著. -- 杭州：浙江大学出版社，2024. 12.
ISBN 978-7-308-25910-1

　　Ⅰ. F272.7

　　中国国家版本馆 CIP 数据核字第 20257G32Z0 号

新一代人工智能对企业创造力与绩效的影响研究

王绍峰　著

策划编辑	吴伟伟
责任编辑	陈思佳(chensijia_ruc@163.com)
文字编辑	谢艳琴
责任校对	陈逸行
封面设计	雷建军
出版发行	浙江大学出版社
	（杭州市天目山路 148 号　邮政编码 310007）
	（网址：http://www.zjupress.com）
排　　版	大千时代(杭州)文化传媒有限公司
印　　刷	浙江新华数码印务有限公司
开　　本	710mm×1000mm　1/16
印　　张	19.5
字　　数	263 千
版 印 次	2024 年 12 月第 1 版　2024 年 12 月第 1 次印刷
书　　号	ISBN 978-7-308-25910-1
定　　价	88.00 元

序

当前世界正经历新一轮科技革命和产业变革,新一代人工智能技术逐渐成为推动经济社会高质量发展的重要驱动力。人工智能与企业经营深度融合的趋势愈发明显,不仅推动了企业的数字化转型,也为各行各业的创新发展与价值创造提供了全新的路径选择。以生成式人工智能、具身智能和大模型训练为代表的新一代人工智能技术突破了其原有的技术边界,显著扩展了企业在管理模式、产品研发、市场营销等领域的创新空间,进一步加速了企业由要素驱动向智能驱动转变的历史进程。该书在这一宏观背景下应运而生,紧扣新一代人工智能与企业管理创新的主题,深入阐释数字化转型与资源整合对企业竞争力提升的重要意义。

新一轮科技革命和产业变革加速推进,数字技术已从概念走向大规模应用。人工智能在算法、数据要素、软硬件协同等层面不断实现突破,催生出多样化的应用场景。综合运用新一代人工智能技术可让企业在创新研发、生产协同、市场预测、供应链管理等方面获得显著优势。与此同时,人工智能带来的管理模式重塑也会让各行业在资源整合与组织变革实践的过程中实现效率提升。要让新一代人工智能技术真正赋能企业创造力与绩效,必须掌握适配的能力体系和管理策略,避免盲目扩张、技术泡沫以及数据滥用等潜在风险。该书基于多理论融合,在资源基础理论、动态能力理论、技术—组织—环境框架等视角下,系统探讨了中国企业如何在新一代人工智能浪潮中夯实基础资源、形成技能优势、培育创新思维,实现可持续的价值创造。该书的研究成果既可为企业数字化转型提供系统的路线指引,也可为国家制定人工智能相关产业政策提供理论支撑。

从学术视角来看,该书最具特色之处在于:第一,率先在资源基础理论和动态能力理论的研究框架下提出了人工智能基础、人工智能技能和人工智能倾向三位一体的高阶模型,较为全面地阐明了人工智能能力构成的复杂性以及三者在企业发展中的互补关系。第二,通过构建平行链式中介路径,揭示了人工智能管理机制与驱动决策在连接人工智能能力与企业绩效中的关键作用,表明要真正发挥人工智能对企业绩效的促进效应,需要在管理和决策层面提供系统化的支持与引导。第三,研究进一步阐明了创新文化及环境活力的调节效应,说明只有在企业内部形成鼓励试错的创新氛围并积极应对外部环境的不确定性,才能让人工智能优势得到充分发挥,提升企业的可持续发展能力。从这一角度而言,该书不仅推动了人工智能与企业绩效的交叉研究,也为数字经济时代下的企业管理理论发展提供了全新的探讨维度,具有相当的学术创新价值。

在实践应用层面,该书对于企业管理者和政府决策部门而言具有重要的指导意义。一方面,书中关于人工智能能力的内在构成及其运行机制的论述可为企业有针对性地部署人工智能项目、完善相应的组织结构、提升员工的数字素养提供具体指引。书中多次强调了基础资源的完备性与技能储备的紧密衔接,说明企业仅依赖外部技术采购或硬件升级难以保证其竞争力的持续,需要统筹培养企业的核心人才、建立跨部门协作网络,并以更具前瞻性的布局来吸收技术红利。另一方面,对于地方政府、行业协会及国家层面的政策制定者而言,该书提出的政策建议(如深入推动国家和地方人工智能先导区建设,完善创新平台与数据开放平台,加快人才教育培训项目落地,搭建多层级科研与产业联盟等)能够为宏观层面的供给侧结构性改革提供指导,帮助优化产业生态。只有科技、政策、产业三个方面形成合力，我国新一代人工智能技术才有可能在更广范围、更深层次上实现对传统生产方式的改造与升级。

面向未来，新一代人工智能技术的迭代速度持续提升，其在自动驾驶、医疗诊断、教育培训、智慧物流等领域的创新应用正深刻影响人类社会的生产生活方式。该书为企业如何更有效地将技术潜能转化为竞争动能提供了一个清晰且可行的研究范式，综合运用多种方法来挖掘企业在人工智能赋能发展过程中的核心要素与痛点，并探讨其与企业绩效提升的潜在联系与作用边界。此种跨学科、跨理论的研究路径值得更多研究者借鉴与拓展，这也为人工智能领域的多样化实践提供了启示。

该书能够为我国企业数字化转型和科技自主创新提供有益的理论思考与实践启示，为各类组织有效利用人工智能技术、培育竞争新优势带来重要启发。希望作者未来能够在学术研究和企业实践之间搭建更多的"桥梁"，为推动人工智能产业在新时代的蓬勃发展做出更大的贡献。

2024 年 12 月于北京

前　言

　　党的二十大报告强调构建新一代信息技术、人工智能等新增长引擎。新一代人工智能的发展给企业的生存和创新带来了巨大的挑战与发展机遇。企业如何掌握应用人工智能的能力并有效管理人工智能以提升企业创造力和绩效成为影响企业发展的关键。因此,开展新一代人工智能影响下中国企业应用人工智能能力以及提升企业创造力与绩效的问题研究具有重要的理论和现实意义。

　　现有研究尚缺乏对人工智能能力、人工智能管理以及人工智能驱动决策与企业绩效之间关系的探讨。本书立足于资源基础理论、动态能力理论和技术—组织—环境框架,构建了高阶人工智能能力模型,并提出了人工智能能力与企业绩效的研究模型。我们通过问卷调查共收集了 394 份企业问卷。本书采用模糊集定性比较分析、偏最小结构方程模型、自适应神经模糊系统和人工神经网络对数据进行分析,以检验研究假设和模型。研究发现,人工智能能力作为二阶变量,由人工智能的基础、技能和倾向三个一阶变量构成。人工智能能力通过企业创造力、人工智能管理和人工智能驱动决策间接影响企业绩效。在这一过程中,企业创造力、人工智能管理和人工智能驱动决策均为重要的中介变量。创新文化正向调节企业创造力与人工智能驱动决策之间的关系,同时也正向调节人工智能驱动决策与企业绩效之间的关系。环境活力正向调节人工智能管理与人工智能驱动决策之间的关系。在控制变量中,企业年龄会对企业绩效产生负向影响,而企业雇员数量对企业绩效并无显著影响。此外,本书通过对新一代人工智能影响企业发展的五个典型案例开展分析,探讨了企业借助新一代人工智能提升创造力与绩效的经验和做法。

本书基于研究结果提出了相应的理论启示、管理启示与政策建议,为企业、学者和政策制定者提供了新一代人工智能在企业发展中的实践参考。通过深入探讨人工智能能力与企业绩效之间的关系,本书为企业如何利用人工智能技术实现创新与提升绩效提供了有益启示。希望本书的研究成果能够助力企业和研究者深入挖掘人工智能技术的潜力,为推动人工智能在中国企业的广泛应用和发展奠定坚实基础。

目　录

第1章 绪 论

1.1 研究背景

在数字经济浪潮中,以新一代人工智能为代表的新兴产业在社会进步史上扮演着日益重要的角色(张夏恒,2023;姚加权等,2024;Jia et al.,2024;Filippo et al.,2024)。在政策、技术和市场等诸多因素的驱动下,中国的人工智能产业呈现出高速增长的态势,给全社会发展带来了大量的机遇与挑战(阳镇和陈劲,2020;池仁勇等,2020;陈艳霞和张鹏,2024)。在此背景下,众多具备国际竞争力的杰出企业在中国市场脱颖而出,人工智能产业逐步步入了发展的活跃期,展望未来,前景可谓是相当广阔。中国人工智能的迅猛发展不仅得益于社会和科技的推动,更离不开国家层面的大力支持(吴晓波等,2020;韩民春等,2024)。近年来,中国政府高度重视并积极扶持人工智能产业的发展,围绕技术进步、产业经济发展和人才培养等方面展开重点布局,并相继推出一系列政策法规,以推动人工智能行业迈向新的高峰(汤志伟等,2019;吕越等,2024)。2017 年发布的《新一代人工智能发展规划》聚焦于人工智能产业的融资与发展,旨在改善我国的经济状况,标志着人工智能发展已上升至国家战略层面。此外,"十四五"规划明确指出,要积极推进人工智能的创新应用,而《"十四五"国家信息化规划》亦着重强调加强人工智能等前沿性技术的布局,推动数字产业能级跃升。得益于政策的推动与支持,尽管中国的人工智能产业起步相对较晚,但发展迅猛,并且逐渐成为国际竞争的核心力量。在此背景下,企业创新力与绩效受到了极大的影响,新一代人工智能的广泛应用和推广将为企业发展注入新的活力,为社会经济的繁荣做出重要贡献(陈劲和陈钰芬,2006;戚聿东和肖旭,2020;Sullivan et al.,2024)。

新一代人工智能的快速发展给企业带来更多商业机会(Obschonka et al.,2020;Shareef et al.,2021;金星晔等,2024;Shang et al.,2024)。新一代人工智能作为模拟人类智慧运行的机器(程序)(Ameen et al.,2024),涵盖了机器学习、数据挖掘、自然语言处理、图像识别等技术的运用(Sadeghi et al.,2024)。它能够帮助企业提升工作效率、节约成本、提高产品质量和客户服务水平(Benbya et al.,2024)。能否识别商机反映了企业能力(Yao et al.,2021),尽管新一代人工智能的应用能够改善企业绩效(Lin et al.,2024),但是其也将考验企业运用新一代人工智能的能力。企业可以借助新一代人工智能技术改善客户服务体验,让消费者获得更加精准的商品推荐并面临更少的选择成本(Li et al.,2024)。基于资源基础观点理论(Majhi et al.,2023),人工智能的应用能力被认为是一种隐性资源的合集(Bag et al.,2021)。这种资源组合包括配套资源、劳动技能、组织协调能力等(Kim,2019;Selz,2020)。一旦企业掌握了竞争对手难以轻易模仿的资源,就可以形成企业的竞争优势(Yasmin et al.,2020),相应地,也能提升企业绩效(Chen & Lin,2021)。因此,探索新一代人工智能对企业绩效的影响机制有着重要的理论和实践价值(Chen & Lin,2021),尤其是对于与客户直接接触的电子商务行业(He & Liu,2024)来说。

近年来,数字技术如新一代人工智能(孙艺,2024;Tchuente et al.,2024)、云计算、社交媒体、3D 打印、数据管理分析(Haenlein &

Kaplan,2019;洪江涛和张思悦,2024)等已广泛应用于商业领域的各个方面。这些数字技术改变了商业创新过程中固有的不确定性以及应对这种不确定性的方式。同样,数字技术对新商业理念研究产生了重大影响。企业创造力作为产生新想法的关键,表明了企业创新的方向(余江等,2024)。鉴于创新理念的重要性,它的产生应该有坚实的理论基础,尤其是对以新一代人工智能为代表的数字技术的认识。现有的关于新一代人工智能与企业绩效之间关系的研究还处于理论概念构建阶段,相关研究主要集中在对其概念和特征的界定上。尽管一些学者初步探索了各种数字技术对企业经营的影响,如区块链和数字化平台,但是这些研究主要探讨了数字技术对企业经营转型的一般影响。数字技术具有可编辑、可分发和开放性等特点。可编辑是指数字产品可以不断修改和更新的特性。可分发是指数字产品可以跨资源、跨机构传输的特性。开放性是指数字技术的可访问性。数字技术的这些特点对新的企业创新和经营产生了巨大的影响(宋玉臣和朱铭祺,2024)。随着数字技术的发展,数字技术或产品的可编辑、可分发性和开放性特点使得项目、流程和程序的结合成为可能,如软件、软件组件、跨平台生产系统的结合。由于数字技术的上述特性,新的企业经营模式、参与者和经营过程的界限变得模糊。在新的数字环境下,企业组织如何应对不确定性带来的挑战,捕捉商机则显得尤为重要。

新一代人工智能正在颠覆企业的经营管理模式,给企业经营带来新的突破和挑战(Dwivedi et al.,2024)。特别是在电子商务领域,基于新一代人工智能的解决方案的适用性得到了广泛认可和讨论。例如,电子商务的营销人员需要智能化的解决方案来处理复杂业务环境中的数据。已有文献证实,新一代人工智能可以有效地协助组织分析海量数据(俞鼎和李正风,2024)。随着使用人工智能技术的企业数量的增长,企业对新一代人工智能所提供的商业价值充满信心,但这些企业同时也面临着绩效提升的挑战(范合君和吴婷,2021)。企业组织需要开发它们的互补资源,利用新一代人工智能进行投资,在这些过程中,新一代人工智能可以在客户服务和营销方面激发企业组织的创造力(徐印州等,2018;Huang et al.,2024),同时可以根据实时数据和数据驱动的预测作出快速、直观的决策(Chatterjee et al.,2024)。除此之外,人工智能可以准确地处理海量数据集,以帮助专业人员执行重复性强的工作流程和创造性任务,包括在复杂情况下为设计、工程和增强输入信息提供建议(张夏恒,2023;Xi et al.,2024)。因此,探究使用新一代人工智能所需要的资源类型和厘清新一代人工智能对企业绩效的影响机理非常重要,有利于推动中国新一代人工智能行业的有序、健康发展,提升中国在新一代人工智能领域的国际话语权。

基于以上研究背景,本书将重点关注以新一代人工智能为代表的数字技术是如何影响企业绩效的,以电子商务企业为例,使用理论分析结合实证检验的方法,基于资源基础理论、动态能力理论、技术—组织—环境框架来探讨新一代人工智能对企业绩效的影响机制,探究企业在应用新一代人工智能背景下的关键路径与影响因素,识别不同企业规模和成立年限所带来的影响,探究自变量、中介变量、调节变量、控制变量和分组变量给企业绩效带来的不同效应,提出新一代人工智能对企业绩效的影响模型,基于理论分析和实证研究来探索企业应用新一代人工智能的策略与路径。

1.2 研究问题

关于新一代人工智能及其能力对企业绩效影响的研究成果正不断涌现(Denicolai et al.,2021;Sahoo et al.,2024;Lin et al.,2024)。虽然新一代人工智能具有较强的实用性并能创造价值,但是由于新一代人工智能的许多程序较为复杂和获取相关数据的难度较高,许多企业难以突破技术壁垒,从而无法真正在企业中实际应用(Fountaine et al.,2019)。其他阻碍新一代人工智能应用的因素包括结构惯性、风险不确定性、无法解释、透明度较低、灵活性不高、激励不大、阻力重重和缺乏创业研究等(张鹏飞,2021;王洋和闫海,2023;Gofman & Jin,2024)。本书将主要探究企业使用新一代人工智能所需要的资源类型并厘清新一代人工智能对企业绩效的影响机理,从而为丰富新一代人工智能与企业绩效的研究成果提出基于实证的理论、管理启示。

现有文献致力于研究新一代人工智能对特定行业的影响,如金融业(Manser Payne et al.,2021;Giudici et al.,2024)、制造业(潘珊和郭凯明,2024)、自动化零售(Mohamed et al.,2024)、物流(Jaouhari et al.,2024)等领域。而其他研究则着眼于人工智能对公司创新流程和管理实践、技术创新(Liu et al.,2020;Zhou et al.,2024)以及新一代人工智能学习与创业绩效的关系(Khalid,2020;Gofman & Jin,2024)。在电子商务领域,人工智能技术应用也处于一个快速发展时期(He et al.,2024)。电子商务公司根据历史用户资料、消费记录等来预测最佳的推广对象(Giannoulakis,2020)和制定定价策略(Shang et al.,2020),并基于强大的数据分析能力向消费者推荐个性化商品(Li et al.,2021)。客服机器人的出现可以帮助客户快速解决更多问题(Varsha et al.,2021)。电子商务公司可根据以往数据进行深度挖掘与分析,从而把握市场趋势,进而提升运营效率。

企业创造力作为形成新想法、新产品、新服务的关键因素(Yao et al.,2021;Huang et al.,2024),也是影响企业绩效的潜在因素(Mikalef & Gupta,2021)。大数据可以增强新一代人工智能能力(Ghasemaghaei,2021),并提升决策质量以获得更好的经营效果(Denicolai et al.,2021)。信息技术能力,包括信息管理能力、信息处理能力、知识能力和跨渠道能力(Stopford & Baden-Fuller,1994),是企业家在数字环境中获取与商业机会相关的信息的能力。在数字环境中,先验知识可用于解释信息的价值(Toorajipour et al.,2024)。商业环境的动态变化可能会对以新一代人工智能为代表的数字技术应用产生影响(Sullivan et al.,2024),也会对企业绩效产生作用。组织的创新文化可能也是影响企业绩效的重要变量(Dubey et al.,2020)。企业创造力可以形成产品/服务的新组合,企业可以用这些新组合来获取潜在市场或用户(Jin et al.,2024)。这个创造过程是对未来潜在企业经营方式的洞察与呈现(Iaia et al.,2024),它勾勒出了发展蓝图并指出了未来的发展方向。

研究问题一:如何建构中国电子商务企业人工智能能力?

研究问题二:新一代人工智能对企业创造力与绩效存在何种影响机制?

研究问题三:国内外典型案例中人工智能如何助力企业创造力与绩效提升?

研究问题四:如何构建有效政策促进人工智能赋能企业创造力与绩效提升?

本书将基于资源基础理论和现有相关研究成果来构建新一代人工智能能力的高阶变量、人工智能能力对电子商务企业绩效影响的理论模型和对应的研究假设。

1.3 研究方法

本书采用定性与定量研究相结合的方法,重点分析人工智能对企业绩效的影响,构建了融入资源基础理论、动态能力理论和技术—组织—环境框架的多理论模型。使用 SPSS 25.0、SmartPLS 3.0、fsQCA 3.0 和 MATLAB R2021a 进行实证分析,并采用以下研究方法。

第一,文献回顾与内容分析。通过 Web of Science(科学网)、Scopus(斯高帕斯)、JSTOR(文献检索系统)等数据库检索和分析相关文献,明确研究主题,提出理论框架,并基于中国电子商务企业应用人工智能的背景提出研究假设,构建理论模型。

第二，专家访谈。通过专家访谈收集变量选择与测量的意见，验证并完善模型，确保研究结果具备理论依据和实践意义。

第三，问卷调查。设计调查问卷，通过电子邮件和微信发放，收集中国电子商务企业的数据。使用克隆巴赫 α 系数、聚合效度和判别效度等方法验证量表的信效度，最终形成正式的测量量表。

第四，实证研究。使用 SPSS 和 SmartPLS 进行数据分析，验证模型的适配度、解释力与预测力，并探索不同人工智能场景的异质性差异，揭示企业绩效的关键影响因素。

第五，研究新一代人工智能在企业中的应用，分析成功经验，提供实践指南。

1.4　研究目标

本书提出前述四个研究问题后，系统回顾了相关基础理论并进行分析，梳理相关研究成果，归纳本书研究中的自变量、因变量、中介变量、控制变量、调节变量和分组变量，融入资源基础理论、动态能力理论和技术—组织—环境框架提出人工智能对企业绩效的影响模型，基于实证分析结果揭示各影响因素的作用路径和效果，以期为电子商务企业提供应用人工智能提升企业绩效的管理启示，同时为人工智能相关产业链的参与主体提供决策建议，助力企业的数字化转型和创新发展，向世界贡献企业数字化转型的中国方案与智慧。综合研究背景和研究关注的问题，本书确定的研究目标如下。

第一，在电子商务企业应用人工智能的研究情景中识别企业绩效的影响因素。

第二，揭示电子商务企业人工智能能力构成机理，以及人工智能能力对电子商务企业绩效的影响机制。

第三，分析企业创造力、人工智能管理与驱动决策在人工智能能力与企业绩效中所扮演的角色,观察创新文化与环境动态作为调节变量是否会对人工智能能力与企业绩效之间的关系产生影响。

第四,在获悉企业绩效的影响因素后,确定影响企业绩效的关键因素和影响程度。结合案例进行研究,为企业应用人工智能技术来提升企业绩效提供参考建议并形成竞争优势,同时为应用人工智能技术的企业开发相关产品或服务提供有效的决策依据,为促进人工智能相关产业发展提供决策参考。

1.5　研究框架

1.5.1　技术路线图

本书首先回顾了数字化改革、企业数字化转型及企业应用人工智能的相关文献,强调了新一代人工智能应用对企业绩效提升的重要性。尽管新一代人工智能的应用逐渐增加,但企业对于其影响绩效的内在机理仍然缺乏深入理解。因此,本书旨在研究新一代人工智能如何影响企业绩效,识别并分析其中的关键影响因素。在梳理现有文献与相关理论后,本书聚焦于以下研究问题:新一代人工智能能力对电子商务企业绩效的影响机制是什么? 企业创造力、新一代人工智能管理与决策在这一关系中扮演何种角色? 创新文化与环境动态是否能够调节新一代人工智能能力与企业绩效的关系? 这些问题既是当前企业理论与战略管理领域的热点话题,也是本书研究的核心。本书首先明确了新一代人工智能能力的概念,并通过系统梳理文献,结合企业数字化转型现状,提出了研究框架与假设,归纳了影响机制的构成维度,进而提供了测量工具。通过网络问卷收集数据,并进行实证分析以检验假设。最终揭示了显著的影响因素,提出了提升电子商务企业绩效的路径,并结合技术—组织—环境框架提出了实践建议与研究展望。本书将理论分析与实证检验相结合对研究问题进行分析,所采取的研究逻辑主线如图 1-1 所示。

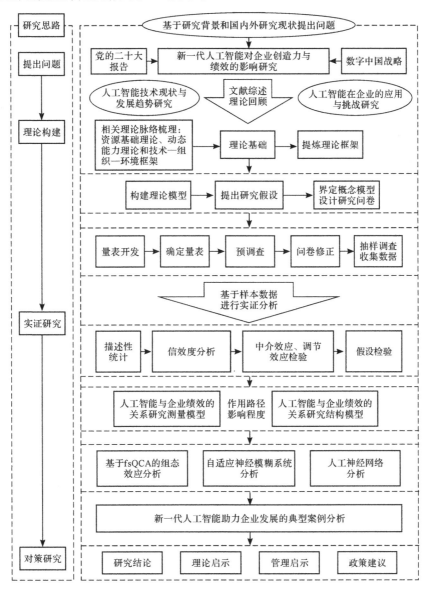

图 1-1　研究逻辑主线

1.5.2　内容概述

本书针对企业应用新一代人工智能转型发展的关键问题,探索企业应用新一代人工智能提升企业绩效的过程和实现机理,探讨企业应用新一代人工智能的路径及应具备的新一代人工智能能力。以新一代人工智能对企业绩效的影响机制为研究对象,通过梳理相关的国内外研究成果确立本书研究的切入点,综合本书提出的研究问题和研究目标,从新一代人工智能、企业绩效、资源基础理论、动态能力理论和技术—组织—环境框架理论等视角开展本书研究。在电子商务企业应用新一代人工智能技术的研究背景下,以融入资源基础理论、动态能力理论和技术—组织—环境框架的多理论框架为基础,在电子商务企业应用新一代人工智能技术的研究情景中,识别企业绩效的影响因素,结合研究中的情景变量,构建新一代人工智能应用背景下企业绩效的影响因素及形成机理模型,以企业绩效为因变量,人工智能能力为自变量,人工智能驱动决策、企业创造力、人工智能管理为中介变量,创新文化、环境活力为调节变量。接着确定理论模型和假设,据此设计调查问卷,在预测试后积极收集问卷。对问卷采用严格的方法进行分析和检验,通过实证研究分析各影响因素的作用效果及作用机理。最终建立人工智能应用背景下企业绩效影响因素及形成机理的理论模型,根据研究结论为企业应用人工智能提升企业绩效提出有益的管理建议。本书共有 11 章,各章的主要内容结构安排如下所示。

第 1 章是本书的绪论部分。第 1 章对本书的缘起进行了翔实的叙述,主要介绍了研究背景、研究问题、研究方法、研究目标、技术路线图、各章安排、现实价值与理论价值。本章首先介绍了在以人工智能为代表的数字技术快速发展的背景下,大部分企业看到且认可了人工智能技术所带来的巨大商业价值和潜力,但是对于如何培养企业应用人工智能的能力以及利用其提高企业绩效的路径等问题仍有待进一步探索。通过对研究背景的归纳与分析,本书提出了核心的研究问题:电子商务企业人工智能能力的构成机理是什么? 人工智能能力对电子商务企业绩效的影响机制是什么? 在完成有关研究问题的阐述之后,本书描述了希望达到的研究目的。此外,本书围绕研究问题和研究目标确定了拟采用的研究方法,并对研究框架进行了进一步的介绍。然后对本书的价值与贡献进行探析,并立足理论价值和现实价值提出本书的创新点与贡献。

第 2 章是本书的文献综述与基础理论部分。该章的内容是本书的理论基础,主要包含了人工智能、企业绩效、资源基础理论、动态能力理论和技术—组织—环境框架的相关研究综述。本章紧密围绕本书所提出的研究问题和研究目标,系统梳理了国内外有关人工智能、企业绩效、资源基础理论、动态能力理论和技术—组织—环境框架的研究成果,夯实本书研究的理论基础,同时讨论了现有研究成果的不足之处和有待研究的新切入口,更加突出本研究开展的重要意义和紧迫性,为本书概念模型的构建提供文献指导。在对人工智能驱动决策、企业创造力、人工智能管理、人工智能能力、创新文化、环境活力与企业绩效等方面的研究成果进行分析的基础上,对涉及的变量特点、维度和测量方法进行了归纳与总结。

第 3 章是本书的理论模型与研究假设部分。该章主要包括理论模型构建、研究变量与研究假设的提出、人工智能能力二阶变量的构建。本章在相关理论基础上总结前人的研究成果,结合企业应用人工智能的研究情境,基于资源基础理论、动态能力理论和技术—组织—环境框架的整合视角,重构人工智能应用背景下企业绩效的影响因素,归纳影响路径,构建新一代人工智能对企业创造力与绩效的影响研究理论模型,论证了各变量之间的相关关系,并提出相应的研究假设,本章内容为后续研究的推进建立了理论框架。本书构建了新一代人工智能对企业创造力与绩效的影响研究理论模型。明确变量的内涵,而后探讨了以上变量彼此之间的关系,最后提出对本书的假设,并建立了人工智能能力的二阶模型。

　　第 4 章为本书的问卷设计与数据收集部分。本章主要包含研究设计、问卷设计、数据收集与整理、数据分析方法和工具。第 4 章先说明问卷的设计步骤和结构,再交代问卷设计的详细过程。在第 3 章得出人工智能应用背景下企业绩效影响因素及形成维度的基础上,采用严格的量表开发流程和步骤,梳理和汇总相关研究中探讨人工智能和企业绩效关系的题项,并进行多轮比较分析,形成测量人工智能应用背景下企业绩效影响因素及形成机理的初始题项。为确保问卷和潜变量的信效度,问卷会根据已被多次验证的成熟量表进行开发,结合企业应用人工智能的研究情境,针对模型中的变量进行量表设计。本书采用预先测试来对调研问卷回收的数据进行测验和题项优化,通过专家访谈、小规模测试和问卷预调研等科学的问卷开发流程对问卷的内外部质量进行评价。之后,通过正式调研检验量表的信度和效度,验证人工智能应用背景下企业绩效影响因素及形成机理测量量表的合理性和有效性,在反复修订后形成正式问卷,以此开展正式的问卷调查。最终在屏蔽违反逻辑的题项、确定问卷后开始面向目标发放,然后收集问卷并对数据进行有效整理。

　　第 5 章为基于偏最小二乘结构方程模型(PLS-SEM)的数据分析结果。本章主要包含描述性统计分析、数据检验、形成性构念验证、模型检验、多群组比较分析等,其也是实证分析的主要内容。本章主要是对本书所提出的研究假设展开检验,介绍了数据分析的主要方法,确定所选取的拟合指标,在对调查问卷进行回收后利用 SPSS 25.0 软件开展描述性分析和同源偏差检验,对所包含的测量题项开展信效度分析。在做完模型的信效度分析后,借助 SmartPLS 3.0 先对本书提出的模型展开路径分析。与此同时,本书还进行了控制变量的多群组对比分析,检验了中介变量(人工智能驱动决策、企业创造力、人工智能管理)在人工智能能力与企业绩效之间的中介效应,还进行了调节变量(创新文化、环境活力)的调节效应分析。最后揭示了人工智能应用背景下企业绩效的显著影响因素以及作用程度。

第 6 章基于模糊集定性比较分析(fsQCA)的组态效应分析,探讨了人工智能应用背景下企业绩效影响因素。结合第 5 章的 PLS-SEM 数据分析结果,本章利用 fsQCA 3.0 软件对样本数据进行定性比较分析,研究了九个因素对企业绩效的组合影响,共发现四组企业绩效成立的组态和十组非成立的组态,进一步揭示了影响企业绩效的多因素组态,以及人工智能应用背景下企业绩效的形成机理。

第 7 章基于自适应神经模糊系统(ANFIS)分析了人工智能应用背景下企业绩效影响因素,通过建立企业绩效与八个因素之间的二维图和三维图来分析其关系。研究结果表明人工智能驱动决策是最重要的驱动因素,各因素与企业绩效的关系呈现出正相关和非线性特征。自适应神经模糊系统分析补充了上述两种方法的研究结果,探究影响企业绩效的因素和限度。

第 8 章运用人工神经网络(ANN)模型分析企业绩效影响因素。首先结合 PLS-SEM 算法筛选具有统计学意义的反射自变量作为输入神经元,然后利用 MATLAB 软件进行非线性比较分析。通过对比分析,PLS-SEM 和 ANN 的结果相匹配,证实了 PLS-SEM 得出的线性关系结论可以解释预测因子之间的关系,单阶段分析不会影响两个变量之间的隐藏属性。

第 9 章为本书的研究结果讨论。本章主要是在整合理论研究成果和实证分析结果的基础之上,梳理本书的研究成果和发现。随后,本书将分类讨论实证研究结果,讨论新一代人工智能应用背景下如何提升企业创造力,分析企业绩效影响因素及形成机理,并将实证研究结果与管理实践相结合展开讨论。

第 10 章通过典型案例分析,展示了新一代人工智能如何助力企业发展。本章重点讨论了智能自动化如何促进企业生产力与创新、智能预测如何提高企业供应链管理效率、商务智能如何提升决策精准度和准确率、人工智能翻译如何助力企业拓展国际市场以及人工智能创新与应用如何改善客户体验。通过这些案例分析，本章进一步揭示了人工智能在各个领域的实际应用价值。

第 11 章是本书的研究结论与展望。本章主要包含研究结论、理论贡献、管理启示、政策建议、研究创新、研究局限与展望，对全书进行总结和讨论，明确本书的创新之处、理论启示、管理启示、政策建议。基于本书所发现的研究结果提炼主要研究结论，对企业应用人工智能提出具有一定指导意义的相关建议，概括本书的创新点，同时说明了本书研究依旧存在未覆盖的领域，并反思研究中存在的局限性，从而给出后续研究的参考方向，为进一步的研究提供参考借鉴。

本书主要关注人工智能驱动决策、企业创新力、人工智能管理、人工智能能力、创新文化和环境活力等对企业绩效的影响。文章运用定性分析和规范分析方法阐释内容，并采用定量分析和实证分析方法处理调查数据。在理论研究的基础上，构建分析框架和模型，并利用数理统计分析方法对样本数据进行前提假设验证。在定性研究方面，主要在现有文献研究的基础上，对人工智能、企业绩效、资源基础理论、动态能力理论和技术—组织—环境框架等相关理论进行综述和归纳分析。在定量分析方面，通过对本书相关问题的问卷调查，收集和整理调查数据，用清洗后的问卷调查数据对人工智能应用背景下提升企业创造力的路径、企业绩效影响因素及形成机制进行数学分析和统计检验。

1.6　研究价值和贡献

1.6.1　理论价值

本书基于当前新一代人工智能快速发展与企业应用困境的现实

问题,通过回顾人工智能与企业绩效的国内外研究成果,从资源基础理论、动态能力理论和技术—组织—环境框架等多重理论视角出发,验证了本书提出的含双调节变量的平行链式中介模型,对人工智能应用背景下企业绩效影响因素、人工智能形成机理、人工智能对企业绩效的影响机制进行了研究,理论价值主要有以下四个方面。

第一,提供新的理论研究视角。本书丰富了人工智能与企业绩效关系的研究,揭示了企业人工智能能力构成机理以及人工智能能力对电子商务企业绩效的影响机制,并发现人工智能能力由基础(有形资源)、倾向(无形资源)和技能(人力资源)三个一阶变量构成,证实了人工智能对企业绩效存在积极效应的假设,提供了来自电子商务企业的证据。当前关于人工智能对企业绩效影响的研究尚未得出一致的结论。一部分学者认为,人工智能能为标准化高的企业带来企业绩效的提升,并以此为依据提出人工智能能给企业绩效带来积极效应的观点;而另一部分学者则持相反的观点,认为人工智能在客户营销和关怀上缺少个性化策略,号称人工智能的机器人给客户打电话反而会引起消费者的反感与抵制,这一部分学者相信不成熟的技术和大量的资金投入不会带来更优的绩效。基于当前存在争议的学术观点,本书更多地探究了电子商务企业应用人工智能的现状,也探讨了人工智能应用背景下电子商务企业绩效影响因素及形成机理模型,并提出人工智能应用背景下的企业绩效解释与预测模型。

第二,丰富相关理论体系。木书构建了融入资源基础理论、动态能力理论和技术—组织—环境框架的多理论框架,并通过实证分析检验了本书提出的人工智能应用背景下企业绩效影响因素及形成机理模型(含双调节变量的平行链式中介模型),扩充了人工智能与企业绩效研究的理论视角与理论框架。已有学者从不同理论视角探讨了人工智能对企业绩效的影响。一部分学者从资源基础理论(RBV)出发探讨了人工智能能力对企业创造力、企业绩效的影响;一部分学者则是从技术—组织—环境框架出发研究企业应用人工智能来提升企业绩效的路径,分别从技术、组织、环境三个方面进行阐述;还有一部分学者从动态能力理论视角出发,认为在当前数字化浪潮下的快速发展时代,企业应该培养动态能力以应对内外部的快速变化。然而当前企业所处的经营环境复杂多变,单一的理论视角存在一定的局限性,既应该考虑企业内部能力的培养,也应该考虑技术、组织、环境等方面的影响。因此,本书借助资源基础理论、动态能力理论和技术—组织—环境框架等多理论融合的框架开展系统性的研究。

第三,揭示新的影响关系。现有研究已经验证了人工智能能力对企业绩效的影响,但缺少对企业创造力与人工智能管理影响企业绩效的具体作用路径的探索,更缺少纳入人工智能驱动决策的研究。本书分别从企业内部和外部两个维度甄选了影响因素,即创新文化与环境活力,还发现了创新文化与环境活力在人工智能应用背景下企业绩效影响因素及形成机理模型中存在的调节效应,扩充了人工智能与企业绩效研究中的调节效应变量。相关研究已经多次验证动态能力理论和技术—组织—环境框架在人工智能与企业绩效研究中的有效性,一部分学者发现企业内部的创新文化会加强企业采用新技术提升企业绩效的偏好,也有一部分学者发现来自外部环境的不确定性会迫使企业寻找新的技术方案来提升企业绩效。但多数研究依然是从内部文化或者外部环境单个维度选择调节变量,鲜有学者将外部调节变量与内部调节变量相结合共同探讨企业应用人工智能对企业绩效的影响。

第四,推动交叉研究领域扩展。本书深入研究了新一代人工智能对企业创造力与绩效的影响,这不仅有助于理解人工智能技术的实际应用价值,更有助于促进人工智能与企业管理领域的交叉研究,从而拓宽学术研究的视野。这种交叉研究能够充实人工智能和企业管理的理论研究体系,为企业实践提供更全面、深入的理论支持。同时,通过实证研究可以了解和探索人工智能在企业和行业环境中的适用性与效果,为处于复杂和多变环境中的企业提供科学的决策依据。因此,本书对于推动交叉领域中人工智能和企业管理的科研发展具有重要的意义。

1.6.2 现实价值

新一代人工智能的快速发展为许多行业的变革和创新带来了巨大的动力。因此中国企业如何利用人工智能为企业发展注入新的动力,同时形成企业独有的竞争力,成为各个企业关注的焦点。中国电子商务企业的蓬勃发展和取得的成绩受到了全世界的关注,但是这些企业也依然面临着如何培养企业使用人工智能的能力和明确人工智能对企业绩效影响的难题。由此造成了政策制定者、企业高管对于人工智能应用的畏难情绪,人工智能行业的发展也因此受到阻碍。企业应用人工智能情景中企业绩效的影响因素、企业人工智能能力构成机理、人工智能驱动决策、企业创造力、人工智能管理、人工智能能力、创新文化、环境活力与企业绩效的影响关系等相关问题的研究有助于企业采取更加积极主动的措施,推动企业人工智能的应用并提高企业绩效,出台符合现实状况的人工智能发展政策,促进人工智能行业的有序健康发展。总而言之,本书研究的现实意义主要从为企业提供创新参考、支持相关政策制定、贡献中国先进方案、加快人工智能普及四个方面进行阐述。

第一,提供企业创新参考。企业应用人工智能有助于更好地发挥人工智能对企业绩效的积极作用,享受人工智能带来的技术红利。本书能帮助企业厘清人工智能应用所需的资源类型,并了解人工智能对企业绩效的影响机理,为企业制定经营战略、产品研发策略、市场营销方案等提供有价值的参考建议,同时为提升人工智能所带来的效果提供有效的决策依据。资源基础理论的观点是,企业掌握人工智能能力后能形成推动企业可持续发展的独特竞争优势,帮助企业提升竞争力。动态能力理论认为,人工智能的发展已经成为内部与外部同时影响企业经营的重要因素,因此掌握人工智能的应用能力可以帮助企业从内部提升竞争力，也能帮助企业应对人工智能所带来的挑战。结合技术—组织—环境的理论框架，人工智能技术的发展既可以为企业带来难得的发展机遇，也能为企业获得外部环境中的独特优势赢得先机。综上所述，本书的研究成果能帮助企业了解人工智能的应用和内在机理，并为企业提供借助人工智能发展的策略。

第二，支持相关政策制定。对于政策制定者而言，本书的调研结果和实证研究有助于其了解中国企业应用人工智能的现实状况和问题，也可以为人工智能行业的相关政策制定提供理论与现实依据。由于人工智能的概念和主要技术来源于欧美国家，所以我国本土企业对于人工智能这一"舶来品"的理解和应用依然需要更多的研究成果进行推介。因此，本书对于人工智能、人工智能驱动决策、人工智能管理、人工智能能力等相关概念的界定与阐述有利于人工智能上下游产业链中的企业加深对人工智能的了解。本书提出企业人工智能能力由基础（有形资源）、倾向（无形资源）和技能（人力资源）三类一阶变量构成，这意味着要促进企业人工智能的发展，需要更加重视人工智能配套的基础设施、软件、数字化资源等方面。

第三，贡献中国先进方案。人工智能行业在全球范围内的发展日新月异，基于实证的研究成果对于促进人工智能行业的健康、可持续发展有着重要的现实意义。中国对人工智能越来越重视，其应用规模越来越大，然而当前人工智能的内涵与主要技术依然由欧美国家的企业主导。欧美国家的人工智能技术起步较早，并且先入为主地占据了更大的市场份额与关注度。倘若能积极推进中国企业对于人工智能的应用，将有助于扩大人工智能的市场规模，提高更多企业对人工智能所带来益处的理解。与此同时，中国人工智能市场规模的扩大也可以为中国人工智能产业链中的相关企业创造发展机遇。本书研究的开展有利于促进中国企业形成对人工智能的正确认知，带动中国人工智能产业链和整个行业的有序、可持续发展。通过对企业应用人工智能的场景、模式、沟通能力、路径的研究，能让投资机构、人工智能创业

者、产业链参与企业等机构了解人工智能的商业价值并产生更浓厚的
兴趣，号召更多社会力量参与到人工智能行业的发展中来，推动中国
人工智能行业有序、健康发展，提升中国在人工智能领域的国际话
语权。

第四，加快人工智能普及。对于人工智能的使用者而言，提升数
字化领导力与员工的数字化能力是非常重要的。企业管理者作为企
业的中坚力量，对企业经营起着主导性作用。在面对外部环境挑战
时，企业管理者决定着企业的发展方向，只有企业管理者意识到数字
化、人工智能对企业发展的重要性，才能推动人工智能在企业的应用，
提升企业竞争力。本书的研究成果有助于了解人工智能应用背景下
企业绩效的影响因素及形成机理，从而帮助企业了解应用人工智能所
需的资源和与其相匹配的战略，同时其也提示企业管理人员和员工只
有对人工智能形成正确的认识，并掌握与之相匹配的信息化领导力和
数字化能力，才能发挥人工智能的效用。在内外部环境急剧变化的智
能时代，只有形成企业应用人工智能的技能（人力资源），才能真正使
人工智能在企业组织中发挥它的作用。总之，本书期望通过对新一代
人工智能对企业创造力与绩效的影响研究，甄别人工智能应用背景下
企业绩效的影响因素，了解人工智能对企业绩效的影响机制，为企业
从基础（有形资源）、倾向（无形资源）和技能（人力资源）三个方面培养
人工智能能力提供助力，形成数字化背景下企业发展的独特优势。

第 2 章　文献综述与理论基础

本书使用以下数据库进行文献检索：知网、科学网、谷歌学术、百度学术、爱思唯尔等。搜集的文献包括同行评审的期刊文章、会议论文集和电子出版物。用于搜索的关键词是人工智能、人工智能能力、企业绩效、资源基础理论、PLS-SEM、人工智能管理、企业创造力、人工智能驱动决策、环境活力、创新文化、商业智能、驱动决策、企业数字化、数字化系统、动态能力、技术—组织—环境框架等。

2.1　新一代人工智能相关研究

2.1.1　新一代人工智能内涵与由来

新一代人工智能在继承传统人工智能优点的基础上，引入了更先进的技术和理念，包括但不限于大数据、深度学习、神经网络和云计算（Messeri & Crockett，2024）。在这个背景下，新一代人工智能技术应运而生，给企业带来前所未有的机遇和挑战。首先，新一代人工智能技术能够以高度智能的方式为用户提供丰富多样的沟通交互体验。这使得企业能够通过使用智能客服、智能助手等技术大幅度提高客户满意度和客户关系管理水平(周烁和张文韬,2021)。然而,这也在人工智能技术研发和应用方面对企业提出了更高的要求,如何在保持创新力的同时满足客户需求成为企业面临的一大挑战。其次,新一代人工智能搜索引擎利用自然语言处理、知识图谱等技术,实现了对信息的智能整合和高效检索。这为企业提供了更精准的市场趋势分析和竞争对手信息,有助于企业更好地把握市场机遇,提高市场竞争力。然而,这也在数据分析和市场战略制定方面对企业提出了更高的要求,企业需要在这个领域不断提升自身能力,以应对日益激烈的市场竞争。企业需要关注新兴技术的发展趋势,积极应对挑战,不断提升自身的创新能力和市场竞争力,以适应新一代人工智能时代的变革。

关于人工智能的起源,最早可追溯至 1950 年的 Turing(图灵)测试,1956 年的 Dartmouth(达特茅斯)会议被广泛认为是人工智能诞生的标志。人工智能是一门以机器学习和神经网络为基础的新兴技术科学,其特点是可通过模拟、延伸和扩展人脑,代替人类智能进行工作、学习,该领域研究包括机器人、云计算、机器学习等方面。

1956 年,在由斯坦福大学计算机系荣誉退休教授约翰·麦卡锡组织举办的达特茅斯会议上,“人工智能”一词诞生(Mccarthy et al.,2006)。此会议的目的是研发一种可以不断学习和改进的计算机,用以解决以前只有人类才能解决的问题。这次会议的结果就是开辟了人工智能这个全新的研究领域。现今研究人员所研究的主题仍是此会议所提出的,如目标寻找、神经网络、创造力、大脑模型的开发、试错训练和环境建模,其中研发能够理解语言的计算机是重点,即今天被认为是自然语言理解或自然语言处理的计算机。在首次人工智能会议后的 50 周年庆典上,最初的与会者与 100 多名参会者跨越学科和领域来讨论对人工智能未来的共同愿景。虽然最初的五位与会者发现,他们 50 年前的研究成果已经在感知器、神经网络、分时以及后续语言和架构等领域取得了进展,但仍有很多事情没有完成。约翰·麦卡锡还认为相关研究在广义学习理论与方法论上仍未达成一致,同时在跨学科上也缺乏实质性的应用。与会的其他人还讨论了硬件能力的快速提升和智能机器的发展之间的关系。尽管缺乏切实的进展,但当时的发展水平已经能够可靠地预测未来几年内人工智能的发展。

人工智能的第二次发展浪潮,即人工智能快速成长阶段(20世纪70年代中期到20世纪90年代中期)。在这一时期,人工智能的研究者们对以前的研究经验及教训进行了认真的反思和总结,并继续迎难而上,迎来了以知识为中心的人工智能蓬勃发展新时期。1977年,Feigenbaum(费根鲍姆)提出了"知识工程"的概念,引发了以知识工程和认知科学为核心的研究高潮。在此基础上,专家系统和知识工程在全世界得到迅速发展,部分人工智能产品已经成为商品进入人们的生产生活中。20世纪80年代,人工神经元网络的相关研究取得了突破性进展。Hoplield(霍普利尔德)于1982年构建了一种新的全互联的神经元网络模型,并在1985年顺利解决了"旅行商(TSP)"问题。1986年,Rumelhart(鲁姆哈特)构建了反向传播学习算法(BP),其随后成为普遍应用的神经元网络学习算法。在这一时期,人工智能在专家系统、人工神经元网络模型等方面取得了巨大的进展,能够完成某些特定的具有实用性的任务,但在面对复杂问题时稍显局促,这也影响了人工智能的实际应用价值。因此,人工智能发展到20世纪90年代中期时,相关研究再度陷入困境,这也成为人工智能发展的一个拐点。在两次会议期间,由于缺乏资金的支持和技术支持力度不断下降,人工智能的发展进程一度受阻。20世纪70年代出现了第一个"人工智能寒冬",因为当时某份重要的政府工作报告表明人工智能太容易破解,无法在实践中应用。大约在十年后,工业应用专家系统的出现给人工智能带来了希望,但随后也出现了超出预期的资金削减等问题,导致人工智能的发展陷入困境。20世纪90年代初出现了第二个"人工智能寒冬",虽然私人电脑和互联网革命带来了巨大的影响,但在这期间科研人员也没有停止对智能机器的开发和研究,包括网络搜索、自然语言处理和其他神经网络(NN)技术等。

尽管人工智能有多种定义,但学术界没有达成一致的标准定义,因为人工智能是代表不同人和不同事物的想法、概念与技术的集合。最常见的定义之一是人工智能是提供智能行为的系统或机器。此外,人工智能是一项允许计算机模仿人类行为的技术。有学者认为人工智能是计算机对各种人类智能行为的模拟,尤其是与计算机相关的系统(Agrawal et al.,2019)。人工智能与构建智能系统或机器有关,该系统或机器能够模拟人类智能的功能。人工智能是一门综合了多种方法的科学,它需要机器进行深度学习从而胜任复杂的工作,给所有技术行业带来了巨大的变化。人工智能是计算机科学分支之一,它使用专家系统解决人类智能行为的机械化问题(Barr et al.,1981)。人工智能可以用数据系统(对知识和信息进行建模)、算法(在使用这些信息时勾勒出路径)和软件语言(对数据、信息和算法进行建模)来衡量。

人工智能的发展促使软件和系统工程师设计新的方法来增加收入、减少开支和提高组织效率。人工智能被定义为能够增强和提高组织绩效的工具和技术的集合,其中智能指的是模拟人类智能。它是通过创建能够解决复杂环境问题的人工系统来实现的,这一技术对于企业战略规划而言十分重要,并已成为行业竞争的重要方向(Nguyen et al.,2024)。随着技术的普及,人工智能已被部分企业有效利用,以获得更大的竞争优势。人们普遍推测人工智能将带来增强人类能力等好处,进而能推动经济增长。当前,人工智能已在政府、产业和个人层面得到应用。人工智能已经超越了机械的游戏玩法和知识表达方式,发展到认知自动化的阶段(Dwivedi et al.,2024),囊括了由计算机系统模拟的学习、思考、解决问题、语音识别、规划等人类智能功能。人工智能对企业的影响也越来越大。谷歌、亚马逊、国际商用机器公司(IBM)和苹果等企业都采用人工智能技术,以更轻松的协作方式来改善消费者体验和提高生产力(Polisetty et al.,2024)。此外,人工智能的全球普及为企业提供了前所未有的机遇。

2.1.2　新一代人工智能能力相关研究

人工智能被定义为能够正确解释外部数据、从中学习以实现特定目标的系统(Shang et al.,2024)。通过数据分析,人工智能可以对世界进行建模,从而辅助决策和预测未来事件。作为支持社会和经济活动的重要技术,人工智能的市场和业务正在迅速扩大,吸引了众多初创公司和互联网巨头的商业投资。人工智能广泛应用于自然语言处理、计算机视觉、机器人流程自动化和决策管理等领域。在审计中,人工智能通过数据挖掘、神经网络、模糊逻辑和贝叶斯方法进行财务欺诈与网络入侵检测(祝继高等,2024),这些技术均源自机器学习。机器学习允许计算机通过数据积累创建算法,进而进行独立"思考"。它分为有监督学习和无监督学习两类。有监督学习基于标记数据集,训练阶段创建模型,预测阶段进行推断;无监督学习则在输入数据中寻找规律,不依赖目标指示。算法根据经验调整输出,使机器学习具备强大能力,帮助企业应对非结构化数据的挑战。人工智能被视为增强企业竞争力的重要工具(Obschonka et al.,2020;Shareef et al.,2021;杜传忠等,2024),在制订生产计划和监控生产质量方面展现出巨大价值(柴天佑等,2022)。尽管人工智能尚无法与人类智能相提并论,但其在执行特定任务上的高效性对世界和组织产生了深远影响(谢新水,2023)。早期的研究,如艾伦·图灵的工作对人工智能研究有重要的启发作用(李一昊等,2023)。人工智能旨在复制人类的认知能力,以解决问题(李青文,2022)。

然而很少有研究探讨人工智能能力对人工智能驱动决策过程的影响。现有的关于人工智能能力的大部分研究都集中在人工智能的技术方面。为了实现人工智能改善企业绩效的目标,研究人工智能能力如何影响企业绩效也显得十分重要。人工智能仍然是引人瞩目的信息技术应用,这项技术在过去几十年中经历了前所未有的发展。人工智能中的机器学习可在组织中整合知识，并且将企业中的资源整合成有价值的信息。因此组织能通过人工智能来提高生产力和开发新服务，从而提升整体绩效（Li & Chan，2019；Wang et al.，2022；Lin et al.，2024）。数字革命已经产生了巨大的影响，其中包括人工智能应用，它的优势和潜在的可能性使其成为卓越的未来市场。数字化革命无疑对社会、生活、商业和就业的方方面面产生了影响。人工智能革命会对组织的商业价值产生深远的影响，人工智能能力对提高组织层面绩效和流程层面绩效有着重要的商业价值。

人工智能及其技术（如机器学习、深度学习、聊天机器人、神经网络等）正在重塑企业的产品和业务流程，并对组织结构及环境关系产生重大影响（王媛媛，2019；陈少峰等，2022）。这种新兴的信息管理方式既带来了挑战，也带来了机遇，并要求组织转变文化、心态和技能（Neeley & Leonardi，2022）。例如，IBM 通过人工智能程序 Watson（沃森）在多领域提供解决方案，Watson Health（沃森健康）服务可以整合医疗数据，为患者制定个性化治疗方案（Russo-Spena et al.，2019；Strickland，2019）。自 20 世纪 50 年代人工智能概念提出以来，尤其是机器学习和深度学习的发展，越来越多的人开始关注这些方面（余凯等，2013；邴芳飞等，2023）。机器学习算法可训练神经网络，处理大量信息，进而应用于医学诊断、新药研发、能量储备估计及价格预测等领域（Park et al.，2023；Heidarpana et al.，2023）。结合大数据，这些人工智能技术在执行速度和效率上远超人类操作，已影响或即将影响多个行业和服务领域，如自动驾驶、疾病检测、客户关系管理、自然语言处理、面部识别和智慧城市建设等（Zhou et al.，2024；曹建峰，2023；张姝艳和皮婷婷，2023；Chakraborty et al.，2023）。人工智能具备极强的创新能力，几乎可以在企业价值链的各个环节中部署，包括研发、运营、销售、规划、生产等（祝坤福等，2022；苏玺鉴和胡安俊，2023）。人工智能系统通过分析环境数据来调整计划，以应对环境变化（李功源等，2023），这一过程包括数据收集和算法的学习（王国柱，

2023)。人工智能概念自 20 世纪 50 年代提出以来经历了重重考验，随着大数据的发展及其在各领域的广泛应用，人工智能的重要性显著提升（Belhadi et al.，2024；Telkamp & Anderson，2022）。人工智能的信息处理能力可通过开发、扩展和探索三个层面评估，以说明其在增强人类决策中的潜力。开发层面技术包括机器学习、大数据、流程优化等，能够处理更多数据并克服认知障碍。扩展层面技术则通过算法产生新想法来完成人机交互。而探索层面技术涉及更先进的人工智能算法，如基于代理的系统、模型预测控制和计算机视觉等，彻底改变了问题解决与创新的过程（Haefner et al.，2021；Liu et al.，2020；董豪等，2022）。

人工智能作为关键的增长因素，可以帮助企业在以下方面取得进展：第一，提升运营、维护和供应链效率，优化客户体验与产品服务功能，改进项目推荐流程（Toorajipour et al.，2021；Mohamed et al.，2024）；第二，增强企业适应市场变化的能力，优化供需关系，推动新商业模式的形成（Riahi et al.，2021）；第三，检测欺诈、自动化威胁情报与信息系统，优化销售流程（Jabeur et al.，2023）；第四，诊断和治疗病症，预测疾病走向，推荐个性化治疗、辅助决策，预防并应对流行病（Montezuma et al.，2023）；第五，自动化质量管理与监控，如供应链与物流管理等（Holzinger et al.，2023）。未来人工智能最有前景的应用领域包括运动物体检测与避让、静态图像处理、医疗数据分析等（Holzinger et al.，2023）。人工智能能力是指创新团队利用人工智能机器模仿人类认知功能，执行智能任务的能力（Chen et al.，2022）。人工智能作为决策工具，已广泛应用于创新管理中，以提高生产力并获得竞争优势（Singh & Sarkar，2023）。当前的研究多集中在人工智能的计算方法和应用领域方面，如人工神经网络、模式识别、机器学习（陈剑和刘运辉，2021），以及医药、制造、环境治理等领域（颜莉和虎利森，2022；包群和廖赛男，2023）。然而，针对人工智能能力，尤其是对企业绩效的影响研究较少（Dwivedi et al.，2023；宋渊洋等，2024）。

　　大数据分析能力和人工智能能力是有助于组织可持续发展的两种新兴能力（余菲菲和蒋庆，2024）。企业创新也被认为是可持续组织成长和发展的重要驱动力（陈劲和陈钰芬，2006；Sullivan & Wamba，2024）。文献表明，服务创新绩效与服务创新过程的质量正相关。一个高质量的服务创新过程由一系列服务开发阶段（如服务设计和商业化）组成，这些阶段直接影响创新成果。更高阶的服务设计和商业化能力有助于公司实现创新和组织的可持续发展。营销和技术能力已被证明对服务设计和商业化的熟练程度有积极的影响。然而，拥有这些能力并不能保证创新成功。组织必须利用能力来创造可持续的竞争优势（Zhang et al.，2023）。

　　在公司中高效地实施人工智能需要大量的基础资源（有形资源）（Bag et al.，2021；Chatterjee et al.，2024），其中包含了资金支持、数据支持（Herhausen et al.，2020；Hwang & Kim，2021）、硬件设备与软件支持、技术支持（Rahman et al.，2021）等。电子商务公司的大部分业务基于互联网完成，因而这些公司拥有天然的数据资源优势。倘若企业在规划、协调、控制和实施过程中都没有实施人工智能的倾向（Chen & Lin，2021；Belhadi et al.，2024），那么即使企业获得非常优越的人工智能基础资源也无济于事（Denicolai et al.，2021）。在有了基础（有形资源）和倾向（无形资源）后，也应该将技能（人力资源）考虑在内（Bag et al.，2021；Baldegger et al.，2020）。只有企业的员工得到了足够的技能培训，人工智能相关技术的应用才不会受到阻碍（Chatterjee et al.，2024）。了解人工智能的应用范围、掌握人工智能系统的使用技能和专业知识都是员工应用人工智能的先决条件（Vrontis et al.，2022）。因此，本书构建了电子商务企业人工智能能力的三类资源（见图 2-1）：基础（有形资源）、倾向（无形资源）和技能（人力资源）。

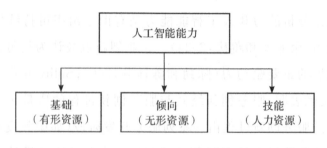

图 2-1　电子商务企业人工智能能力构造

2.1.3　新一代人工智能管理相关研究综述

突发公共卫生事件会对个人、社会、经济和商业环境产生深远影响，并可能导致企业业务中断。为应对此类挑战，公司通过提升信息系统能力来调整战略措施（魏峰等，2024）。这些事件加速了企业信息系统能力的提升，帮助其适应新的业务需求（宋渊洋等，2024）。信息技术系统的应用和管理信息系统能力的提升有助于企业应对突发事件带来的挑战。数字化处理能力的提高使企业能够获取创新所需的决策信息，并为新业务战略创造机会，从而渡过危机。此外，在竞争激烈的商业环境中，客户的积极评价至关重要，企业通过提供多渠道的数字化服务来提升客户体验，从而提高整体绩效（孙瑾和杨静舒，2023；赵亮员等，2023）。因此，公司需掌握包括人工智能在内的数字化技术管理能力，提供更精准、个性化和及时的服务，以提升企业绩效，并在激烈的竞争中占据优势（Chen，2024；周雄勇等，2023）。

企业需要响应全球的可持续发展目标（SDG）（Dzhunushalieva & Teuber，2024）。联合国在 2015 年呼吁在 2030 年前消除贫困、保护地球并确保所有人生活在和平与繁荣的环境中。这些目标对企业的可持续发展和绩效提出了严峻挑战（魏彦强等，2018；关婷和薛澜，2019）。联合国发布的 17 个可持续发展目标中，目标九（产业、创新和基础设施）强调企业需利用现代信息系统优化绩效，如系统整合、云计算和大数据处理。数据分析、人工智能和网络安全的应用对提升企业绩效来说至关重要（Di Vaio et al.，2022），而高层参与则是人工智能成功的关键因素。缺乏高层参与可能导致信息技术部门在企业目标决策中失去方向。人工智能的发展需要从高层重视，并依赖准确的数据分析（Fountaine et al.，2019）。信息技术部门的管理态度会对人工智能解决方案的效果产生直接影响（匡立春等，2021）。人工智能实施能否成功取决于技术能力、解决方案集成和企业效益等因素（吕越等，2020；卢任等，2024），其可用性、长期绩效、采用水平和成本对企业决策有重大影响（Cannavale et al.，2022；Rafi-Ul-Shan et al.，2024）。

许多研究探讨了企业信息系统能力对绩效的影响，特别是在应对突发公共卫生事件时所起的作用（Baabdullah，2024）。信息系统管理可以在此类事件发生时优化企业绩效，并推动联合国可持续发展目标的实现。尽管文献尚不明确信息技术驱动的信息系统管理对企业绩效的具体影响，但利用客户信息提升服务质量已被证实能增强绩效。信息系统通过数据分析帮助企业了解客户行为并提供精准服务，已成为核心竞争力之一（Pereira et al.，2022；Ren，2022；杜传忠等，2024）。人工智能的崛起进一步突出了信息系统管理的关键性（Rahman et al.，2021）。企业必须调整业务结构以支持人工智能的实施，并通过修改管理手册来保障数据的有效分析和应用（齐二石等，2022；Müller & Locatelli，2024；Carrillo-Perez et al.，2022）。在人工智能应用的早期，领导者需快速决策并推动数字化转型，同时通过内部营销说服团队成员采纳人工智能方案（Wang et al.，2022；Feuerriegel et al.，2022）。人工智能管理涵盖流程、应用程序、指标和方法的整合，旨在确保人工智能顺利实施并监控企业运营与财务绩效，助力企业实现战略目标（Riahi et al.，2021；Chen et al.，2022）。此外，人工智能管理通过实时监控和数据可视化解决了传统软件成本高、延迟长等问题（Alsudani et al.，2023；Kubrak et al.，2023）。

数字技术的快速发展促进了经济和社会的重塑（洪江涛和张思悦，2024）。特别是在人工智能、机器人技术、海量信息处理和商业分析领域,以及日益普及的虚拟现实应用,正在为企业获得成功提供更多的机会。通过扩大技术创新的利用和整合,企业期望获得更高的效率和更先进的技术优势(Zhou et al.,2024)。人工智能不仅可以完成复杂的计算任务,也将对人类的创作工作产生不可替代的重要影响。人工智能管理对于形成企业竞争优势和改善企业绩效有着重要作用。

2.1.4　新一代人工智能驱动决策相关研究

人工智能驱动决策是指利用人工智能技术,通过数据分析支持企业战略与运营决策(Ashaari et al.,2021;Yablonsky et al.,2021;Jarrah et al.,2023;Baabdullah,2024)。其核心内容包括信息集成、数据管理、预测分析、商业智能等,旨在通过整合操作应用程序与数据库,提高企业信息利用效率,支持多项决策活动,如点击流分析与数据挖掘等(余乐安,2022;陆颖颖等,2022)。正确分析多源数据可优化决策,提升组织的信息处理能力(Howard,2016)。数据挖掘通过机器学习揭示数据间的隐藏关系,支持知识管理(El Baz et al.,2023;Nasyiah et al.,2024)。决策是企业经营的核心环节,包括在不确定性条件下处理无规则问题、选择解决方案,并明确问题和目标(徐雷等,2024)。企业应利用人工智能分析组织结构、机制和业务流程,以提高决策质量和协同效率(Jarrahi et al.,2023),并通过减少环境不确定性来提升竞争力(Holzinger et al.,2023;Dabbous et al.,2023)。决策支持系统在提升企业生存和竞争力方面具有重要作用,尤其是在复杂的经济和技术环境中(Rouhani et al.,2016)。这些系统通过现代工具和人工智能技术帮助人类应对复杂的信息和认知、时间、经济等方面的局限,并提供精准的决策选项(Maghsoodi,2023)。

人工智能技术支持的决策系统是一种交互式软件系统,负责收集、分析业务数据,并辅助企业进行战略、财务和业务决策(Singh et al.,2023;Tchuente et al.,2024;罗婷予等,2023)。该系统包括 Web

(网络)决策支持系统、知识驱动系统、专家系统等,其中 Web 决策支持系统扩展了计算机化决策功能,具有可图形化、能够实现交互和用户友好的优势(Alvandi et al.,2023)。专家系统可捕获并复制专家知识,为用户提供参考(Bauer et al.,2023)。总体而言,决策支持系统旨在提高决策效率(Smedberg et al.,2023)。四种关键工具包括 Web 决策支持系统、数据挖掘、在线分析处理和数据仓库,而大数据则为系统优化提供了新机会。此外,机器学习技术增强了系统的决策能力,能够提供更高质量的见解(Bhargava et al.,2007)。人工智能的发展为决策支持系统的进步提供了新动力,将直觉判断与系统结合有助于管理决策制定(Yun et al.,2021;高昕和苏敬勤,2024)。

人工智能驱动决策的技术包括性能监控仪表板、分析工具、数据挖掘与联机分析处理(OLAP)技术(张超等,2023),这些技术有助于理解决策信息。非结构化数据管理是人工智能支持决策的关键组成部分(温有奎等,2019)。人工智能驱动决策的核心是利用人工智能解决方案的流程和技术工具(Paschen et al.,2020)。提升组织绩效是其主要目标(章文光和吴映雄,2020)。人工智能驱动决策面临的挑战包括技术管理和高层支持。数据模型确保从不同角度分析业务需求(Engel et al.,2022)。实现人工智能驱动决策的价值需考虑业务与技术准备、决策管理和战略一致性等因素。决策范围涵盖从日常运营到关键决策的方方面面,而小决策对整体战略也有深远的影响(Nguyen et al.,2024)。决策者需利用工具克服技术挑战(Duan et al.,2019),人工智能可以辅助决策,但不能替代人类作出决定(Burton et al.,2020)。当信息缺失时,决策者需根据经验作出决策,数据驱动技术需提供替代方案(陈国青等,2020)。大数据解决方案在具有不确定性的环境下可辅助决策,但不能完全取代人类思维。

数据科学家和专业人员利用先进的数据科学技术,从中提取信息并应用于决策或行动(李娟等,2024)。数据科学技术通过整合代码和数据,结合可扩展的计算能力,形成了提升技术洞察力的有力工具

(Handfield et al.,2019)。尽管机器学习技术在业务流程中可能存在效率问题,但其通过计算机协助决策的能力超越了传统商业智能的范畴(Collins & Moons,2019)。商业智能涵盖了商业分析、人工智能、机器学习和数据建模等技术,与现实决策紧密相关(于洪等,2020;杜丽群和程俊霞,2021)。人工智能对用户决策方式产生了深远影响,利用企业历史数据和公开数据进行分析,提出优化企业流程和提升绩效的策略(Abdel-Basset et al.,2020)。其主要目标是通过数据回答问题,并为决策者提供支持工具(Basile et al.,2023),加速并优化决策过程,反映出人工智能驱动决策工具的广泛应用趋势(Akter et al.,2021)。

人工智能驱动决策解决方案不仅能预测事件或趋势的发生原因,还具有前瞻性(Agrawal et al.,2019;Belhadi et al.,2024)。当前,人工智能决策主要基于数据分析,而非单纯依赖直觉。数据分析能够帮助企业更好地理解内部和外部环境,从而作出更明智的决策(于洪等,2020)。信息技术部门在人工智能决策解决方案的实施过程中扮演重要角色,并且能够提供关键的商业信息。人工智能作为决策支持工具,有助于各级决策者,包括运营员工和战略领导者(Al-Surmi et al.,2022),在企业运营层面提供实时决策支持。此类工具主要基于组织和公开数据进行分析,并逐渐被企业广泛采用(赵亮员等,2023;Rafi-Ul-Shan et al.,2024)。现代技术支持基于数据的决策,将人工智能实时推送到操作系统中(Verganti et al.,2020)。随着数据量的指数级增长,来自社交媒体、企业软件和传感器的数据成为信息分析的主要来源(Ghani et al.,2019)。获得关键领导人和团队的支持是人工智能决策成功的关键(Fountaine et al.,2019;Arslan et al.,2022)。高管的支持逐渐成为企业能否实现数字化转型的关键(吴江等,2021)。人工智能实施团队应包括项目负责人、经验丰富的顾问以及技术人员,确保能够提供最佳服务,并获得领导层的支持(武常岐等,2022)。领导者应优先考虑人工智能投资,并公开成功案例,赢得组织信任(韦影和宗小云,2021)。合适的团队组建和跨职能合作至关重要,必须在计划启动前获得企业支持(Arenal et al.,2020)。在开发早期,人工智能项目应得到用户和高管的支持,为成功实施奠定基础(张钹等,2020)。

人工智能驱动的业务决策功能显著提升了企业价值(Wamba-Taguimdje et al.,2022;姚加权等,2024)。要充分发挥其潜力,人工智能解决方案需涵盖分析、洞察、决策与行动全过程(林子筠等,2021)。虽然人工智能无法完全模拟复杂的人脑活动,但其提供的决策支持是基于数据和证据的,这无疑提升了决策过程的质量(陈国青等,2020)。随着技术进步和数据量增长,人工智能驱动的决策在提高企业竞争力和市场份额方面展现出了巨大潜力(Benzaid & Taleb,2020;Tu & Wu,2021;Nguyen et al.,2024)。人工智能驱动的决策文化旨在推广基于科学数据的决策,将部分决策权转移到理性算法和数据模型上,以减少人类决策中的非理性和偏见(Dubey et al.,2019;Bag et al.,2021)。人工智能辅助决策不仅提高了决策质量,还通过提升效率改善了战略执行,让企业各部门受益(王巍和姜智鑫,2023)。企业决策对运营指标的影响重大,因此决策者需谨慎利用人工智能技术,使决策有效性最大化并减少偏见(Khan et al.,2021;Fu et al.,2020)。此外,企业应具备支持人工智能决策的必要技术、文化与技能(Chen et al.,2022)。

2.2　人工智能与企业相关研究

2.2.1　人工智能与企业绩效相关研究

人工智能在企业应用中仍存在障碍,这主要是因为信息系统的使用不仅增加了资金投入,还需要额外的专业知识学习(Feng et al.,

2022;王永贵和田庆宏,2024)。企业在复杂环境中往往缺乏数据驱动决策的分析资源,这使得领导者常依赖直觉决策,尤其在经济和金融知识不足的情况下(徐雷等,2024)。尽管自动化工作流程可以帮助缓解这些问题,但由于存在不确定性、可解释性和透明度不足等问题,人工智能可能会对企业经营和声誉构成风险,进而阻碍自动化业务流程的启动(Hartley & Sawaya,2019)。企业对人工智能的接受度不同(Norzelan et al.,2024):一些企业积极采用电子商务转型;一些企业仅使用部分功能,如通信和制造;还有一些企业仍坚持传统交流和纸质流程(Levi-Bliech et al.,2020)。不同领域的学者探讨了新技术在企业中的应用,部分应用于决策层面,如新产品创意、销售自动化和服务提供方式(Chatterjee & Kar,2020)。尽管新技术旨在改善社会和生活,但隐私问题、信息过载、社交焦虑和"生产力悖论"等仍是学者关注的议题(Kijek & Kijek,2019),因此企业和政府对颠覆性技术通常持观望态度。

人工智能在银行、教育、法律、审计等行业具有广阔的市场,因此在这些领域的技术投资非常有价值(任保平,2024;汤志伟等,2019;何宇等,2021)。通过模拟人类智慧并利用数据,人工智能能帮助人类完成各类任务(马海群等,2021),其应用正在逐步扩展至机器人领域,未来的智能机器人可能超越人类智慧,提升社交技能并参与社会工作(Varlamov,2021)。人工智能能够在竞争激烈的市场中提高效率、降低成本、提升企业绩效,以及生产更优质的产品(Lin et al.,2024)。它不仅能够帮助企业降低运营成本,还提升了竞争优势和工作效率,进而以更优质低价的产品满足客户需求(Helo et al.,2022)。此外,人工智能还可以减少劳动力成本、提高品牌忠诚度、降低营销成本,帮助组织预测市场动向,减少失误并规避高昂的专业知识学习成本(孙路明等,2020;王巍和姜智鑫,2023)。然而,技术壁垒和可解释性问题依旧是部分企业未采用人工智能的原因(Kamoonpuri & Sengar,2023;Rafi-Ul-Shan et al.,2024),特别是人工智能决策的透明度不足问题

(Joyce et al. ,2023),涉及系统输入、目标、社会意图、管理原则等方面(Endsley,2023)。这种"黑盒"性质使得许多企业对人工智能项目心存顾虑(Aghababaeyan et al. ,2023),因为在企业经营过程中,生命、金钱和声誉更为重要(Chhillar & Aguilera,2022)。因此,如何解决这些障碍并加速人工智能技术的应用是企业分析中需要考虑的重要因素(Karran et al. ,2022)。

人工智能技术在商业智能决策和业务运营中发挥了关键作用(姚小涛等,2022;Cannas et al. ,2024)。业务绩效与商业智能的应用显著相关(Huang et al. ,2022;Garrido-Moreno et al. ,2024)。市场份额、资产回报率(ROA)、销售回报率(ROS)、投资回报率(ROI)和股本回报率(ROE)均受商业智能的影响(Rana et al. ,2022)。商业智能的核心技术包括计算数学、机器人技术、神经网络、机器学习和人工智能(Basile et al. ,2023)。商业智能涵盖数据收集与输出,并广泛应用于预测、报告和可视化,复杂算法有助于探索未知数据间的关系(De-Arteaga et al. ,2022)。研究者与从业者通常将商业智能分为战略、战术和操作三种类型,并指出其不仅涉及大量数据,还包括数据库结构和算法(Yalcin et al. ,2022)。传统商业智能具有数据库层、应用层和表示层三层结构(Ishaya & Folarin,2012)。现代商业智能具有操作、情境和自助服务三大特征(Basile et al. ,2023)。操作商业智能能减少数据采集与分析的延迟;情境商业智能帮助企业识别全球事件的影响;自助服务商业智能允许用户自主创建分析报告,无须信息技术部门参与(Weber,2023)。尽管商业智能被认为能提升企业绩效,但许多领导者仍不愿采纳,因为其主要应用者为运营员工,而非领导层。此外,员工通常表示其工作无须依赖商业智能,这为扩大其影响力提供了契机(Mariani et al. ,2018)。自助式商业智能已形成成熟的数据分析模式,允许用户自主完成分析,并通过可视化辅助数据解读(Alpar & Schulz,2016)。移动化的数据访问也愈发受到企业领导者青睐,信息技术人员因此需探索移动化开源工具和云计算解决方案

(Lennerholt et al.,2021)。这些创新思路反映了决策者对商业智能解决方案的关注与决心(Passlick et al.,2020)。

提高企业生产力并非商业智能解决方案的唯一优势(Shang et al.,2024)。除了决策支持,商业智能还能优化企业多项指标。企业通过商业智能和决策支持工具,可为客户提供个性化服务、降低生产成本,从而提升服务水平并增加产品价值(Chaudhuri et al.,2011)。同时,人工智能决策系统已从人工逻辑发展到自学习算法(吴飞等,2018),使计算机在某些情况下能比人类更快、更准确地作出决策(Gupta et al.,2022)。大数据驱动的信息技术能提升决策质量与速度(陈国青等,2020;徐雷等,2024)。企业在发展过程中应将数据与技术管理纳入战略规划,优化决策支持系统(于洪等,2020),确保商业智能的收益超过成本,并规避实施风险(郑力源和周海炜,2019)。在全球化和复杂多变的商业环境中,企业生存愈加艰难(王雪等,2024)。技术变革和激烈竞争要求企业快速作出决策(Namdar et al.,2021)。企业应将人工智能技术应用于产品设计、销售、定价和客户关系管理(Borges et al.,2021),或利用大数据技术支持商业智能以提升决策质量和绩效(李文等,2022)。商业智能可应用于财务分析、战略目标制定和日常业务优化(Richards et al.,2019)。通过人工智能创建数据模型并进行实际应用,可进一步提高企业生产力与绩效(Lin et al.,2024)。本书将分析人工智能的战略实施对企业绩效的影响,扩展知识体系并提升企业对人工智能转型的理解。

2.2.2　人工智能与企业创造力相关研究

人工智能技术的迭代使计算机能够根据人类定义的逻辑或使用统计模型自主运行,帮助人类进行决策(Shadrin et al.,2019;Van Dis et al.,2023;徐雷等,2024)。尽管数据科学技术可以提供决策支持,但人类的直觉在决策中仍然具有重要价值(蒋路远等,2022)。然而,有观点认为,计算机将很快在创造性问题上超越人类(Verganti,2020)。这引发了关于是否应继续开发此类技术的讨论(Munoko et al.,2020)。尽管如此,技术的进步仍然会使高级数据科学成为基于事实快速作出决策的有力工具,具有超越人类能力的潜力(Dwivedi et al.,2023)。因此,技术格局的变化对各行业影响深远(于洪君,2024)。企业要想成功,除了技术优势,还需增强识别和满足客户需求的能力(Pozzi et al.,2023)。企业的长期目标是为客户创造价值,这与其绩效水平密切相关(罗建强等,2023;Chen,2024)。此外,企业的产品策略、员工满意度、市场定位等因素对其绩效的持续性和增长来说至关重要(Alawag et al.,2023)。

当前许多企业的销售沟通、答疑和后续服务需要人工干预,但基于人工智能的虚拟助手能够处理简单订单,并提供 24 小时客户支持(张初兵等,2024)。人工智能工具在销售流程中的应用提高了公司的销售效率,促进了"更智能"的自适应销售,从而增强了企业竞争力。适应性销售的特点与动态能力一致,包括战略感知、决策和组织变革实施能力(池仁勇等,2020;Pelletier & Raymond,2024)。人工智能工具帮助销售人员获取、分析客户数据,并及时调整战略,跟踪客户购买模式,识别潜在客户,优化销售计划,提升客户需求响应的准确性及应对新问题的能力,从而增强企业的创造力(苏玺鉴和胡安俊,2023;Pinarbasi et al.,2024)。个人互动与对话产生的知识库,以及书面记录使公司能够重组知识以便实时创造新想法(罗仕鉴等,2023;Tai,2024)。人工智能引发的创新不同于以往技术,因为它能够主动提出创造性想法,适用于知识密集型任务(Saide & Sheng,2023)。尽管人与人之间的互动和隐性知识在企业创造力中非常关键,但面对人工智能的应用,员工可能会感到有压力和不安(Zhu et al.,2021)。

企业创造力受到人工智能的影响日益加深,尤其是在知识管理领域(王君华和刘亚超,2024)。知识管理中的个性化与编码策略对创造力产生了积极作用(Caliskan et al.,2021)。个性化指隐性知识的交流,编码则是为了记录和存储知识以供后续使用。人工智能尽管不能取代人类,但在支持员工创造、转移和应用知识方面表现出色(朱国玮等,2021)。人工智能通过学习和适应不断变化的数据,能够实时改进产品和服务,如 Netflix(网飞)和 Airbnb(爱彼迎)的推荐系统与股票交易机器人(温有奎等,2019;Huang et al.,2021)。人工智能支持知识创造已有相当长的一段历史,早期应用旨在促进公司内专家的搜索(Haenlein & Kaplan,2019;王君华和刘亚超,2024)。后续开发了决策支持系统、专家系统、知识管理系统等,这些应用虽无自主权但能支持知识创造和应用。人工智能应用已具备生成新知识并自主决策的能力(王国柱,2023)。企业创造力拥有对可用资源进行重组同时创建和执行新颖的解决方案来快速响应环境变化的能力(DiBella et al.,2023;Huang et al.,2024)。企业创造力体现在重组资源并快速响应环境变化上,其即兴创作具有三个特点:一是对紧急情况的及时反馈,计划与执行几乎同步(黄艳等,2020);二是依赖组织资源,涉及资源的实时重组与再利用(Valaei & Rezaei,2017);三是能够整体提升企业的创造力(Hilmersson et al.,2022)。

人工智能引起的技术革新增强了个性化与企业创造力之间的关系(王烽权等,2020;Jia et al.,2024)。换句话说,这种类型的技术创新会促进隐性知识的利用,因为重复性的会议与整理工作可以由人工智能帮忙完成,在组织需要采用的时候,人工智能技术能很快地帮助企业调出相关数据并创造新的想法。例如,人工智能能够完成诸如数字化文档、建立数据库以及发送电子邮件等操作任务。事实上,智能机器人还可以执行其他类型的任务,如简历评估和员工招聘、信用风险评估和股票市场的投资决策。这种现象的产生可能与人工智能正在替代人类部分工作这一事实有关,随着技术发展所带来的影响变大,企业在知识和创造力密集的任务中愈发意识到人工智能的重要性(Liu et al.,2023)。

2.2.3　人工智能行业应用的相关研究

人工智能被定义为可以通过算法和数学函数对感知后的信息进行处理的技术（Simmons & Chappell,1988;刘毅,2004;张钹等,2020;Messeri & Crockett,2024）。另一个广泛使用的定义是,认为计算机在各种环境中都具有人类智能水平的能力（Salvagno et al.,2023）,也可以描述为具有作出有效决策、计划和推断的能力（Abou-Foul et al.,2023）。因此人工智能被认为是会对社会和个人产生深远影响的通用技术。

智能硬件（传感器、芯片）的快速发展,算法的进化以及大数据的支持,不断驱动着人工智能的发展（苏玺鉴和胡安俊,2023;Sharifi et al.,2024）。到目前为止,人工智能已经融入社会的许多方面,人工智能的许多应用也得到了认可,已经被应用到许多领域。人工智能可以编写复杂的代码、预测选择、与人类实时交互、挖掘海量数据,并提供解决方案,同时应用人工智能改善决策、生态系统,以及进行客户体验的再创造（Singh & Sarkar,2023）。人工智能技术,如自然语言处理、机器学习和深度学习等为各行业的现有应用提供了复杂数据分析能力,并极大地提高了企业的管理、规划和运营能力（余菲菲和蒋庆,2024）。人工智能在不同的社会环境中有不同的应用,人工智能的商业用途包括营销预测、信用欺诈检测、保修分析、个性化营销、客户服务和定制医疗保健计划等（Ågerfalk,2020;Gupta et al.,2023）。人工智能在工业上的用途包括自动装配、焊接、卡车运输等。消费者使用的人工智能工具包括导航、推荐、语音识别、面部识别、图像转换、对象跟踪和自主无人机操作等。这些在不同环境中应用的人工智能工具包括先进的机器人、自动驾驶汽车、特定领域的医疗诊断和智能计算机。由此可见,人工智能正在深刻影响全球经济、社会进步和人们的日常生活（史金易和王志凯,2021）。

人工智能的主要应用领域是大数据、视觉服务、NLP（自然语言处理）、智能机器人等（Messeri & Crockett，2024）。人工智能技术大多应用于商业、金融、医疗保健和汽车等行业（苏玺鉴和胡安俊，2023）。其中在医疗行业中，智能医疗包括医学影像、临床决策支持、语音识别、药物发现、健康管理、病理学等（张姝艳和皮婷婷，2023）。人工智能为智能医疗提供了潜在的应用。例如，机器学习可以预测药物性能、基因序列和晶体形态；自然语言处理能够提供电子健康记录、智能查询和指导；机器视觉可以实现医学图像识别、病变识别、皮肤病自检。人工智能还可以提高医疗机构和人员的效率，降低医疗成本，同时保障人们的健康。

基于大数据的人工智能技术可以推动金融技术的升级（王小华和周韩梅，2023）。人工智能可以重建当前金融行业的生态结构，使金融服务（银行、保险、财富管理、贷款、投资）更加人性化和智能化。目前，人工神经网络、专家系统和混合智能系统在金融服务领域得到了广泛的应用，包括信用评估、投资组合管理、财务预测和规划。

人工智能技术使机器人具有类似人类的感知、协调、决策和反馈能力（You et al.，2023；杜亚光等，2024）。智能机器人可分为智能工业机器人、智能服务机器人和智能专业机器人（Garcia et al.，2007；Wang et al.，2021）。智能工业机器人可以完成包装、定位、分拣、装配、检测等工作。智能服务机器人可以提供家庭陪伴、商业服务、医疗保健、零售、残疾人康复治疗等服务。智能专业机器人可以从事侦查、搜索和救援，以及消防等工作。除了医疗保健、金融和机器人，人工智能还可应用于零售、教育、智能家居、农业、制造和智能驾驶等方面（Chowdhury et al.，2023；Mohamed et al.，2024）。早期采用人工智能的企业如亚马逊、谷歌、百度等已经从人工智能中获得了竞争优势，他们使用 NLP 和机器学习等人工智能技术来改善他们的业务运营，如优化搜索和定向营销，为客户提供高度个性化的体验。

2.2.4　人工智能在电子商务领域的相关研究

在电子商务行业中,客户细分、需求估计和潜在客户识别是帮助销售人员找到合适客户的三个主要程序,人工智能工具的使用可以让客户管理更高效、快速、准确(Vanneschi et al.,2018;Shen et al.,2022;欧阳日辉,2024)。例如,客户在互联网上分享的图片可以通过图像识别和计算机视觉等机器学习技术来对客户进行深入了解和细分,为营销人员提供更有价值的信息。使用人工智能工具可以有效提升销售人员的效率,它通过使用先进的数学模型分析客户历史和当前实时数据,显著提高潜在客户的转化效率。与销售人员发掘潜在客户相比,人工智能机器在发掘潜在客户时不需要睡觉和休息,它们可以持续工作以评估大量客户,所需的精力更少而且结果更好。

人工智能技术正在极大地影响零售行业和客户体验(姜晓丹等,2021;Mohamed et al.,2024)。机器人在零售商店已经取代了人工,而且会对库存进行自动管理。Amazon Go(亚马逊无人零售商店)使用传感器、计算机视觉和深度学习技术来检测客户对商品的选择,并通过 Amazon Go 应用程序向客户收费,无须任何人类互动(Huberman,2021)。沃尔玛每小时收集超过 2.5 PB(计算机存储容量单位)的客户交易、地点和消费习惯信息,用于预测未来趋势并根据数据进行营销策略制定(Grover et al.,2018)。零售人工智能也会产生积极的社会影响,如道路上的汽车减少、随需送货上门的数量增加和提供更优质的客户体验。当然零售人工智能也存在负面情况,包括个性化—隐私悖论的影响,这是由于消费者担心创建这种高度个性化的零售体验会对个人信息的安全产生威胁。

人工智能可以应用于客户关系管理系统,实现客户服务查询自动化,引导客户找到合适的产品(Chinchanachokchai et al.,2021;杜亚光等,2024)。人工智能技术能够将有购买意向的潜在客户直接传递给销售人员,最终实现自动化销售。对于即时通信、网页交互等文本客服渠道,利用人工智能的自然语言处理技术,聊天机器人可以理解问题语义,搜索相关知识库,并自动响应,特别是人工智能驱动的聊天机器人可以为客户提供更快、更可扩展的服务。自动聊天机器人可以大大减少客服人员的工作量,分流大量常见的咨询,提高客服效率(Syam & Sharma,2018)。

客户还能通过人工智能的语音功能来搜索和购买数字服务,而不用再使用遥控器(Hu et al.,2022;张初兵等,2024)。例如,亚马逊的Alexa(亚力克萨)率先进入智能家庭设备领域(Lopatovska et al.,2019)。语义语音分析可以帮助质检部门及时发现敏感的投诉关键词,处理客户投诉信息。客户的咨询和投诉信息中包含了大量关于网络故障、质量和服务的反馈信息。通过语音识别技术,将大量的客服对话转化为文本,并通过 NLP 等技术分析网络和服务故障的范围和程度,协助网络进行处理和修复。此外,NLP 可以与情感分析技术相结合,预测客户满意度,提高客户服务质量,优化客户体验(杨扬和张虹,2020;Tai,2024)。

2.3　创新文化与环境活力相关研究

2.3.1　人工智能与创新文化相关研究

在企业发展中,倡导与战略一致的创新文化能充分发挥员工潜力(张文松,2005;Eddleston et al.,2008;DiBell et al.,2023;孙桂生等,2024)。领导者应评估现有文化,推动构建适合目标的创新环境,并在企业各领域长期坚持推广(Aksoy,2017;白俊红等,2022)。这些措施为人工智能的实施奠定了基础,促使其战略融入企业文化,支持战略发展(Di Vaio et al.,2020;章文光和吴映雄,2020)。企业应构建基于事实的文化,推动运营决策,并培养熟悉信息技术且能与领导和用户沟通的员工(Lin et al.,2024)。此举有助于提升企业绩效和决策质量(Rafi-Ul-Shan et al.,2024),并通过信任在企业中传播(Ashenden & Sasse,2013)。人工智能技术资源在大数据解决方案中的作用非常关键,通过数据收集提供有意义的见解,促进快速决策与自动化(Yang et al.,2022;罗婷予等,2023)。这些资源为企业带来可靠的、数据驱动的建议,从而提升生产力和盈利能力(王巍和姜智鑫,2023;喻登科和陈淑婷,2024)。企业文化在技术成熟度中扮演重要角色,但往往被忽视(吴贵生,2000)。

战略决策是企业管理的重要组成部分,其质量的提升依赖于信息技术能力的提高(Al-Surmi et al.,2022;高昕和苏敬勤,2024)。数据作为企业的关键资产,为人工智能的应用提供了基础。然而,许多企业因缺乏支持性文化而无法充分利用数据和人工智能。大数据的成功依赖于有形资源、无形资源(如文化与信息技术的协同)以及人类知识的支持。拥有支持人工智能的创新文化是企业成功的关键,因此,研究如何将企业文化转变为支持人工智能的创新文化至关重要。企业文化能帮助人工智能从业者更好地理解应用场景,增强企业对人工智能的信任,从而推动其成功(Makridakis,2017;Qian et al.,2023)。企业高层的支持对人工智能的广泛应用具有示范作用,并且能够推动组织内的文化变革,促进人工智能驱动的决策文化形成(Chowdhury et al.,2023)。这种文化改善了跨部门合作,并确保人工智能不局限于特定群体,推动其在全企业范围内的持续发展(Yu et al.,2023)。没有适当的文化支持,人工智能解决方案可能会失败;而精心构建的文化能使其更可持续并取得成功(刘大卫,2020)。企业环境中的文化可以成为战略管理的宝贵支持者或重要组成部分(Zhou et al.,2024)。企业文化可以成为战略管理的核心支持力量,影响员工执行战略的积极性和一致性,并对战略执行能力产生深远影响。战略管理者在实施战略前必须确保企业文化的正确性(辛杰,2014)。

许多学者开始探讨如何转变企业文化以支持战略决策(林子铭等,2011;Nguyen et al.,2024)。企业需根据战略设计配置资源,并获得领导层的支持。领导者通过迭代和实验探索新技术,强化战略管理文化。企业文化是战略实施的催化剂,正确的文化可以推动员工朝着战略目标努力,而错误的文化则可能阻碍战略的执行(Grover et al.,2022)。因此,企业员工的战略决策需得到文化支持,以促进执行。有效的文化可以增强战略执行力,企业需确保文化与战略相匹配(刘良灿,2010)。治理形式(如专制或自由放任)会影响战略执行,企业应选择与战略一致的文化以推动实施。企业需要转变文化以最大化激发员工潜力并促进变革(Rafi-Ul-Shan et al.,2024)。适当的企业文化不仅能使员工更紧密地协同工作,还会显著影响职业道德和行为。文化应与企业的价值观、标准及公认的惯例和传统相符,并与战略目标保持一致,以使员工专注于企业目标。企业文化不仅要与战略目标一致,还需对其进行保护和传承,以确保文化与战略相互支持(Eikelenboom & De Jong,2019)。领导者通过调查或访谈了解现有文化及其与期望文化的差距,并决定是否变革。企业领导者应以身作则,奖励符合企业文化的员工,并惩罚偏离企业文化的行为(Grover et al.,2022)。

企业可以通过多种举措落实企业文化发展(Pan et al.,2020),如开展研讨会、定期检查及设立团队委员会,以监测和推进其实施。此外,团队协作、员工招聘及高管支持也是关键手段。团队合作有助于培养敬业员工,提高工作效率。招聘符合企业文化的员工有助于新战略的实施,特别是新项目的推进。避免冗余和重复工作有助于企业取得成功,因此建立人工智能驱动的决策文化尤为重要,而这需要高管层的支持(Fountaine et al.,2019),并获得自上而下的广泛认可。领导者必须确保企业政策和程序支持这种文化。现代人才需学会运用人工智能解决方案处理问题(王晰巍等,2019),因此,企业应为领导和员工提供人工智能教育与培训机会。领导者应承担起人工智能宣传与教育的责任,确保员工掌握相关技术(Di Vaio et al.,2020)。人工智能的成功实施依赖于合适的企业文化的存在。企业在转变为利用人工智能和数据驱动决策时,应评估当前文化与目标文化的差距,并审视现有决策流程能否解决业务问题。领导者应评估当前环境,确保规划、开发和执行条件有利。企业还应根据用户需求调整实施策略。将人工智能和数据驱动决策嵌入企业文化中,需要将技术与企业价值观、政策相关联,并在全公司范围内改进流程,推动人工智能实践的融合(Chatterjee et al.,2024)。这一过程要求遵循一致性原则,企业文化应在每次行动中不断完善,逐步建立持久的人工智能决策文化。企业文化转变需要大量一致且重复的行动投资,以提高人工智能计划的成功概率。希望通过人工智能支持决策的企业应促进基于事实的决策,并在前期提供支持,以提升决策准确率,实现企业目标(Duan et al.,2019)。

2.3.2　人工智能与环境活力相关研究

环境活力指企业外部的变化和不确定性,这会影响企业内部的管理与决策(Dubey et al.,2020;Haftor et al.,2021;Belhadi et al.,2024)。人工智能在帮助企业应对环境活力变化中发挥了关键作用,尽管其起步较晚,但发展迅速(Lu et al.,2018;Qian et al.,2023;王钰和唐要家,2024)。

客户需求随着环境变化而不断演变(宋渊洋等,2024)。企业的客户导向能力被定义为准确理解并持续满足目标客户需求的能力(Kopalle et al.,2020)。因此,以客户为导向的企业更能预测和满足客户需求,尤其在面对新技术(如人工智能)时表现出积极态度(Vidgen et al.,2020)。随着客户对人工智能的兴趣增长,客户导向的企业更有可能采用这些技术,这表明了外部环境变化对企业选择和态度的影响(Denicolai et al.，2021)。动态定价涉及企业识别竞争者价格并迅速调整策略等方面(Abrate et al.，2019；王先林和曹汇，2022；陈权等，2024；徐占东等，2024)。文献探讨了人工智能如何跟踪客户购买趋势，并提供了更具竞争力的价格数据(朱巧玲和杨剑刚，2022)。基于人工智能的定价技术整合了客户忠诚度、竞争对手及地区价格数据，以此作为输入数据供机器学习算法使用，从而生成最优定价建议。动态定价能力是人工智能系统的重要优势，也是人工智能系统能广泛应用于各行各业的重要原因。例如，Uber(优步，一款打车软件)在需求高峰期实行动态定价；电费和酒店价格也会因时间或季节变化而调整(蔡万刚等，2019)。特别是在电子商务中，动态定价至关重要(陈吉等，2020)。例如，亚马逊每十分钟调整一次价格，人工智能定价系统帮助企业通过自动化应对市场竞争。

企业有效地向目标客户传达正确信息以实现其业务成功的能力也对企业有着重要意义(Obermayer et al.，2022)。企业可以通过使用人工智能工具来实现动态广告的应用。人工智能的高级功能可以向客户推荐最可能获得成交的广告内容。人工智能还有另一个重要的能力，那便是建立和维持与客户的关系。在人工智能环境中，动态客户关系管理(CRM)能力反映了企业通过合理部署其关系资源以及时间，与目标客户建立和维护有益关系的能力(林子筠等，2021)。人工智能管理是企业对客户产生承诺和信任的重要前提。人工智能工具在为客户提供更多感知服务、决策响应和快速更改计划等方面优于传统的 CRM 技术。人工智能系统为建立良好的客户关系提供了基础技术，尤其是人脸识别设计。例如，沃尔玛应用面部识别技术来识别不开心和沮丧的顾客，这些情绪检测和监管工作表明企业可能需要开设一个新的收银台，或在他们结账时提供零食或饮料。Netflix、Spotify(声田)和 Pandora(潘多拉)等在线企业已经使用人工智能提供个性化的音乐和电影推荐(Sterne & Razlogova，2021)。

以人工智能为代表的新技术、互联网和移动设备在不断变化和发展的过程中演化(唐文虎等,2020)。当前世界正面临突发公共事件、金融危机、经济发展乏力、客户需求与行为变化的威胁(宋渊洋等,2024)。这种情况给各国带来压力并造成财务赤字,也影响着各国企业的盈利能力和收入。鉴于人工智能在寻找上述问题的解决方案方面的积极性和创造性,人工智能逐渐被认为是一种能使企业继续生存和发展的必需品。创新、知识、理念和技术变革对于企业任何程度的业务增长来说都至关重要。许多企业希望利用人工智能和机器人技术来培养大量创新的人才,加速社会和经济变革,同时提高生活水平。这需要创造力和冒险精神。如今,人工智能和机器人技术正在成为企业高质量发展的"推动者"(杜亚光等,2024)。当企业面临一个复杂问题时,往往会去找解决问题的方案、成功的机会和有足够经验的专家。人工智能支持下的专家系统本质上是用于解决问题的决策系统,其性能水平可以达到或高于某些专业的人类专家水平。人工智能支持下的专家系统不仅可以应用于企业管理,还可以广泛用于市场营销、医学诊断、心理探索和错误分析等领域(Galetsi et al.,2023)。由此可以看出,基于事实和数据的人工智能决策文化逐渐兴起。技术的快速发展推动了数据和人工智能驱动决策的重大进步(苏玺鉴和胡安俊,2023)。实施人工智能、大数据解决方案的技术困难会导致一些企业选择完全放弃人工智能的使用。人工智能使用的强度与深度意味着企业正在利用数据、技术和资源来培养自己的动态能力和竞争优势(曹霞等,2024)。然而,人工智能的快速反应和早期应用表明,可能存在很大程度的风险,并带来不利影响,最终损害企业。例如,企业的人工智能产品研发成本可能很高,甚至会超过产品售价。尽管遇到了一些挫折,但是外部环境的变化正在加速,企业必须利用结合人工智能技术的商业智能以跟上世界发展的步伐(Rana et al.,2022)。

2.4　理论基础

2.4.1　资源基础理论

自 20 世纪 50 年代末以来,学者一直在对影响企业绩效的因素进行研究。该学科最著名的理论是资源基础理论(Wernerfelt,1984;丰超等,2024;魏峰等,2024)。学者们将资源基础理论解释为企业资源、能力与企业整体竞争绩效之间的联系(Huang et al.,2006;Kunc & Morecroft,2010;Wu & Chiu,2015;Nie et al.,2024)。通过这一理论,研究人员能够证明企业的某些方面,如信息技术的实施对企业绩效的直接影响(Rivard et al.,2006;Benitez-Amado & Walczuch,2012)。一些学者试图将研究理论扩展到其他更精细的理论,如动态能力和面向过程的动态能力,这些关注点是资源基础理论中与信息技术更相关的领域,以及直接影响公司绩效更细粒度的层面。该理论还表明,公司需要通过平衡资源和能力去创造价值,这些能力是不可模仿和不可替代的(Sehnem et al.,2022)。综上所述,资源基础理论有助于解释资源和能力如何对公司绩效产生积极影响(赵宏霞等,2022)。

资源基础理论认为,企业要想在竞争中拥有持续的竞争优势,其资源必须满足一定的标准(Caldeira & Ward,2003;Nie et al.,2024)。资源基础理论着眼于企业的基本资源,以确定人工智能对企业绩效的影响。人工智能是一种新技术,必须先从企业层面进行观察,然后才能在更细粒度的层面上确定其影响。本书主要是将人工智能引入现有的企业管理流程中,该流程可以直接与不断增长的企业联系在一起。根据资源基础理论,企业可以通过捆绑战略资源来增加竞争优势或提高绩效(Combs et al.，2011)。从基于资源的角度出发，增强信息技术对企业绩效的影响主要是将企业的绩效与企业特有的、罕见的、难以模仿或难以替代的资源和技能联系起来(Joshi et al.，2022)。资源是分析的基本单位，企业可以通过积累和开发资源来提升企业能力，从而提高竞争优势。企业能力是企业组装、集成和部署这些宝贵资源的基础。资源代表投入，而能力是企业战略性部署这些资源的本领。有三种基于信息技术的关键资源，包括有形资源(有形信息技术基础设施组件)、人力资源(技术和管理技能)和无形资源(包括知识资产、客户导向和协同效应)。此外，突出的信息技术能力与企业绩效之间存在显著的正相关关系。许多能力与绩效之间关系的研究都将资源基础理论作为指导(Beamish & Chakravarty，2021)，并将无形资源、人力资源和有形资源作为能力的输入。

资源基础理论为确定促进分析能力发展的因素提供了适当的理论基础(Shan et al.，2019；Ameen et al.，2024)。资源基础理论是一个只有在获得资源的前提下才能进行能力建设的理论(Saa-Perez & Garcia-Falcon，2002)。因此，企业的发展能力取决并受限于企业决定积累的前期资源类型，由此可见资源对于企业发展而言有着至关重要的作用。资源基础理论提出了一个最常见的资源概念，并将其中的资源分为有形资源(如财务和实物)、人力技能或人力资源(如员工的知识和技能)和无形资源(如企业文化和企业学习)。一些研究人员在研究技术时会关注能力驱动和制度驱动因素(Hart & Dowell，2011)，这种能力驱动的观点在人工智能的背景下显得尤为重要(Chen et al.，2022)。为了成功说服管理者采用人工智能，组织应该在感知和响应技术变革方面做出努力，这被称为技术机会主义(Conner & Prahalad，1996)。技术机会主义允许公司获取和吸收有关新技术的内部和外部信息，部署其资源以利用技术机会(Orlandi et al.，2020)。

资源基础理论着眼于企业现有的资源(Chen et al.，2021；Nie et al.，2024)。研究人员已经构建了理论模型来研究企业的技术变化，例如,创新基础观是基于创新的观点,它着眼于不断变化的技术的管理方面,而不是技术本身;知识基础观是基于知识的观点,着眼于企业对知识的应用。资源基础理论和能力基础理论指导了有关企业敏捷性的一些研究(Ameen et al.,2024)。信息系统研究为信息技术如何影响企业敏捷性提供了独特的见解(Chahal et al.,2020)。企业利用信息技术是希望简化流程,并为企业提供获得内部和外部信息资源的途径(Srivastava & Venkataraman,2022)。信息技术应用程序通过内部和外部两种类型的集成影响敏捷性的两个组成部分:感知和响应。一个停滞不前的企业要想变得灵活,有两种可能的途径:第一条路径是通过实现内部整合来提高企业的响应能力,使企业协调内部活动,从而走向敏捷;第二条路径是将敏捷扩展到外部整合(Chunsheng et al.,2019)。

资源基础理论认为公司绩效是由它们的关键资源决定的(Barney,1991;Chatterjee et al.,2024)。资源可以是组织内的有形和无形的资源(Mikalef & Gupta,2021)。根据这一理论,有价值的、稀有的、不可模仿的和不可替代的资源可以通过创造价值和提高企业绩效来为企业创造竞争优势(Barney,1991)。这种优势可以在很长一段时间内持续,直到公司达到其他公司难以模仿的程度(Bag et al.,2021)。若存在其他互补资源,公司可以增加其资源的组合价值,因为互补资源的组合价值高于每种资源的简单相加(Ghasemaghaei,2021)。

人工智能能力逐渐被视为提高企业绩效的重要且无形的资源(Mikalef & Gupta,2021;Belhadi et al.,2024)。这种观点说明应用人工智能可能为企业带来竞争优势(Chaudhuri et al.,2021)。人工智能能力可以让公司获得宝贵的、稀有的、无法模仿的和不可替代的资源。许多研究将企业能力视为资源和企业绩效之间的中介(Mikalef & Gupta,2021;Lou & Wu,2021;Belhadi et al.,2024)。企业能力是企业经营所需的一个重要因素(Yao et al.,2021)。这些能力有助于部署公司的其他关键资源以提高公司绩效。本书主要关注这种关键的企业能力在为公司创造价值方面的作用,因为拥有人工智能能力可以增强企业的经营能力并改善公司的业绩(Chatterjee et al.,2024)。资源基础理论也经常用于企业资源、能力与企业绩效之间关系的研究(Barney,1991;Hossain et al.,2021;Rahman et al.,2021;Chen & Lin,2021;Moderno et al.,2024)。因此,本书也将纳入资源基础理论展开下一步研究。

2.4.2　动态能力理论

在相关文献中,资源和能力的重要性受到了广泛关注。有大量研究通过资源基础理论来解释公司的绩效(Barney,1991;Wernerfelt,1984;曹霞等,2024)。企业动态能力是应用集体知识、技能和资源来完成企业经营销售等功能性活动的综合过程(李兴旺和王迎军,2004;Teece,2014;邢丽云等,2022;Li et al.,2023)。动态能力理论是指企业具有动态感知、获取和重新配置资源以应对竞争性商业环境变化的能力(Wu et al.,2023;陈德球和张雯宇,2024)。在人工智能的背景下,除了这些功能外,企业的动态能力还应该增加一个及时反馈的功能。也就是说,人工智能工具将增强公司的快速反馈能力,如更快地获取客户并销售产品来提升企业绩效。从实用的角度来看,人工智能工具旨在提高重复性管理工作的效率(Jarrahi et al.,2023)。人工智能工具还被视为具有竞争力的功能,它可以为公司和销售人员提供有关客户、竞争对手、市场和公司的更精确、更高效、更快和更可靠的信息(袁野等,2021)。在专业销售活动中使用人工智能工具不仅可以提高常规销售活动的效率,还可以帮助销售人员战略性地开发适应性销售渠道。

基于先进实时算法和大数据的人工智能工具可以通过三种机制应用在动态能力框架中:第一,人工智能能够增强企业的战略思维能力;第二,人工智能能够增强企业的及时决策能力;第三,人工智能能够增强企业的变革实施能力（Warner & Wäger，2019；Lin et al.，2024）。这三种机制可以应用在不同的企业业务能力上，如销售、定价、客户关系管理、新产品开发和广告。获取稀有、有价值和独特的信息对企业来说并非易事，内外部环境的动态变化使这一过程充满挑战（Barreto，2010；Dubey et al.，2021）。综合先前文献和关于动态能力定义的见解，本书将人工智能的使用与企业绩效联系起来。基于人工智能的功能，本书提出人工智能收益背后的三个主要机制：第一，个性化；第二，更深入的洞察力；第三，有效决策。具体来说，一是电子商务领域中基于人工智能的工具使运营人员能够在个人层面上更全面地了解他们的客户。这些洞察力使公司能够在合适的时间以合适的价格（个性化）创建和分发定制内容给合适的客户。二是基于人工智能的系统可以在宏观和微观层面跟踪与分析客户行为，更广阔的视野可以为企业运营人员提供更全面的客户洞察力，从而实现更高效、更智能的客户细分、定位和服务。三是将耗时任务的自动化、对目标受众的全面了解以及对企业绩效的洞察相结合，这意味着运营人员可以以更具战略性和效率的方式节约成本，如减少员工日常任务的工作时间。总之，人工智能工具通过不同形式促进了企业动态能力的提升，如销售能力、定价能力、新产品开发能力和广告能力等（曹霞等，2024）。

自 20 世纪 90 年代以来，信息技术与企业绩效之间的这种关系受到了更多的关注，信息技术的实施对企业绩效有着积极的影响（喻登科和陈淑婷，2024）。动态能力理论表示，在不断变化的环境中，企业必须使其流程和技术保持最新，以跟上外部环境的变化（肖鹏等，2019）。能力需要适应企业流程、客户市场和企业工作中产生的数据的变化。在人工智能方面，可度量的资源是人工智能支持的商业智能系统及其日常执行任务所需的；服务创新依赖的是人工智能提供这些数据的能力，并且需要利用数据中的非结构化数据。动态能力的使用基于企业不断变化的环境，如果企业竞争优势无法保持，那么无论技

术的实施情况如何,企业的绩效都会下降(Li & Liu,2014)。Barney
(1991)认为,保持竞争优势是动态能力的核心,只要竞争优势无法被
竞争对手复制,就可以为企业带来利益。Wójcik(2015)还认为,企业
的动态能力源于异质性,这一性质可以将企业知识转化为有监督的机
器学习能力,从而在动态能力方面获得竞争优势。Shan 等(2019)认
为,可以通过可持续的方式动态使用资源,为企业提供战略优势。为
了使技术能够利用动态能力,必须有瞬时优势。瞬时优势是一个有趣
的概念,因为技术是一个更替的过程,在旧技术被淘汰之前需要新技
术来替代(Teece et al.,1997)。企业必须跟上技术的变化,否则就会
被竞争对手甩在后面。在信息时代,企业可以通过商业智能系统和数
据分析这两个方面提高绩效(Liang & Liu,2018)。如果没有这两项
技术,企业将很难利用与企业相关的大量数据来提供实际情报。此
外,客户和业务实践也可以成为动态能力的驱动因素。动态能力是一
种能在变化中对各类问题进行应对的能力,特别是在战略层面,这是
一项关键能力,能够在数据或信息呈现某种趋势时实施动态调整
(Leonidou et al.,2015)。有监督的人工智能可以帮助企业更快、更有
效地完成这项工作,它能够通过所提供的知识来为企业所投资的领域
提供决策支持。人工智能分析的实施显示出了积极的影响。将基于
人工智能的商业智能纳入企业的日常活动中可以对企业绩效产生积
极影响。

　　动态能力侧重于系统可以实现的流程改进(Pablo et al.,2007;
Pelletier & Raymond,2024)。在这种情况下,人工智能允许灵活地拥
有动态能力。由于技术的效果不断改进,人工智能可以保持竞争优势
(Krakowski et al.,2023)。将信息技术与流程层面的动态能力相结
合,可以使人工智能成为一种可持续的竞争优势(Barney,1994)。许
多学者一直在研究信息技术实施对企业内部各个流程的精细改造以
及流程改进对企业绩效的影响(徐国虎和田萌,2017;Popović et al.,
2018;Sancak,2023)。如果没有正确的数据和正确的业务知识,信息

技术部门将很难实施正确的解决方案,一些企业建议成立一个单独的部门来处理更深入的项目,如商业智能或企业报告系统(Stål et al.,2022)。

2.4.3　技术—组织—环境

根据 Tornatzky 和 Fleischer(1990)所提出的技术—组织—环境框架理论,归纳出影响企业采用技术创新的三个背景:技术背景、组织背景和环境背景。技术背景包括必要的设备和工艺及其相关的内部和外部技术,组织背景是指公司的资源和其他特征,而环境背景包括公司的合作伙伴和竞争对手、宏观经济背景和监管环境(Baker,2012;Raj & Jeyaraj,2023;韦景竹和王政,2023;张铭等,2024;Ma et al.,2024)。技术—组织—环境框架被广泛用于组织间创新扩散研究。在技术层面,许多研究已经利用这个框架来分析信息技术采用因素(Ng et al.,2022;Shukla & Shankar,2022)。需要强调的是,企业采用信息技术与政府方面有着重要的联系(Low et al.,2022)。政府通过提供基础设施、法律环境和监管指令等来鼓励企业采用信息技术(Huang et al.,2022;欧阳日辉,2024)。如果政府对人工智能表现出明确的态度,则其会通过提供政策支持鼓励企业采用人工智能。一些实证研究证实了政府的监管环境与企业采用信息技术的意图之间的这种正相关关系(Chittipaka et al.,2023)。

在组织层面,技术—组织—环境框架可用来解释技术和环境因素如何影响组织采用信息技术(Wang et al.,2016;Hue et al.,2019;Raj et al.,2023;Neumann et al.,2024)。创新扩散理论和技术—组织—环境框架是组织层面上广泛应用于信息技术研究的两个理论(Xu et al.,2023)。技术—组织—环境理论用于研究信息技术创新在组织层面的应用。与技术—组织—环境理论相比,创新扩散理论能够解释企业内部的创新扩散(Cho et al.,2022),但它受行业和公司规模的限制。技术—组织—环境模型已成功地作为组织层面采用新信息技术的关键环境因素的参考依据(Taherdoost,2022)。组织环境包括文化、战略、管理技能、技术技能和人员因素(Raj & Jeyaraj,2023)。组织因素会在信息技术应用中发挥作用,包括系统开发和管理的形式化、信息技术培训计划、信息管理、公司规模、管理支持等(Chittipaka et al. ,2023)。

技术环境指的是技术创新、技术专长和技术组合的属性(Cruz-Jesus et al. ,2019;Ullah et al. ,2021;Yang et al. ,2024)。信息技术属性是影响信息技术应用过程的重要因素(Skafi et al. ,2020),包括感知利益和感知障碍、技术集成、技术准备和信息技术基础设施(张夏恒,2020;曾经纬和李柏洲,2022)。Rogers(1995)认为,一项新技术的广泛应用取决于该技术的一些创新特征,如相对优势、兼容性、复杂性、可试验性和可观察性等。在这些创新特征中,相对优势、兼容性和复杂性能够影响信息技术的应用(Mustonen-Ollila & Lyytinen,2003)。当一项新技术的创新特征具有优势时,这项技术的采用率会提高(白海青和毛基业,2011;Ho,2022)。

环境因素是指企业开展业务的外部场所,它还能判断企业获取他人提供的资源的能力以及企业与政府和其他公司的互动情况(Bradford et al. ,2014;Awa & Ojiabo,2016;Jia et al. ,2017;冯立杰等,2024)。环境因素包括竞争环境、法律和监管环境以及公司运营的市场,这些外部因素既为信息技术创新提供了机会,又对信息技术创新形成了制约。先前的研究也确定了其他环境驱动因素,包括政府参与、监管政策、行业压力、市场不确定性和竞争压力(Lim,2009;Chen et al. ,2019;Cho et al. ,2022;王雪等,2024)。

技术—组织—环境框架在企业信息安全的应用中也发挥了很大的作用(Ma et al. ,2024)。首先,技术因素包括共享信息的共同解释、正确使用和分类,质量管理中的信息质量变量,信息化系统的建立和标准化,兼容系统的质量组件。其次,组织因素包括管理层的认知和支持程度、首席执行官的兴趣和信息安全的成熟度。技术因素包括专门团队及其成员的信息技术能力。值得注意的是,共享信息的运营资源、预算、组织创新、教育培训等因素直接影响网络安全信息管理的难易程度和实用性。最后,环境因素包括政策制定者的支持措施,如关于技术—组织—环境框架的信息安全法。法律、制度变量、组织之间的信息共享以及共享信息滥用的制度预防等因素应被视为安全系统的一部分,并作为信息共享政策、程序和机制形成的法律依据。此外,还可以考虑信息安全的企业文化、对安全技术接受的态度、信息安全的成熟度以及专门团队的信息技术能力等因素(Zhong et al.,2024)。

人工智能的应用是一项复杂的任务,不仅需要购买软件和硬件,还需要长期购买适当的基础设施和资源。考虑影响人工智能采用倾向的因素以及企业的具体组织能力和环境情况具有现实意义。对人工智能应用研究的回顾表明,技术—组织—环境框架为调查人工智能应用提供了一个良好的起点,不仅因为它突出了应用过程发生的特定背景,还因为它可以用于评估影响人工智能应用的因素。因此,本书将选择技术—组织—环境框架作为理论基础。

2.5　研究现状述评

现有研究对人工智能及其能力对业务绩效的影响展开了广泛讨论。当前的文献主要关注人工智能对特定行业的影响研究,如金融业、制造业、自动化零售、物流、辅导服务等领域。而其他研究则着眼于人工智能对公司创新流程和管理实践、技术创新以及人工智能学习与创业绩效的关系。为了回答本书提出的问题和达到研究目标,本书将以电子商务企业绩效为结果变量,剖析人工智能能力的内部构成要素,探讨人工智能能力、管理、驱动决策、企业创造力、创新文化和环境活力对企业绩效的影响。本书将基于资源基础理论、动态能力理论、技术—组织—环境框架和现有相关研究成果来构建人工智能能力的高阶变量、人工智能能力对电子商务企业绩效影响的理论模型和对应的研究假设。随后本书将使用偏最小二乘结构方程模型、模糊集定性比较分析、自适应神经模糊系统和人工神经网络对采用问卷调查回收的有效样本进行实证分析,进一步检验本书提出的研究假设与理论模型。基于数据分析的结果,本书将讨论高阶变量(人工智能能力)、调节变量(创新文化与环境活力)、中介变量(企业创造力、人工智能管理、驱动决策)对企业绩效的影响。本书不仅在人工智能与企业绩效方面做出了一定的理论贡献,还为电子商务企业改善绩效和形成竞争优势提供了重要指导。

第3章 理论模型与研究假设

3.1 理论模型构建

本书旨在探索人工智能应用背景下电子商务企业绩效影响因素及形成机理。根据第2章对以往研究成果的梳理,本书基于资源基础理论、动态能力理论、技术—组织—环境框架、人工智能和企业绩效的相关研究成果,纳入了高阶变量(人工智能能力)、调节变量(创新文化与环境活力)、中介变量(企业创造力、人工智能管理、人工智能驱动决策)与因变量(企业绩效)提出的研究模型如图3-1所示。

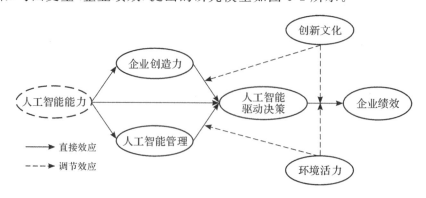

图 3-1 人工智能与企业绩效关系理论模型

3.2　研究变量与研究假设

　　本书提出的人工智能与企业绩效关系研究模型包含以下变量：企业绩效为本书提出的模型的结果变量，即因变量；自变量（高阶变量）为人工智能能力；研究模型的中介变量是企业创造力、人工智能管理、人工智能驱动决策；本书提出的模型还纳入了两个调节变量，分别为创新文化和环境活力。此外，本书还将企业成立年数、员工规模作为控制变量纳入研究。具体如表 3-1 所示。

表 3-1　人工智能与企业绩效关系研究模型涉及的变量

变量类型	变量
因变量	企业绩效
中介变量	企业创造力、人工智能管理、人工智能驱动决策
自变量（高阶变量）	人工智能能力
调节变量	创新文化、环境活力
控制变量	企业成立年数、员工规模

3.2.1　人工智能驱动决策

　　人工智能驱动决策是指企业通过系统收集、评估和分析人工智能系统推荐的分析结果作出决策的策略，可以提高决策的质量和效率（张钹等，2020；Ashaari et al.，2021；Nouinou et al.，2023；Baabdullah，2024）。人工智能驱动决策的主要任务是通过创建决策支持工具来帮助甚至替代人类决策者改进决策（Jarrahi et al.，2018；El Khatib & Al Falasi，2021）。这一革命性的新兴技术威胁着企业传统的运营方式，也由此推动了希望在市场上保持竞争力的企业进行人工智能决策转型（Duan et al.，2019；杜传忠等，2024）。人工智能驱动决策主要通过科学数据分析来推动决策制定(Di Vaio et al.,2022)。此类数据分析的范围可以从简单的描述性统计到实时运行的人工智能和机器学习算法。此外,这些数据分析算法甚至可以通过技术自动化执行企业内的任务。无论是创建决策支持工具,还是进行数据分析,这些功能都可以带来更好的决策,最终提升企业整体绩效(刘力源,2015;Pannu,2015;Gupta et al.,2022)。

随着人工智能和机器学习的不断演进,它们可以让机器实时处理数据并进行决策和执行(Shortliffe & Sepúlveda,2018;于洪等,2020;Rodgers et al.,2023;徐雷等,2024),并且人工智能可以使用复杂的算法来确定正确的路径,并根据得出的结果进行处理(Mo et al.,2023;Jarrahi et al.,2023)。人工智能驱动决策不再是一种简单的决策支持工具,而是在某种程度上可以取代人类决策者的工具(Chowdhury et al.,2023)。以往文献在研究技术使用与绩效之间的关系方面积累了大量的成果。例如,销售人员可以通过使用技术来增加市场知识、技术知识,提高演示技能、定位技能、适应性销售能力和呼叫效率,从而对销售业绩产生积极影响(Syam & Sharma,2018)。衡量绩效是监控企业发展的重要标准,这包括衡量企业的实际生产力水平与它们设定目标的比较。定期的绩效检查程序可以保护企业免受财务问题的影响,人工智能还可以用作预测生产成本的工具,最终有助于降低生产成本,提高企业的生产力,并帮助企业可持续地实现目标(范晓男等,2020;Yoo & Kang,2021)。人工智能对企业的决策支持是企业业绩增长的重要原因之一(Duan et al.,2019;Yang et al.,2021)。更全面地使用智能工具需要高计算能力以及技术信息和一系列策略的支持(丁进良等,2018)。例如,流程分析中的数据可视化是基于将数据转换为图表的工具的出现才得以使用。学者们还探究了人工智能与企业绩效之间的关系,机器学习、数据分析、技术工具和企业运营方式的转变意味着需要进一步研究和分析电子商务行业的新技术,以确保它们的充分利用,最终提高绩效(Wamba-Taguimdje et al.,2020)。

企业绩效是评估该企业财务、运营、营销和团队绩效的重要指标（Dubey et al.，2020；魏峰等，2024）。人工智能会对公司的健康运作、企业绩效产生积极影响（Yasmin et al.，2020）。人工智能可以收集和理解复杂问题的现实解决方案（Awan et al.，2021），这为决策提供了更加可靠的依据（Elia et al.，2021）。人工智能系统不仅仅是为企业管理者提供信息，而且还涉及将数据转化为管理员和企业高管可以用来解决现有和潜在问题的信息（Ashaari et al.，2021）。企业的高管开始关注人工智能驱动的决策文化，因为研究证据表明人工智能驱动决策能够促进业务的创新（Chaudhuri et al.，2021）、供应链弹性的提升（Zhang et al.，2021；Cannas et al.，2024）、工作效率的提升、成本的节约、产品质量的提高和客户服务的提升（Bag et al.，2021）。基于人工智能辅助的决策显然有可能为组织提供重要价值，以提升企业的运营效率与绩效（Ashaari et al.，2021）。使用人工智能驱动决策的企业可以获得更高的生产力和绩效（Chatterjee et al.，2024）。基于上述分析，本书提出以下假设。

假设 1（H1）：人工智能驱动决策对企业绩效存在积极影响。

3.2.2　企业创造力

企业创造力是推动企业创新和形成企业竞争优势的重要驱动力（Secundo et al.，2020；Huang et al.，2024）。本书将企业创造力定义为企业创造新颖且有用的想法的能力（Ferreira et al.，2020）。如今的商业环境越来越复杂和多变，富有创造力的组织往往更有可能尝试新技术并融入企业的日常经营中（Liu et al.，2020）。重视创造力的企业也更愿意尝试用人工智能、大数据、云计算等新技术来改造业务流程与决策机制（Mikalef & Gupta，2021），并且这些企业也能从人工智能等新技术中找到具有创新性和创造力的道路来满足不断变化的客户需求，从而继续生存并取得成功，最终提高企业的收入和盈利能力

(Makridakis,2017;李易懋,2020;宋渊洋等,2024)。

许多学者讨论了创新性、创造力与业务绩效之间的关系(王良等,2013;Li & Chan,2019;Garrido-Moreno et al.,2024)。创新能力与企业绩效之间存在正相关关系(李婧等,2010;Gao et al.,2023),企业应关注创业导向和学习导向,这些将在提高绩效的同时增强公司的创新能力。在考虑企业环境和跨文化差异的同时,企业可以进行基于规模和部门的比较研究。创新性对中小企业的绩效有间接影响(Baharun et al.,2019)。这些研究结果表明企业创造力被认为是企业生存和成功的主要因素之一(Garcia-Martinez et al.,2023)。在激烈的市场竞争中,企业不断推出创新的产品来满足客户的需求,同时占据较高的市场地位(杨瑾和解若琳,2020;Pinarbasi et al.,2024)。企业的创造力能使企业在很长一段时间内保持较高的盈利能力,同时提高业务绩效。企业创新、快速发展的技术、数字化转型、新兴市场和不断变化的客户偏好正在推动组织决策者重新思考信息技术的管理和集成,以获得和保持竞争优势(Powell & Dent-Micallef,1997;Bourlakis & Bourlakis,2006;Okorie et al.,2023)。上述研究表明人工智能可以提高企业的经济效益,甚至会影响企业的创新、研发过程。综上所述,本书提出以下假设。

假设 2(H2):企业创造力对人工智能驱动决策存在积极影响。

3.2.3 人工智能管理

人工智能管理需要企业支持人工智能实施的配套管理系统(Bag et al.,2021;Jarrahi et al.,2023;Habbal et al.,2024),其应用的情况在很大程度上取决于企业采用人工智能技术的决心(Haesevoets et al.,2021)。信息系统管理是指动员和部署最佳信息技术资源以提升业务绩效,从而给企业带来可持续的竞争优势(Zhang et al.,2023;Okorie et al.,2023),尤其是人工智能这类先进信息技术。企业建立信息管理系统也意味着可以利用企业资源和能力来应对由突发事件引起的不断变化的环境(Ferraris et al.，2019)。单靠企业的信息系统管理不能完全为企业提供竞争优势,因此要关注人工智能技术给企业带来的变革,更加需要制定配套的人工智能管理措施来发挥人工智能的潜力。在竞争十分激烈的环境中,企业需要信息技术驱动的多渠道数据来感知和重新理解业务环境。

　　企业的管理制度会对企业营销产生影响,客户、供应商或公众的压力会影响企业营销方面的决策(Chatterjee et al.，2020；王雪等,2024)。在人工智能的背景下,制度管理尤其重要,因为人工智能的早期阶段是充分挖掘媒体、新闻中的大量评论预测,从而给企业的营销活动带来重要支持。2019 年,美国政府提出的"美国人工智能倡议"是一项指导美国人工智能发展的高层战略,这从某种角度反映出制度管理对企业采用人工智能发挥效益有着重要作用(郭凯明,2019)。此外,政府也是影响企业采用人工智能的重要因素之一,当政府对人工智能表现出积极态度并且提供基础设施、法律环境、监管指令和政策支持时,就能够有效推动企业采用人工智能技术(Chen et al.，2021；欧阳日辉,2024),以上说明了支持政策和管理制度对于人工智能的发挥有着重要影响。在信息技术方面,企业管理能力包括信息系统项目协调以及教育和培训。管理能力代表着企业在应用信息技术的过程中发挥关键作用的无形资产。架构、过程、态度和文化影响着信息技术的采用(Tornatzky ＆ Fleischer,1990)。良好的管理能力体现在有明确的战略目标和计划、有效和顺畅的内部沟通和合作,以及整个企业的教育和培训上(邵新建等,2012；Wamba-Taguimdje et al.，2020；Nguyen et al.，2024)。

　　研究发现管理能力会影响管理支持(Hsu et al.，2019；Roberts et al.，2023)。管理能力是指这些管理者建立和配置资源以实现组织目标的能力(韩连胜和张金成,2010；Tsionas ＆ Patel,2023；Habbal et al.，2024)。企业中的管理者可分为三个层级:高层管理者、中层管理者和一线管理者。不同层次的管理者负责企业内部不同方面的业务，包括战略、沟通、运营等方面（Harris，1990；Sancak，2023）。现代企业是一个庞大而复杂的系统，管理团队往往承担着大部分的管理和决策工作。管理能力会影响管理者的主导逻辑，并且随着时间的推移，管理者的主导逻辑会扩展并嵌入企业层面的实践、程序和资源，形成公司层面的主导逻辑，并可能改变公司作出决策和运营的方式（Chesbrough，2003；Cavanagh et al.，2023）。一个拥有高效管理团队的公司往往具有高效的沟通与合作机制，以及有针对性的培训计划和流程，可以保持企业的竞争优势。因此，公司的管理能力越强、管理团队越高效，就越能得到公司高层的认可和支持，首席执行官也更愿意支持高效的管理团队（刘洪德等，2010）。一个强大且高效的管理团队提出的建议和计划更容易得到管理层的支持（Schou，2023）。

人工智能提供了一种全新的方式来理解海量数据（丁晓蔚和苏新宁，2019；颜嘉麒等，2023）。人工智能的整体管理愿景和管理规划是采用人工智能的前提和保障（Polisett et al.，2024）。缺乏管理规划和愿景可能会阻碍信息技术创新（Singh & Maheswaran，2023；Palmié et al.，2023）。企业促进人工智能应用程序的使用还需要对业务流程和企业人员进行重大调整。公司应该培养一个优秀的项目管理团队，以促进企业良好的内部沟通和协作，并提供正规的教育和培训。反之，如果企业缺乏敬业的团队、组织成员之间缺乏沟通并且人员培训不足，就会阻碍人工智能在企业中的应用（Liu et al.，2023）。信息技术管理能力强的公司可以消除这些阻碍，迅速采用人工智能这一新技术。因此本书提出以下假设。

假设3（H3）：人工智能管理对人工智能驱动决策存在积极影响。

3.2.4　人工智能能力

结合资源基础理论和动态能力理论，本书将电子商务企业人工智

能能力定义为企业构建、整合和利用基于人工智能相关资源的能力
(Mikalef & Gupta,2021;Krakowski et al.,2023;丰超等,2024;曹霞
等,2024)。在企业开发新产品时,人工智能卓越的计算和预测能力可
以帮助企业和个人变得更加强大(Alter,2022)。具体来说,人工智能
可以通过预测分析协助新产品开发:第一,人工智能可以通过概率和
数据驱动的方法产生新的想法;第二,人工智能可以识别许多因素之
间的关系;第三,人工智能可以及时完成所有的任务。人工智能和机
器人技术激励人们积极主动地寻找解决复杂问题的新方法,高效地提
供商品和服务,最终提高盈利能力并改善企业的整体绩效,并根据实
际情况为企业提供改善绩效的解决方案(Di Vaio et al.,2022;杜亚光
等,2024)。

基于人工智能的商业智能系统在适当的情况下会对企业的财务
业绩产生明显的推动作用(Enholm et al.,2022)。企业专注于信息技
术或在竞争激烈的企业运营中积极使用商业智能解决方案可使企业
的生产力提高(许建和罗永强,2008)。但是生产力提高这一结果需要
改进企业收集、存储和分析数据的方式(Lateef & Keikhosrokiani,
2023)。企业收集的大量数据在没有得到充分的处理时往往不利于企
业提高收益,对收集的大量数据进行充分分析通常会提高企业绩效
(Zameer et al.,2022),即使是在个人层面,也可以通过商业智能提升
工作效率(Hayajneh et al.,2022)。成熟的人工智能解决方案非常复
杂,需要得到企业的管理支持和技术能力的支持(Huang et al.,2022;
卢任等,2024)。当企业拥有适当的人工智能能力并为人工智能解决
方案做好准备时,人工智能系统将提高企业的绩效(Al-Surmi et al.,
2022)。

企业文化一直是企业的重要考虑因素,特别是对于希望通过人工
智能和数据驱动决策来提升绩效的企业来说,它已成为标配(Chen et
al.,2022;Nguyen et al.,2024)。企业文化与其战略目标也存在着关
联性,当现代企业无法构建与其战略目标相一致的企业文化时就会导

致业绩下降（Tan et al.，2022；Manolopoulos et al.，2024）。即使企业拥有实施人工智能技术的技能，也会在实施方面遇到问题，如有些企业没有能力将企业文化转变为支持人工智能和数据驱动的决策文化（Chatterjee et al.，2024；Sattari et al.，2022）。此外，缺乏相关技术人员的支持也会阻碍企业人工智能技术的应用，业务经理经常抵制企业变革，因为他们认为人工智能是对其权威和决策能力的挑战（Li et al.，2021）。企业必须努力寻找实施智能系统的方法，从典型的仪表板报告转向使用大数据形式的分析（Chen et al.，2014；Chen，2024），以促进人工智能发展。收集的证据表明企业有采用自动化决策流程的激励（Tamym et al.，2023；Polisett et al.，2024）。

人工智能能力作为需要多种资源互补才能形成的企业竞争力，只有通过长期的监测活动才能保障人工智能能力的培养（Raisch & Krakowski，2021）。人工智能管理系统的开发、更新可以更好地支持企业进行高质量决策（Saenz et al.，2020），从而推动企业获得更加优质的回报。人工智能决策的本质是一种基于人工智能技术的决策技术（Verganti et al.，2020）。人工智能咨询系统的推荐会对企业的决策产生影响（Keding & Meissner，2021），掌握人工智能能力的企业可能会愿意选择人工智能来驱动决策（Ashaari et al.，2021）。人工智能在业务活动中的采用程度可能会随着时间而变化（Rafi-Ul-Shan et al.，2024）。企业并非同时采用人工智能的所有方面——例如，企业可能在与客户交谈时采用人工智能聊天机器人，但在欺诈检测中没有采用人工智能技术。此外，某些人工智能计划很容易采用，而其他计划可能需要大量资源和组织重组。例如，销售人员自动化和虚拟助理对于销售部门来说比较容易实施，而自主生产和机器人采购则需要在这些业务中对系统进行重新设计和集成，并且需要人员培训和高层管理人员的全力支持。

人工智能可以为企业提供一些创造性的建议与解决方案（Paschen et al.，2020），这对企业的创造力提升有着积极作用

（Amabile，2020；Pinarbasi et al.，2024）。企业形成的人工智能能力可
以帮助处理大量重复性的工作，还能为企业面临的复杂问题提供更多
解决思路（Raisch & Krakowski，2021）。借助人工智能能力，企业可
以释放出更多的人力资源用于进行创造性的活动（Mikalef & Gupta，
2021）。发挥人工智能的价值与人工智能管理系统密切相关（Bag et
al.，2021）。人工智能管理系统的实施需要与人工智能能力相关的各
项资源共同推动（Rahman et al.，2021）。企业可以借助人工智能技术
实现管理活动的自动化，拥有人工智能能力的企业也能更好地推进人
工智能管理（Bag et al.，2020）。综上所述，本书提出以下假设。

假设 4（H4）：人工智能能力对人工智能驱动决策存在积极影响。

假设 5（H5）：人工智能能力对企业创造力存在积极影响。

假设 6（H6）：人工智能能力对人工智能管理存在积极影响。

3.2.5 调节效应：创新文化

企业的创新文化和企业家的创新精神可以帮助企业在困难、充满
不确定性的商业环境下取得成功（Kumar et al.，2023；孙桂生等，
2024）。多项研究证实了企业创新与业务绩效之间存在关联性（赵宏
霞等，2022；Gao et al.，2023；Sullivan & Wamba，2024）。企业创新与
企业绩效有着显著的正相关性，创新文化有助于员工感知企业运营中
的需求和问题（Wang et al.，2024）。随后管理人员可以根据这些需求
考虑设计方法，并利用这些方法提高业务绩效。

企业文化经常被描述为将企业各环节联系在一起的力量
（Wongsinhirun et al.，2023；Li et al.，2023；Nguyen et al.，2024）。优
秀的企业文化对企业创造力、战略决策和执行力都有重要影响（于斌
等，2018），而文化和战略的关系是相互依存的并且共同影响企业绩
效。以提高企业绩效为目的，企业应将战略重点转向技术层面，企业
需要高度重视技术机会，同时不断观察市场、分析市场并重新配置资

源以适应市场变化(Jayawardena et al.,2023;Shi et al.,2023)。技术机会引发了企业在感知和响应新技术方面的异质性,这可能会对公司绩效和竞争优势产生影响(Afsay et al.,2023)。

人工智能解决方案的实施表明企业希望实现基于人工智能和数据驱动的决策方法(Chatterjee et al.,2024)。文化促进特定战略的执行,但如果没有适当的文化,那么决策不可能始终由人工智能驱动(Chaudhuri et al.,2021),所以企业在人工智能布局上必须与文化相一致。在人工智能应用的背景下,企业文化必须促进快速决策,避免因数据过时和数据遗漏而造成决策滞后(Nuccio & Bertacchini,2022)。文化还必须鼓励各级决策者接受人工智能驱动决策概念的教育,以便员工能够努力实施企业的战略计划,而不会被常见的误解束缚。可见,只有企业领导者和员工都支持文化变革,才能实现企业人工智能的驱动决策战略(Chaudhuri et al.,2021)。

企业在采用人工智能时也会有顾虑,阻碍企业采用人工智能的潜在因素是使用人工智能的风险和收益的不确定性(Rafi-Ul-Shan et al.,2024)。人工智能的成本高昂,这意味着在财务和技术上可能要承担高风险,同时还要对风险进行计算和应对(Brillinger et al.,2020)。它需要丰富的专业知识、长期的维护和对所雇用的创新人员进行大量的培训,这将给企业带来沉重的负担(陈群等,2020)。但要想降低采用人工智能带来的风险,企业的组织文化构建也不失为一条有效途径。企业的数据驱动决策文化有助于提升决策质量,而这需要企业管理人员了解决策模型并在逻辑上做出有助于了解定量数据分析和洞察力的部署。领导者也需要了解数据驱动决策文化背后的概念,并坚持这一有益文化(Chaudhuri et al.,2021)。领导者还应该了解技术会如何影响企业组织,并积极使用研究人员提出的模型。企业领导者应该意识到,尽管技术在人工智能解决方案中很重要,但最重要的成功因素来自组织文化(Harper & Utley,2001;Scaliza et al.,2022)。企业只有让文化与战略方向保持一致,才能为成功做好准备

(Grover et al.，2022；Nguyen et al.，2024)。

　　企业创新往往会面临风险承担的问题，许多学者研究探讨了企业创新、风险承担与业务绩效之间的关系(董保宝和葛宝山，2014；潘清泉和鲁晓玮，2017；Sullivan & Wamba，2024)。风险承担会对企业的业绩产生积极影响，风险承担对企业业绩的增长和盈利能力的提升有显著的积极影响(Cailou & DeHai，2022)。在金融理论方面，学者们认为承担的风险越大，取得的效果就越好(Battisti et al.，2022)。如果风险得到缓解且管理良好，则能带来积极作用。结合专业技术员工的见解，企业管理者才能提出新的好想法并控制风险，这也是企业领先于竞争对手的原因，其使企业能够应对客户不断变化的需求(Wang et al.，2024)。由此可见，尽管企业创新会面临风险，但是其也意味着发展机会，鼓励创新的文化也更有助于企业把握创新机遇来实现发展目标(Shuwaikh & Dubocage，2022)。

　　高层管理人员对创新与变革的态度会对企业应用人工智能的情况产生显著影响(Yu et al.，2023；Bouschery et al.，2023)。高层管理支持的形式可以是对规划、设计、开发和实施活动的管理指导(Wang et al.，2024)。人工智能计划是许多企业战略规划过程的核心组成部分。由于高层管理人员在制定组织战略方面发挥着核心作用(De Paula et al.，2023)，因此高层管理人员在人工智能环境中发挥了重要的作用。首先，高层管理人员有能力通过制定与人工智能应用相关的组织战略，来减少部门间冲突并促进人工智能的快速实施。其次，人工智能的普遍应用需要大量的投资和管理，如果没有高层管理人员的支持，这种投资是不可能进行的。所以，高层管理者要重视创新文化的培养，营造适合推动人工智能在企业中应用的氛围(Paschen et al.，2020)。企业创新需要主动创新的积极性，而创新文化也可以帮助企业培养创新意识和主动性(Hidalgo & Albors，2008)。许多研究已经检验了创新主动性及其与业务绩效的关系(Baer & Frese，2003；Bhaskaran，2006；Larbi-Siaw et al.，2022)。这些发现能够激励企业管理者,让他们积极培养企业创新文化并从中受益。先行的企业对新的变化迅速做出反应,发现机会并抓住机会开展创新活动,在市场上取得竞争优势并成为领导者,最终抢在竞争对手之前提升业务绩效(Guo et al.,2022)。

在本书描述的情景中,创新文化是指鼓励创新的企业文化(Khattak et al.,2022;Chatterjee et al.,2024)。这种鼓励创新的文化能够唤起企业内部的积极性并采用人工智能这样的技术(Zhang & Lu,2021),从而帮助企业达成更高的经营目标(Chaudhuri et al.,2021)。面对激烈的市场竞争,鼓励创新的企业更有可能采用以人工智能为代表的数字技术进行企业流程和决策的改造,从而获得提升绩效的新商机(洪江涛和张思悦,2024)。对于企业来说,引进和投资新的人工智能技术很容易,但让现有的企业文化和流程适应人工智能很困难。然而,创新文化对组织采用新方法来进行决策和改造组织有着重要作用(Chen & Lin,2021),这种基于人工智能驱动决策的形式意味着提升企业绩效的机会(Ashaari et al.,2021)。鉴于上述讨论,并基于前人的研究结果,本书提出以下假设。

假设7(H7):创新文化对人工智能驱动决策与企业绩效之间的关系存在正向调节作用。

假设8(H8):创新文化对企业创造力与人工智能驱动决策之间的关系存在正向调节作用。

3.2.6　调节效应:环境活力

在新技术高速发展的情况下,企业经营在不断变化的商业环境和技术中变得越来越动态(蔡新蕾和高山行,2013;Ghosh et al.,2022;陈权等,2024)。由于在动态环境中,企业会受到各种内部和外部的威胁,因此企业经营与决策需要源源不断的辅助信息来为企业作出决策提供依据(韩凤晶和石春生,2010;Bahrami & Shokouhyar,2022)。环境活力是在处理与绩效相关的问题时需要调查的关键因素(Achi et al. ,2022)。因此,了解人工智能、环境活力和企业绩效之间的联系,可以为如何在动态环境中开发和部署人工智能提供有意义的见解。关于人工智能在企业管理中的预测和学习能力的研究仍处于起步阶段,因此人工智能在企业中的应用研究仍有很大的探索空间(Mavani et al. ,2022;Kumar et al. ,2023)。

环境变化和不确定性会对企业变革造成压力(Chen et al. ,2022;张公一等,2023;王雪等,2024)。重视技术的企业往往能注意到技术的发展,并且更有可能投入资源来采用新技术。当企业的决策者将战略问题视为机会时,管理者可能会采取积极主动的措施。资源基础理论为说明技术机会主义和企业采用人工智能技术之间的关系提供了理论基础(Song et al. ,2023;丰超等,2024)。技术机会主义使企业能够感知、响应、获取技术发展趋势信息,并最终将这些资源转化为企业发展的动能。技术机会主义的企业会将技术发展视为企业潜在的增长源,并有能力感知和应对激进技术,所以在采用新技术时会表现出更积极的态度(Chai et al. ,2019)。

不同行业对人工智能的应用情况有很大差异,企业的战略类型会对其是否接受人工智能产生重大影响(Zhang & Lu,2021;黄东兵等,2022;徐占东等,2024)。由于人工智能技术还在发展中,许多企业管理者和工作人员对人工智能技术的使用和实施没有信心。企业处在不断变化的动态环境中,一个优秀的管理团队可以制定合适的营销策略,促进资源共享,不断培养企业动态管理能力以提高企业效率(Singh et al. ,2019)。动态的管理能力允许企业预测新兴技术,并有效地利用它们来协调业务流程,从而进一步实现企业所制定的目标(Eikelenboom & De Jong,2019)。人工智能应用发展非常迅速,许多企业开始涉足这个领域。但是能否成功应用这一技术取决于企业的管理能力。如果管理者能够意识到人工智能新技术在提高员工专业技能和实用价值方面的潜力,然后调整人员配备,招聘相应的技术人才,合理配置资源,注重培训,为应用人工智能创造条件,就可以降低人工智能应用的难度(Ding et al.,2020)。一个优秀的项目管理团队、良好的内部沟通和协作,以及企业正规的教育和培训,可以激发员工的学习热情,提高他们对人工智能技术的接受能力,降低潜在的风险(Himeur et al.,2021)。这将大大减少因人工智能技术应用所带来的难度和复杂性而导致的员工冲突和负面情绪。这意味着人工智能将更好地与当前的流程和文化兼容。高水平的管理能力增加了对新技术的有用性和好处的感知,并减少了对技术风险的感知(Nishant et al.,2020)。因此,企业可以快速采用人工智能技术,提高其性能,获得竞争优势。

外部环境是企业开展业务的舞台,其涵盖了行业、竞争对手、法规以及与政府的互动等因素(You et al.,2019;邢丽云等,2022)。企业经营十分容易受到外部环境的影响,外部环境的不确定性会对企业组织架构和行动产生重要影响(Munir et al.,2020;张公一等,2023)。因此,推动企业决策的不仅有合理的效率目标,还有社会和文化因素以及对合法性的关注。外部环境会对企业采用新技术产生激励或阻碍作用。企业可能会在政府、竞争对手和客户的外部同构压力下使用人工智能技术(Rietveld & Schilling,2021)。企业采用新技术是一个复杂的过程(姚小涛等,2022),政府设置的导向性框架很重要。政府政策在刺激企业信息技术创新方面发挥着重要作用(张德涛和张景静,2022)。政府可以鼓励信息技术在新的领域和技术上扩散,政府可以制订支持性计划来促进新技术的商业应用,并为新技术的发展制定新的政策、法规,以控制新的信息技术引入和消除系统障碍(汪明月等,2022)。人工智能作为一种具有广泛影响的颠覆性技术,涉及安全、隐私、社会伦理等诸多方面的问题。因此,人工智能需要良好的立法或监管环境。这意味着在人工智能技术快速发展的同时,来自法律、安全、就业、道德和政府治理层面的挑战和冲突也会越来越多(Won & Park,2020)。因此,国家层面的整体规划和人工智能立法可以促进人工智能产业的良性发展。人工智能技术正在改变人类生活和社会的每一个方面,世界各国政府都投入了大量资源用于促进该技术的发展,并发布了国家级的人工智能发展计划和政策(徐佳和崔静波,2020)。这也从侧面体现了政府对于人工智能这一技术的支持。政府的支持为人工智能提供了一个有利的环境,并将促进人工智能的扩散和使用(Gong et al.,2020)。因此人工智能供应商需要与政府保持良好的关系,以获得支持和资源来推广新的人工智能应用。

外部环境的动态性和不确定性容易给企业带来竞争压力,而这种竞争压力是企业技术创新的动力(钟优慧和杨志江,2021;岳佳彬和胥文帅,2021;王雪等,2024),外部环境的竞争压力促使企业采用人工智能技术和应用。市场的竞争优势不是固定、持久的,市场竞争会刺激信息技术创新(Wei et al.,2022)。来自竞争对手的压力是企业采用新技术的一个重要推动因素(Zhao et al.,2021)。采用新技术往往是企业在市场上竞争的必要策略(Song,2023)。信息技术创新可以改变产业结构,改变竞争规则,利用新的方式来超越对手,改变竞争环境(Feng et al.,2022)。在竞争对手采用某些新技术时,企业会有压力,此时它们会立即采用这些技术来保持竞争力(Xu et al.,2023)。成功应用人工智能新技术改善产品和服务的企业将获得比竞争对手更大的竞争优势。

虽然企业无法控制外部的许多市场因素,如产品需求、市场竞争程度和客户忠诚度等,但这些因素会影响企业绩效(郑云坚等,2016;冯文娜等,2020)。市场上存在很多不确定因素,风险与机遇并存,哪家企业能在不确定的市场中找到机会,这家企业就能获得竞争优势。许多国家和企业都发布了人工智能发展规划或相关规定,以期抓住人工智能创造的机遇。中国在《新一代人工智能发展规划》中指出,到2030年,中国人工智能核心产业规模将超过1万亿元,带动相关产业规模增长超过10万亿元。这表明人工智能提供了广阔的市场和大量的机会(张新新和刘华东,2017)。许多人工智能技术的应用还不成熟,相关专业技术人才短缺,但人工智能已经显示出强大的生命力,为企业提供了更多的竞争机会(郭凯明,2019)。例如,客服聊天机器人和语音助手可以帮助企业提高效率,降低劳动力成本(张初兵等,2024)。一些复杂的任务,如指纹识别和人脸检测,都能通过人工智能技术来处理。企业可以应用人工智能技术来提高现有客户的忠诚度(谭春辉和王俊,2009),并吸引新客户。人工智能应用有巨大的市场潜力,但目前人工智能的应用场景还有待探索。虽然很多应用还处于开发和测试阶段,但这并不能阻止企业进入人工智能领域(万赟,2016)。

企业采用人工智能技术通常与信息技术供应商和合作伙伴有关,因为许多企业对人工智能技术不熟悉(Duan et al.,2019;Yang et al.,2024)。企业与供应商的合作关系是创新技术被采用的关键决定因素之一(Yu & Tao,2009)。此外,供应商参与可以显著促进新产品的采用和提高扩散速度(Xia et al.,2019)。许多企业从符合标准的供应商那里获取信息技术和网络技术。尽管这些供应商并不是人工智能技术的最佳来源,但供应商在人工智能领域发挥着独特且重要的作用。供应商需要大量的数据来训练他们的人工智能工具,因此这些工具通常包含敏感的客户信息。企业为了与领先的人工智能技术供应商合作,必须将数据收集和管理过程标准化,以便更容易地使用人工智能技术(Wang & Qualls,2007)。此外,算法和模型是人工智能的核心要素。因为许多企业不擅长算法开发,所以它们需要建立一个平台,向供应商开放,共同开发人工智能应用程序(De Mattos & Laurindo,2017)。因此,与供应商的合作关系可以极大地影响人工智能的应用过程。外部的人工智能供应商可以在很大程度上推动人工智能应用。突如其来的危机事件可能会造成客户需求的不稳定、产品供给的不确定,这些都要求企业采用更加灵活的管理策略来应对(宋渊洋等,2024)。企业经营离不开与外部环境的密切接触,这也表明企业绩效会受到外部环境的影响(Dubey et al.,2020)。环境活力的调节效应影响着企业绩效与其前因变量(Wamba et al.，2020)。适度的环境活力还能对人工智能驱动的决策和企业绩效产生积极影响(Dubey et al.，2020)。综上所述,本书提出以下假设。

假设 9(H9):环境活力对人工智能驱动决策与企业绩效之间的关系存在正向调节作用。

假设 10(H10):环境活力对人工智能管理与人工智能驱动决策之间的关系存在正向调节作用。

3.2.7　控制变量与企业绩效

企业绩效可能会因为企业的不同特征而呈现出不同的结果(金陈飞等,2020;谢萌萌等,2020;尚航标等,2024),如企业成立年数(Chen & Chen,2021;Bag et al.，2021)、企业员工规模(Pinheiro et al.，2022;Arias-Pérez 和 Vélez-Jaramillo,2022)。在人工智能应用背景下,人工智能作为一种通用技术,预计将在许多行业中得到广泛的应用(De Silva et al.，2020)。尽管应用人工智能这种通用技术有潜在的好处,但是也有一些公司不能灵活地将人工智能纳入其商业实践中(Baabdullah et al.，2021;Yang et al.，2022)。从企业的员工规模来看,组织规模和行业可能会影响组织管理信息技术资源能力和企业的反应灵敏度(Ravichandran,2018;Harsch & Festing,2020)。因此,本书将企业员工规模和企业成立年数视为控制变量并纳入研究中。基于以往相关研究成果和上述分析,本书提出以下假设。

假设 11(H11):在人工智能应用背景下,企业员工规模扩大会对企业绩效产生负向影响。

假设 12(H12):在人工智能应用背景下,企业成立年数增加会对企业绩效产生负向影响。

3.2.8　研究假设模型

基于以上论述,本书一共提出了 12 个研究假设,并建构了人工智能与企业绩效关系研究假设模型图,具体如图 3-2 所示。

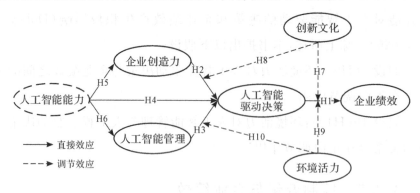

图 3-2　人工智能与企业绩效关系研究假设模型

综上所述,本书最终提出的研究假设汇总如表 3-2 所示。

表 3-2　人工智能与企业绩效关系研究

编号	研究假设具体内容
H1	人工智能驱动决策对企业绩效存在积极影响
H2	企业创造力对人工智能驱动决策存在积极影响
H3	人工智能管理对人工智能驱动决策存在积极影响
H4	人工智能能力对人工智能驱动决策存在积极影响
H5	人工智能能力对企业创造力存在积极影响
H6	人工智能能力对人工智能管理存在积极影响
H7	创新文化对人工智能驱动决策与企业绩效之间的关系存在正向调节作用
H8	创新文化对企业创造力与人工智能驱动决策之间的关系存在正向调节作用
H9	环境活力对人工智能驱动决策与企业绩效之间的关系存在正向调节作用
H10	环境活力对人工智能管理与人工智能驱动决策之间的关系存在正向调节作用
H11	在人工智能应用背景下,企业员工规模扩大会对企业绩效产生负向影响
H12	在人工智能应用背景下,企业成立年数增加会对企业绩效产生负向影响

3.3　人工智能能力的二阶变量构建

　　人工智能投资实现价值需要公司利用其他成熟的互补性组织资源（杨祎等，2021；Borges et al.，2021；Mikalef & Gupta，2021；Perifanis & Kitsios，2023；Yang et al.，2024）。这些资源共同构成了公司的人工智能能力。人工智能解决方案需要信息技术部门的参与，但此类技术资源本身无法帮助企业获得成功（朱巍等，2016；Li et al.，2021）。它只能作为企业取得成功的辅助工具。首先，信息技术部门通过应用适当的技术和人才来获得生产能力（Yang et al.，2020），其中数据分析技术方面的技能是应用人工智能的关键因素（Dora et al.，2022）。人工智能解决方案必须包含各种技术条件，包括数据质量和可用性、信息技术基础设施、拥有正确技能的员工、数据的安全性和保密性（王志宏和杨震，2017；陈小平，2021；欧阳日辉，2024）。信息技术是产生组织能力的基础，但使用部门必须具备一定程度的技术素养（Pan et al.，2020；Jarrahi et al.，2023）。

　　信息技术资源本身不足以实现实施人工智能所想要达到的目标（袁野等，2021；Chen et al.，2022；Moderno et al.，2024），需要通过实施战略计划来推进目标的实现（Shaw et al.，2019）。因此，信息技术战略必须与组织战略保持一致，部门的行动必须经过战略性的规划才能进一步实施。人工智能战略需要彻底改变商业模式以及领导者和员工对数据的处理方式，这种转变需要企业最高管理层发挥先导作用（王宗军和蒋元涛，2004；Kiron & Schrage，2019）。尽管信息技术资源可以解决实施人工智能解决方案的技术问题，但必须让面向业务的个人参与，以此来推动应用（高山行和刘嘉慧，2018；Yablonsky，2021）。信息技术资源还能转化成企业发展所需资产，如企业可以将数据仓库或机器学习工具等资产转化为对组织产生重大影响的企业过程资产(李雨霏等,2020),为人工智能的实施奠定资源基础。当信息技术工作得到组织支持,尤其是来自管理层的支持时,这些来自管理层的支持能够提升人工智能价值实现的可能性。

数据分析能力是一个三阶结构变量(Gupta & George,2016;Gupta et al.,2020;余菲菲和蒋庆,2024)。一阶结构由企业资源数据、技术、基本资源、技术技能、管理技能、数据驱动文化和组织学习强度等更细粒度的项目组成。二阶结构提供了一个与公司资源基础理论相关的层次,其中有有形资源(数据和基本资源)、人力资源(技术技能和管理技能)和无形资源(数据驱动的文化和组织学习强度)。这些结构变量形成了数据分析能力(即三阶结构)。这些项目被概念化为形成性变量,因为它们代表有形资源的不同方面(Gupta & George,2016)。

技术能力是指企业实现创新所必需的物理资产,如计算机硬件、数据和网络等(Lall,1992;Peerally et al.,2022)。同时,技术能力也代表了一个公司所拥有的集体资源,这些资源可以为自己提供灵活和可扩展的商业应用基础(Bao & Wang,2022;卢任等,2024)。除此之外,技术能力还包括无形资产,如技术知识、信息技术开发和协作策略,以及可以有效集成新技术的应用流程(Munjal et al.,2022)。无形资产是影响信息技术采用的关键因素(Wang et al.,2019)。强大的技术能力降低了集成的复杂性,使信息技术部门能够快速、高效地交付人工智能技术(Munjal et al.,2022)。当一家公司能够有效地交付技术解决方案,并有效地将新的人工智能技术集成到现有的基础设施中时,它就能够成功驾驭人工智能技术。公司越有能力将人工智能新技术整合到现有的信息技术基础设施中,就能越快地减少开支并合理分配资源。无论一家公司是使用开源软件,还是选择供应商或合作伙伴来开发自己的人工智能平台或工具,它都必须了解利用人工智能所需的技术、技能和资源(Li & Chan,2019)。

此外,管理能力也会影响技术能力(徐巧玲,2013;Solberg et al.,

2020；喻登科和陈淑婷，2024）。管理能力是指能够促进新技术创新的协调和领导技能（韩连胜和张金成，2010；Chatterjee et al.，2022；Andersson et al.，2023）。技术能力不仅包括硬件、软件和网络等方面，还包括技术知识和解决问题的过程等内容（魏江和许庆瑞，1996；赵晓庆和许庆瑞，2002；Bruton & Rubanik，2002）。管理能力包含基础设施、数据管理、内容分析和创建、平台共享和管理等（Wang et al.，2018；叶兰，2020）。其中基础架构具有以下功能：人工智能平台管理、安全性和架构、云计算以及数据源连接和提取。数据管理涵盖了元数据管理、数据存储和加载选项、数据准备可扩展性和数据模型复杂性等方面。企业的技术能力是硬件、软件、共享服务、管理实践和技术技能的集合（Yoon，2011；祝明伟和李随成，2022）。信息技术能力的实物资产对竞争优势的获取没有显著影响，这是因为实物资产对竞争企业来说相对容易获得。一旦企业引进一项新的技术或系统，其竞争对手就会效仿，从而消除原有的竞争优势。而信息技术能力的无形资产是一种独特的、稀缺的、不可复制的、有价值的企业资源，这些能力是管理人员配置信息技术相关资源以有效地集成新技术所需的知识、技能、能力和态度（胡保亮和项益鸣，2006；Wang & Alam，2007）。因此，信息技术能力的无形资产可以被认为是一种特定类型的管理能力。强大的管理能力可以影响企业文化，提高员工的整体素质，提高企业内外部沟通的效率，促进人工智能技术集成的技术解决方案的交付，实现企业的目标（Okorie et al.，2023）。一个具有战略眼光的高效管理团队可以创造充满活力的环境，合理配置资源，发现和聘用经验丰富的信息技术管理和开发人才，为技术创新创造条件，从而提升企业的整体技术能力（Antonelli，2023）。

　　关于高阶形成性研究模型，可以由四个检测流程来确定最高阶结构是否属于形成性结构（Gupta & George，2016；Hair et al.，2020；胡元林等，2021；Hair et al.，2022）：第一，没有任何单一指标或结构（有形资源、人力资源和无形资源）可以解释企业人工智能能力；第二，有形资源、人力资源和无形资源涵盖了企业人工智能能力的不同方面；第三，有形资源、人力资源和无形资源都是必需的；第四，有形资源、人力资源和无形资源具有不同的结构，是不同的业务资源。

在某些情况下，一个潜变量并非直接与测量变量关联，而是首先与较低层次的潜变量关联，然后较低层次的潜变量与测量变量关联。根据关联层级，可以形成二阶变量、三阶变量等（Hair et al.，2022）。对于每个层级，变量之间的关联可以是反映式或形成式的（Becker et al.，2012）。在二阶变量中，存在四种类型：反映—反映式、反映—形成式、形成—反映式和形成—形成式（Hair et al.，2017）。

人工智能只有综合应用大量的互补性资源才能发挥改善企业绩效的潜力（Ghasemaghaei，2021）。结合已有研究成果并基于本书的研究背景，本书将人工智能能力构建成一个形成式二阶潜变量，由基础、倾向和技能三个一阶变量构成（Mikalef & Gupta，2021；Ashaari et al.，2021；Chatterjee et al.，2024）。表 3-3 归纳了人工智能能力的层次结构，包括形成人工智能能力的结构，并展示了人工智能能力与构成结构之间的类型关系。

表 3-3　人工智能能力二阶变量构建

二阶变量	类型	一阶变量	类型
人工智能能力	形成式	基础（有形资源）	形成式
		倾向（无形资源）	形成式
		技能（人力资源）	形成式

第 4 章　研究设计与数据收集

4.1　研究设计

　　研究方法是指将研究目标与研究对象特征联系起来的工具或手段,因此选择适当的研究方法对于进行充分的科学研究而言至关重要(Liang & Turban,2011;邓仲华和李志芳,2013;Taiwo et al. ,2023;洪江涛和张思悦,2024)。其中定量研究方法主要是对统计收集的数据进行数量分析,通过信息化的数据来支持或反对替代知识主张(陈毅然,1993;Islam & Aldaihani,2022;Kumar et al. ,2023)。定量研究中的数据可通过问卷调查收集,通过设计与研究目标相关的问题来收集可以进行统计分析的数据(Polkinghorne,2005;Verd,2023)。此外,定量研究旨在检验从假设中获得的理论,确定因变量和自变量之间的关系(MacCallum et al. ,2002;Geralis & Terziovski,2003;Novitasari et al. ,2023)。本书选择参考定量研究方法的原因如下。第一,定量研究方法不受个人的感受或意见的影响,能够客观地反映事实。第二,定量研究方法简化了大量数据的处理。第三,定量研究方法允许检验数据以确认调查结果的准确性和可靠性,这被认为是该方法最显著的优势。第四,定量研究方法能够确保假设的检验是高度

结构化的,这允许了研究的复制和结果的概括(陈云松和吴晓刚,
2012;Pratt et al.,2020)。因此,笔者将在本章介绍研究设计以及收
集定量数据的方法。

调查是开展问题研究的重要方法,整个调查过程由一组精心设计
的问题组成,旨在从参与研究过程的受访者那里获取信息(赵延东和
挪威,2007;Lytras et al.,2021;Sullivan & Wamba,2024)。通过调
查,研究人员可以了解一类人的看法、行为和意见(Chan et al.,
2019)。选择最合适的方法来收集调查结果需要了解各种要素,如资
源的可用性、问题的复杂性和项目计划。鉴于本书的目标和在线调查
所提供的优势,本书计划采用在线调查的方式回收数据。当然在线调
查有许多优势,如灵活、方便、覆盖面广、速度快、反馈及时、管理成本
低等(Braun et al.,2021)。此外,还有研究人员控制样本的能力强以
及可以加载数据节省时间并直接进入数据分析软件等优势(Nayak &
Narayan,2019)。使用在线调查方法的原因包括:首先,该方法可以保
护受访者的隐私,因为完成调查活动不需要获得受访者的身份信息,
也无须与受访者面对面沟通;其次,在线调查方法可以有效利用有限
的时间和资源;最后,在线调查使受访者能够在时间允许的情况下灵
活地完成这项调查,不受时间与地点的限制。

4.2　问卷设计

4.2.1　问卷开发

调查问卷的设计包括多个步骤,本书问卷设计的步骤如下。

第一,先从以前的文献中搜集有关本次分析所考虑的变量的信
息,然后得出本书要研究的变量。为了检验所提出的假设,在检索大

量相关文献的基础上,整理出与本书中具体研究变量相一致的量表。

第二,检验假设和既定目标需要选择一种研究设计,本书选择定量研究方式并邀请熟悉人工智能和企业绩效的企业管理者参与。考虑到本书的特殊情境,先开展了小范围的用户访谈,以了解研究环境的真实情况,而后再开始相应的问卷设计与优化。基于利克特量表简单的特性(韩广华和樊博,2017;Al-Emran et al.,2023;Sullivan & Wamba,2024),该调查由以利克特量表形式呈现的封闭式问题组成,对于受访者(经理、部门主管和员工)来说,回答起来更容易、快捷(Mishra et al.,2023)。他们可以通过为问题选择最合适、相关和适用的选项来表达自己的意向(Salem et al.,2023)。本书保留相同的量表以比较研究结果。除此之外,这种量表最大限度地降低了参与者的不满和沮丧程度,同时提高了响应率和响应质量(Jaeger & Cardello,2022;Rhim et al.,2022)。受访者可以按照利克特量表从 1(表示很不同意)到 5(表示很同意)回答封闭式问题。

第三,调查问卷的设计和组织流程旨在确保问题清晰、准确。在初步制定问卷后,笔者拟邀请经验丰富的相关研究学者、企业管理者、人工智能专家提出改善问卷的相关意见。该研究还邀请少数受访用户进行正式问卷发放前的预测试,以保证问卷可靠、可信,之后再着手构建和发布调查问卷。

第四,考虑到本书的目标和在线调查优势,本次调研活动全程采用在线调查工具来完成。

4.2.2 问卷结构

本书的调查问卷共分为三个部分。

第一部分是调查问卷的介绍信,介绍了研究目的、参与者的贡献、问卷涉及名词的解释以及研究团队与研究人员的联系信息等。

第二部分为受访企业的基本特征情况,包含了企业成立年数、企业员工规模等。

第三部分是人工智能应用背景下企业绩效影响因素的调查。这一部分的测度项反映了模型的概念变量,该部分内容为问卷的核心内容,之后将通过验证量表测试研究模型。

4.2.3　量表开发

为了实现本书的目标,本书开发了量表进行数据收集(Ghasemaghaei,2021;Lin et al.,2024)。本书中使用的量表改编自现有文献(Yao et al.,2021;Manser Payne et al.,2021),并将量表开发分为三个阶段。在第一阶段,本书结合人工智能驱动决策、企业创造力、人工智能管理、人工智能能力、创新文化、环境活力与企业绩效相关研究成果,使用了文献检索回顾和内容分析的方法,回顾了以前学者的相关成果,本书通过理论与文献回顾开发了初步量表。

在完成初步测量量表的开发后,为了让开发的测量题项贴合企业应用人工智能的背景并形成系统的问卷调查,本书邀请五位做过类似实证研究的博士与研究学者(其中三位是人工智能或电子商务领域的行业专家)组建了一个专业的量表开发团队,针对研究设计、研究目标和背景进行修改整理。结合当前的研究主题,团队成员认真审议了每个潜变量的定义和测量指标范围,并对初始尺度的测量内容和问题描述进行了讨论。经过多轮讨论和总结,根据专家团队成员的反馈修改了模糊不清的问题,并谨慎地移除了无法有效反映潜变量结构的条目,从而形成了新一版本的问卷。

在第二阶段,本书先用英文准备一份问卷,然后再翻译成中文,中文版本随后由第三方回译以确保准确性。之后,将该文件的初稿发送给六位研究人员和从业人员以获取他们对问卷每个项目的看法,并确定翻译得到的量表在含义上是否有本质上的不同。同时收集了改进建议并完善测量量表。此阶段旨在确定量表的有效性和准确性。经过多轮磋商和修改后形成了试点调查的测量量表。

　　在制定问卷的第三阶段,本书对中国电子商务行业的 30 名高管进行了试点调查,以测试量表的整体质量。具体而言,试点研究用于评估问卷中问题的一致性和适当性,并根据收到的反馈修改了相关问题的措辞,这些项目随后被纳入一个包含 45 个问题的最终调查工具。该量表是根据利克特五级量表设计开发的(1 = 很不同意;2 = 不同意;3 = 中立;4 = 同意;5 = 很同意),这种类型的利克特五级量表过去曾被研究人员在企业管理研究中广泛使用(Chaudhuri et al.,2021;Denicolai et al.,2021;Rahman et al.,2021;Mostafiz et al.,2022;Chatterjee et al.,2024)。

4.2.4　预调研

　　预调研对于获得可靠的研究结果有着重要的作用,具体是通过从研究人群中选择一个小样本并将调查问卷分配给该样本人群来收集他们的意见,预调研可用于确保调查问题简单明了并与研究变量一致。

　　上一节描述了本书使用的研究模型和测量工具,如表 4-1 所示。该问卷使用了从已有的相关文献中开发的经过验证的量表。在行业专家和相关学者定义与审查初始结构后,本书使用问卷星应用程序对问卷草案进行预测试。调查活动邀请了 30 名有效受访者作为前测样本。预调研环节共收集了来自中国电子商务行业的 30 名企业高管的问卷信息,在对不合理和无效的数据进行清洗后,最终获得了 27 份有效问卷,本次预调研活动的有效问卷回收率达到了 90%。为了检测是否获得用户一贯性和稳定性的真实反馈,本书使用信效度指标来分析回收的样本。

表 4-1　新一代人工智能对企业创造力与绩效的影响研究的最终量表

潜变量	编号	测量题项	参考文献
人工智能管理	AIM1	我们采用了人工智能系统	Bag 等(2021)、Chen 等(2022)
	AIM2	我们持续监控人工智能系统的进展	
	AIM3	我们不断更新人工智能系统	
企业绩效	FP1	我们的市场份额增长较快	Chatterjee 等(2024)、Mikalef 和 Gupta(2021)
	FP2	我们目前没有碰到财务困难	
	FP3	我们持续推出新产品和服务	
	FP4	人工智能实施有助于提高企业绩效	
企业创造力	EC1	我们产生了许多新颖且有用的想法	Mikalef 和 Gupta(2021)、Chen 等(2022)
	EC2	我们的企业氛围有助于产生新颖且有用的想法	
	EC3	我们认为产生新颖且有用的想法是重要的	
人工智能驱动决策	AIDDM1	我们认为拥有、理解和使用人工智能是非常重要的	Ashaari 等(2021)、Chen 等(2022)
	AIDDM2	我们依靠人工智能来支持决策	
	AIDDM3	我们基于人工智能来制定新策略	
	AIDDM4	我们需要人工智能进行有效决策	
环境活力	ED1	我们能根据需求改变我们的经营策略	Dubey 等(2020)、Dubey 等(2021)
	ED2	危机期间,我们的营销策略会迅速变化	
	ED3	危机期间,供需方面非常难以预测	
	ED4	我们正在采用人工智能技术来提升企业绩效以应对危机	
人工智能基础	AIB1	我们拥有应用人工智能的硬件设备(计算机等)	Mikalef 和 Gupta(2021)、Belhadi 等(2024)
	AIB2	我们能够获取运行人工智能所需的数据	
	AIB3	我们拥有应用人工智能的软件	
	AIB4	我们拥有应用人工智能的技术资源	
	AIB5	我们为人工智能项目安排了充足的资金	

续表

潜变量	编号	测量题项	参考文献
人工智能技能	AIS1	我们了解人工智能的应用范围	Mikalef 和 Gupta(2021)
	AIS2	我们能制订人工智能的使用计划	
	AIS3	我们具备人工智能的应用技能	
	AIS4	我们能获得关于人工智能使用的培训	
	AIS5	我们能够使用人工智能技术	
人工智能倾向	AIP1	我们要认识到创新的重要性	Mikalef 和 Gupta(2021)、Belhadi 等(2024)
	AIP2	我们已制定创新工作的策略	
	AIP3	我们有能力实施创新计划	
	AIP4	我们会引入新产品或新技术来提升企业绩效	
	AIP5	我们会采取积极行动来把握发展机遇	
创新文化	IC1	我们灵活的组织结构有助于整合不同的观点	Khattak 等(2022)、Chen 等(2022)
	IC2	我们通过不断尝试新的做事方式来承担风险	
	IC3	我们的文化鼓励创新	

预测试的主要目的是检查调查问卷的可理解性和可靠性。之后本书会使用社会科学统计软件包程序对问卷的整体进行内部有效性测试。为了确保整体量表的可靠性,笔者使用克隆巴赫 α 系数来测试所有量表的内部一致性。此外,根据探索性因素分析(EFA)的结果对问卷进行修订,对交叉负荷高或负荷不足的项目进行了审查和修改。信度分析结果显示,从样本数据中的 42 个项目中提取了 7 个共有因素,其中 $\alpha>0.7$,说明本问卷开发的问卷信度状况良好。

在研究环境中,如果结果满足 KMO(检验统计量)值大于 0.5 且接近 1.0 的最低要求,则表示效度结果是可以接受的。通过分析发现各变量的 KMO 值均在 0.7 以上,在数据分析环节发现人工智能管理构念中的"我们推行使用人工智能系统"、企业绩效构念中的"我们对当前发展很满意"、企业创造力构念中的"我们花了很多时间来产生新颖且有用的想法"与"我们认为产生新颖且有用的想法是重要的"、环境活力构念中的"危机期间,我们的客户需求是不断变化的"、人工智能倾向构念中的"我们愿意做各种新的尝试"等测量题项的公因子方差提取值小于 0.7,为保证问卷最终的信度和效度,对因子载荷比较低的 5 个变量中的 6 个测量题项进行了删除。新一代人工智能对企业创造力与绩效的影响研究的最终测量量表保留了 9 个潜变量的共计36 个测量题项,具体的潜变量信息、编号、测量题项和量表参考文献来源详情如表 4-1 所示。

　　预调研的结果提供了证据,证明本书开发的量表是可靠、有效的,并具有翻译等效性。测试过程中没有显示出量表工具存在不可靠的问题。根据预调研的反馈,对一些问题的格式和表述进行了改进。预调研数据不会与主要研究中收集的数据合并,以避免数据污染。

4.3　数据收集与整理

4.3.1　样本容量

　　关于研究所选取的样本容量,有学者指出使用结构方程模型的样本数量应控制在 200 到 500 之间(Fan et al.,1999;Reinartz et al.,2002;Iacobucci,2010;Ximénez et al.,2022)。也有学者提出合适的样本数量需要高出测量题项数十倍(Khaw et al.,2022;Yang et al.,2023)。在定量研究中,有其他学者提出最小样本量应该是测量量表总指标的五倍(Astrachan et al.,2014)。本书的初始研究模型设置了36 个测量题项用于分析 9 个潜变量,由于调查问卷资料收集时可能出现问题,所以本书选取了 360 个以上的样本容量指标。

4.3.2　隐私保护

　　在数据收集过程中,为了保障受访者的隐私权,本书采取了若干措施（Knapp & Kirk，2003；Borgatti & Molina，2005）。研究人员在设计研究时应确保研究参与者的隐私不会泄露、心里不会感到难受并且身体不会受到伤害（Barchard & Williams，2008）。数据的收集过程还要确保受试者无须额外注册账号就可以参与研究。研究人员为所有潜在参与者提供了充分的信息来保障受访者的知情权，以便潜在参与者作出是否参与研究的决定（Singh et al.，2022）。本书在调查链接中向每个潜在参与者发送了知情同意的声明。

道德问题存在于数据收集和保存过程中，可能会被认为是敏感的、不安全的。如果调查数据涉及财务或技术细节，则有可能影响公司竞争。这也就意味着调查问卷中不会包含公司名称等任何具有辨识度的信息，从而保护参与调查的公司。无论问卷的匿名性质如何，都需要获得受访者的同意。本知情声明通过在线调查问卷的介绍内容进行传达。

在正式的调查过程中，参与者的匿名性能得到保证。参与者也不需要透露任何敏感或机密信息。参与者若不同意参与调查活动可以随时退出本次调查。

4.3.3 数据收集

基于对人工智能的关注，本书旨在探索人工智能应用背景下企业绩效影响因素及形成机理。电子商务企业是人工智能投资与应用的先驱（Chen et al.，2022），本书选择电子商务行业的企业进行实证测试与数据收集，因此本书也将重点关注电子商务企业应用人工智能对企业绩效的影响机制。本书通过电子商务协会、电子商务创业者的微信社群等社交媒体进行了定向对象调查（Chaudhuri et al.，2021），数据收集的样本包括企业管理者和决策者。在问卷的介绍中对人工智能进行了清晰的描述，并提供了一些人工智能应用的例子，让参与者更好地理解人工智能。

在基于预调研结果对初始问卷进行调整后,本书采用横断面调查来检验提出的理论模型(Dubey et al.,2020;Chen & Siau,2020;Haftor et al.,2021;Lin et al.,2024)。考虑到目标人群的特点,可知在线调查是收集数据的合适方法。对被调查者来说,在线调查问卷更容易理解与完成且花费的时间更少。对于调查人员来说,在线调查拥有自动编码的功能,可以大幅提升研究人员对数据的收集和分析速度(Chang et al.,2021)。本书采用问卷星(一个在线问卷调查工具)将问卷设计为在线问卷(Yao et al.,2021;Manser Payne et al.,2021)。之后本书召集了一组目标参与者来匹配这项研究的样本标准。参与者通过在线问卷了解参与事项,并参与电子调查。调查的第一部分包括企业的背景信息,该部分用于获取受访者的基本特征信息,如企业成立年数和员工规模。调查的第二部分涉及参与者对人工智能应用背景下企业绩效影响因素的理解,通过利克特五级量表进行测量。

此次问卷调查从开始投放到回收总共历经了约四周的时间(2022年1月1日至2022年1月30日),累计收到441份回复信息。受访对象在收到邀请时已被明确告知本次调查的目的、数据用途、信息保护等内容,同时受访对象也有权随时退出本次调查(Bag et al.,2020;Chatterjee et al.,2024)。

4.3.4　数据整理

本书设置了不允许提交有漏填的在线问卷,因而本次调查不存在没有填写完整的问卷(Chen & Siau,2020;Bag et al.,2021),本次回收的441个调查样本均有着完整的问卷数据,并不存在数据缺少的情况,为保证数据的质量并开展数据清洗工作奠定了基础。笔者在从问卷星平台下载了调查数据后,删除了问卷星平台上的文件,以保证数据的安全。持续近一个月时间的调查活动共获得了441份有效的调查问卷,在收集最终数据后,采用信度和效度检验检查了调查样本的质量。

本书通过线上方式开展抽样调查、数据收集,在完成大量调查后对回收的问卷展开数据清洗,检查了回答时间、回答内容等以识别受访者不认真对待研究或没有仔细阅读问题时出现的行为。应该注意到受访者完成调查所花费的时间,因为本次调研在一般情况下需 5 至 15 分钟才能完成,所以本书对所有受访者完成调查所花费的时间进行了排序检查。首先,借助问卷星平台的问卷填写时间统计功能,筛选出回答时间少于 300 秒和部分作答时间明显过长(多于 900 秒)的样本数据,之后对筛选的部分数据进行逐一的人工排查。其次,对答案一致或结果相似度高的问卷进行人工排查,这主要是为了发现收集数据中的缺失值、可疑值和异常值,最终去除存在答案一致、回答时间过短等问题的无效问卷,将清洗完成的数据整理后用于下一步的数据分析。收到的 441 份调查问卷经过数据清洗(Bag et al.,2021;Zhang et al.,2021;Chatterjee et al.,2024)后获得有效问卷 394 份,调查问卷的有效率为 89.3%。本书提出的模型共包含 36 个观察指标,因此所需的样本量在 360 份以上。本次数据收集工作获得的 394 份有效数据样本符合研究对于样本容量的要求。

4.4　数据分析方法和工具

4.4.1　PLS-SEM 分析方法与工具

第一代建模技术一次只能检查一个单独的关系,即一个因变量和一个自变量之间的关系,而 SEM(结构方程模型)可以一次估计许多相关的方程并且将理论模型应用到单个项目权重的估计中,属于高质量的统计分析(Sullivan & Wamba,2024)。SEM 形式的路径分析可以用来测试结构模型并检查因果关系。因此新一代的结构方程模型分析技术最近几十年在社会科学家中越来越受欢迎（Hair et al.，2022）。相较于第一代技术，结构方程建模具有检查多个自变量与一个或多个因变量之间相互关系的优势（Belhadi et al.，2024），已成为分析潜变量之间关系的主导技术（Hair et al.，2022）。研究人员使用SEM可以纳入指标变量间接测量的不可观察变量，并解释观测变量的测量误差。Hair 等（2017）指出，SEM 是一类多元技术，能帮助研究人员同时检查测量变量和潜变量之间的关系以及潜变量之间的关系。许多人文社科类的实证研究文章都采用了这一种建模方法。有两种不同类型的 SEM 分析：CB-SEM（基于协方差的结构方程模型）和偏最小二乘 SEM（PLS-SEM，即偏最小二乘结构方程模型）（Hair et al.，2017）。CB-SEM 主要用于确认已建立的理论；PLS-SEM 用于探索性研究，是一种以预测为导向的方法（Hair et al.，2022）。Hair 等（2020）认为 PLS-SEM 的估计过程是一种基于 OLS（普通最小二乘）回归的方法，使用可用数据来估计模型中的路径关系，使用克隆巴赫 α 系数评估调查数据的可靠性和一致性，用描述性统计方法计算平均值和标准差。

PLS-SEM 被描述为第二代建模技术，并在过去 20 年中不断弥补以前技术的缺点，优化自身技术（Hair et al.，2022；Lin et al.，2024）。此外，PLS-SEM 也被描述为一种软建模方法，它依赖于普通最小二乘多元回归，在构建模型参数时无需作出分布假设，这也是它的优势。更具体地说，PLS-SEM 是一种基于方差的多元分析形式，允许同时分析多个变量，这些变量通常代表从调查或其他原始数据中获得的测量值。如果研究人员的目标是理论发展和方差解释或结构预测，那么PLS-SEM 就是一种很合适的分析技术（Hair et al.，2022）。PLS-SEM 的另一个优势是，它使用代理来表示与给定潜变量的指标变量加权组合相对应的结构，从而允许该过程解释测量误差。因此，PLS-SEM 提供的权重可以提供额外的见解。

用 PLS-SEM 中的主成分分析（PCA）建立变量的线性组合来预测因变量。模型在偏最小二乘（PLS）中使用验证性因子分析（CFA）进行测量,并在 AMOS(分析建模系统)中使用 CFA 进行交叉验证。根据 Hair 等(2022)的研究,PLS-SEM 的估计过程是一个普通的最小二乘回归,基于回归的方法,使用可用数据来估计模型中的路径关系。相比其他的研究方法,PLS 具有以下优势,更有利于本书相关研究的开展。

● PLS 对于样本数量的要求更少。

● PLS 允许非正态分布的数据内容,十分适用于由利克特量表所采集数据开展的研究,因此其适用于本书研究。

● PLS 适用于构念较多的复杂型结构方程模型,本书的模型包含九个构念,构念数量相对较多且模型复杂。

● 相比于理论测试,PLS 更适合用于理论发展研究,本书的模型进行了理论整合创新,更加适合采用 PLS 进行分析。

● PLS 更加有利于预测,本书期望提出人工智能应用背景下的企业绩效解释与预测模型,所以 PLS 分析更加适用。

● 本书提出的人工智能能力为形成性结构,PLS 适用于同时包含形成性结构和反映性结构的研究模型。

本书的目的是解释与预测人工智能对企业绩效的影响,涉及以预测为目标的研究内容,提出的研究模型属于包含自变量、因变量、中介变量、调节变量、控制变量的复杂模型。本书属于扩展多种理论模型的探索性研究,PLS-SEM 被认为是合适的研究方法(Ashaari et al.,2021;Hair et al.,2022;Chatterjee et al.,2024)。提出的研究模型是包含高阶变量的复杂模型(Ashaari et al.,2021),适合通过 PLS-SEM 技术进行检验(Bag et al.,2021)。此外,PLS-SEM 技术在企业绩效(Chaudhuri et al.,2021;Shao et al.,2021;Chatterjee et al.,2024)和人工智能(Khalid,2020;Bag et al.,2021;Mikalef & Gupta,2021;Rana et al.,2022)等方面的研究中已被多次使用。

本书将使用 PLS-SEM 技术来开展之后的实证分析(Pinheiro et al.,2022),研究人员在统计软件工具 SmartPLS 3.0 的帮助下使用了 PLS-

SEM 技术。最终本书决定使用 SPSS 25.0 和结构方程模型软件 SmartPLS 3.0 中的 PLS-SEM 分析技术来测试研究假设和理论模型(Hair et al. ,2017;Chen & Siau,2020)。PLS-SEM 评估涉及两个关键部分:测量模型评估和结构模型评估(Hair et al. ,2022;Haftor et al. ,2021)。测量模型(也称为外部模型)表示项目和结构之间显示的关系(Hair et al. ,2017),主要用于检验收敛效度和判别效度。结构模型(也称为内部模型)显示了结构之间的关系,主要检查构念之间的关系(Ashaari et al. ,2021)。

4.4.2　fsQCA 分析方法与工具

基于 PLS-SEM 模型的实证分析可以揭示人工智能应用背景下企业绩效影响因素及形成机理。本书将先进行 PLS-SEM 测试,再运用 fsQCA 法对人工智能驱动决策、企业创造力、人工智能管理、人工智能能力、创新文化、环境活力等因素进行综合分析以弥补单一量化的不足,从而找到企业应用人工智能提升企业绩效的最佳组态,也可以对基于 PLS-SEM 的实证研究成果进行补充和扩展(Kang & Shao, 2023;Nasyiah et al. ,2024)。

fsQCA 适用于对多个具有前因性且相互依存的复杂因果关系进行分析(杜运周和贾良定,2017;Salem et al. ,2023;张铭等,2024;Li & Liu,2024)。集合理论的模糊集定性对比分析法是从全局的角度来分析问题,并着重于分析复杂的因果关系。fsQCA 可以在不考虑共线性问题的前提下对各种可能导致的结果进行分析。fsQCA 允许探讨存在多种因果关系的组态等价性,也就是否认固定不变的原因,这是考虑到不同的组合方法可以解释同样的结果。

近年来,关于模糊集合的定性比较研究越来越受到学者的重视。fsQCA 对于纯量化研究有着天然的优势,其利用集合理论和布尔代数的方法来探索一个充分的结果(也就是前因条件的多种组合)。fsQCA 拥有许多优势:首先,与传统的以变量为基础的分析方法不同,

fsQCA 把每一个案例分成一个前因条件的结构,并考虑了各个因素间的相关性;其次,fsQCA 可以根据不对称的因果关系假定,探索产生或不产生结果的前因性条件结构;最后,fsQCA 采用了结果等效的观点,认为用不同的前因条件结构可以解释相同的结论。fsQCA 发现的多种组合可以帮助研究人员对不同的解决方法进行对比,并进一步了解因果关系的形成机理。

4.4.3　ANFIS 分析方法与工具

ANFIS 是一种基于神经网络和模糊推理系统的新型网络结构,其中模糊推理系统基于模糊逻辑而发展,可以模拟任意复杂度的非线性函数,通过利用已知的模糊关系从已知的输入判断出未知的输出(Suparta & Samah,2020)。神经网络则是利用计算机程序模拟人脑的信息处理方法,该算法在非线性系统建模和控制方面得到了广泛的应用。ANFIS 巧妙地融合了反向传播算法和模糊推理系统的优势,能够发现输入与输出数据之间的联系,通过自我学习实现模糊推理,并自适应地调整规则参数的值。同时,通过最小二乘法和反向传播算法对系统参数进行优化。该系统学习了模糊隶属函数和模糊规则,具有出色的数据适应性(Sun et al.,2016)。

在模糊推理系统中,得益于其逻辑性和透明度,模糊引导系统能够轻松地将领域专家的知识整合到模糊规则中。因此,通用的模糊推理系统主要依赖于专家或操作人员的丰富知识和经验,而非对象的模型(Jang,1993;Tahmasebi & Hezarkhani,2012)。人工神经网络擅长网络参数的自适应学习,它可以近似任意复杂的非线性关系,对环境有很强的自学习能力。

ANFIS 充分结合了模糊推理系统和神经网络的优势。该算法具有较强的自适应性,ANFIS 模型可以自适应地调整参数,以适应不同数据集和应用场景,提高模型的准确性。此外,该算法具有出色的数据学习和推理能力,结合了神经网络和模拟推理的优势,形成了一种高效的状态识别方法。本书使用 ANFIS 作为 fsQCA 和 PLS-SEM 的补充方法,通过对人工智能驱动决策、企业创造力、人工智能管理、人工智能能力、创新文化、环境活力等因素之间的非线性关系进行分析,识别各决定因素的重要程度。

4.4.4　ANN 分析方法与工具

人工神经网络是一种模拟人类神经系统的计算模型,是一种由大量的处理单元连接而成的复杂网络,具有从外界环境学习的能力。它的基本处理单元为神经元,一个神经元结构可以与多个通道相连,每个通道对应着各自的连接权值。其具体的工作模型由五个部分组成:第一,输入数据;第二,连接权值,反映了神经元之间的连接强度,是神经网络模型训练的关键要素;第三,处理单元,负责计算各输入信号的加权值;第四,激活函数,起到非线性映射作用,可以将输出值域约束在某一合理范围内;第五,输出结果。

ANN 算法具有很多优势,首先它具有非线性映射能力,可以处理非线性问题。此外,ANN 模型具有较强的自适应性,可以自适应地调整模型参数,以适应不同数据集的问题,并且该算法具有广泛适用性,能在金融(Kristjanpoller & Minutolo,2015)、医疗(Porée et al.,2013;Lee et al.,2017)、工业(刘敬福等,2023)和农业(谷晓博等,2023)等领域帮助解决各种实际问题。

本书基于上述 ANN 模型的优势,通过算法对人工智能驱动决策、企业创造力、人工智能管理、人工智能能力、创新文化、环境活力等因素之间的非线性关系进行研究,通过各因素的相对排名等结果判断各因素间的相互作用关系。

综合上述分析,本书使用 SPSS 25.0、SmartPLS 3.0、fsQCA 3.0和 MATLAB R2021a 来开展数据分析工作。

第 5 章　基于 PLS-SEM 的数据分析

5.1　描述性统计分析

5.1.1　受访者的统计特征分析

本书的调查问卷全部采用在线方式进行收集,通过电子商务协会、电子商务创业者的微信社群进行定向对象调查,在进行数据清洗后获得有效问卷 394 份。数据从问卷星平台导出,并导入 SPSS 25.0 数据分析应用程序中进行处理。本章对样本信息进行了描述性分析,通过呈现每个分组的数量和百分比来反映其结果。本章借助了 SPSS 25.0 的描述功能进行描述性统计,表 5-1 呈现了受访组织的特征。

表 5-1　受访组织的特征

变量名称	类型描述	样本数量/个	样本占比/%
企业成立年数	小于 1 年	67	17.0
	1—3 年	142	36.0
	4—6 年	131	33.3
	大于 6 年	54	13.7

续表

变量名称	类型描述	样本数量/个	样本占比/%
企业员工规模	1—5 人	110	27.9
	6—10 人	141	35.8
	大于 10 人	143	36.3
行业类型	电子商务(含跨境电商)	394	100

从表 5-1 可以清楚地看出,在企业成立年数方面,有 67 人表示所在企业的成立时间小于 1 年(占比为 17.0%),有 142 人表示所在的企业的成立时间为 1—3 年(占比为 36.0%),有 131 人表示所在的企业的成立时间为 4—6 年(占比为 33.3%),所在企业的成立时间大于 6 年的受访者有 54 人(占比为 13.7%)。被调查的企业的成立年数大多为 1—6 年,约占整体样本的 69.3%,说明多数企业的成立时间较短。

在企业员工规模方面,由表 5-1 可知:受访对象所在企业的员工规模在 1—5 人的达到 110 家,所占比例在整体受访样本中是最低的,所占比例为 27.9%;所属企业的员工规模在 6—10 人的受访对象有 141 人,占比达到了 35.8%;本次调查的样本中企业员工规模占比最高的分组是员工规模在 10 人以上的,共有 143 名受访者,在总样本中所占的比例为 36.3%。由此可以看出,大多数被调查者所在企业的员工规模都不大。

在行业类型中,所有受访者均服务于电子商务领域。因为本次的调查重点为电子商务行业,所以本书通过定向调查获取了电子商务(含跨境电商)企业的数据并进行数据分析。

5.1.2 模型变量的描述性统计分析

本书用 SPSS 25.0 对每一个潜变量和其测量题项的数量、范围、极小值、极大值、平均值、偏度、峰度、标准差和方差等九项内容进行分析,其运算的最终结果如表 5-2 所示。

表 5-2　潜变量及其测量题项的描述性统计分析

潜变量	题项	N	范围	最小值	最大值	平均值	标准差	方差	偏度	峰度
人工智能基础	AIB1	394	4	1	5	3.590	1.074	1.154	-0.560	0.026
	AIB2	394	4	1	5	3.540	1.148	1.318	-0.652	-0.130
	AIB3	394	4	1	5	3.670	1.167	1.362	-0.766	-0.009
	AIB4	394	4	1	5	3.580	1.121	1.257	-0.722	0.041
	AIB5	394	4	1	5	3.730	1.360	1.850	-0.789	-0.595
人工智能倾向	AIP1	394	4	1	5	3.390	1.079	1.164	-0.528	-0.064
	AIP2	394	4	1	5	3.530	1.056	1.115	-0.719	0.420
	AIP3	394	4	1	5	3.650	1.090	1.188	-0.585	-0.335
	AIP4	394	4	1	5	3.610	1.227	1.506	-0.516	-0.646
	AIP5	394	4	1	5	3.540	1.148	1.318	-0.513	-0.403
人工智能技能	AIS1	394	4	1	5	3.450	1.176	1.383	-0.477	-0.508
	AIS2	394	4	1	5	3.480	1.157	1.339	-0.511	-0.408
	AIS3	394	4	1	5	3.500	1.099	1.207	-0.324	-0.888
	AIS4	394	4	1	5	3.510	0.997	0.994	-0.214	-0.412
	AIS5	394	3	2	5	3.610	1.061	1.125	-0.192	-1.180
企业创造力	EC1	394	4	1	5	3.870	1.178	1.387	-0.531	-0.955
	EC2	394	4	1	5	3.590	1.085	1.178	-0.519	-0.548
	EC3	394	4	1	5	3.170	1.214	1.473	-0.419	-0.903
人工智能管理	AIM1	394	4	1	5	3.530	1.190	1.415	-0.469	-0.695
	AIM2	394	4	1	5	3.390	1.254	1.572	-0.483	-0.740
	AIM3	394	4	1	5	3.480	1.179	1.390	-0.403	-0.745
创新文化	IC1	394	4	1	5	3.340	1.120	1.254	-0.268	-0.649
	IC2	394	4	1	5	3.340	0.986	0.973	-0.180	-0.378
	IC3	394	4	1	5	3.530	0.991	0.982	-0.249	-0.874

续表

潜变量	题项	N	范围	最小值	最大值	平均值	标准差	方差	偏度	峰度
环境活力	ED1	394	4	1	5	3.200	1.152	1.328	−0.117	−0.909
	ED2	394	4	1	5	3.490	1.164	1.355	−0.340	−0.866
	ED3	394	4	1	5	3.520	1.054	1.110	−0.506	−0.258
	ED4	394	4	1	5	3.280	1.098	1.207	−0.165	−0.491
人工智能驱动决策	AIDDM1	394	4	1	5	3.880	0.929	0.862	−0.785	0.726
	AIDDM2	394	4	1	5	3.690	0.915	0.837	−0.558	0.584
	AIDDM3	394	4	1	5	3.890	0.775	0.601	−0.204	−0.337
	AIDDM4	394	4	1	5	3.910	0.901	0.812	−0.710	0.731
企业绩效	FP1	394	4	1	5	3.590	1.095	1.199	−0.761	0.262
	FP2	394	4	1	5	3.600	1.248	1.558	−0.734	−0.474
	FP3	394	4	1	5	3.820	0.964	0.928	−0.742	0.595
	FP4	394	4	1	5	3.740	1.013	1.026	−0.784	0.577

由表 5-2 可知，本书的模型中包含的变量有人工智能驱动决策、企业创造力、人工智能管理、人工智能能力、创新文化、环境活力与企业绩效等，各个变量中所包含的测量题项数量为 3—5 项，满足使用 SPSS 25.0 进行数据分析的要求。

如表 5-2 所示，本书绝大部分涉及潜变量的测量题项的峰度在 −1.100 到 1.100 之间，分布近似对称。本书分析的样本超过 200 个，该结果显示本次调查的样本符合正态分布要求，适合采用结构方程模型方法进行后续的数据分析，并且能够获得稳健的结果。

由表 5-2 和表 5-3 可知，各潜变量中平均值最高的是人工智能驱动决策，其平均值为 3.843；平均值最低的是环境活力，该潜变量的平均值为 3.373，说明受访者对于人工智能驱动决策的认可度和重视程度最高，对于环境活力的赋值和认可度最低。各潜变量中标准差最大的是人工智能管理，它的标准差为 1.045，此外，标准差最低的是人工智能驱动决策潜变量，该结果表明人工智能管理潜变量的样本数值偏离平均值的程度最大,而人工智能驱动决策潜变量的样本数值偏离平均值的程度最小。

表 5-3　变量的描述性统计分析

潜变量	编码	N	平均值	标准差	方差	偏度	峰度
人工智能基础	AIB	394	3.622	0.953	0.909	−0.454	−0.809
人工智能倾向	AIP	394	3.544	0.897	0.805	−0.211	−1.093
人工智能技能	AIS	394	3.510	0.910	0.828	−0.316	−0.929
企业创造力	EC	394	3.543	1.007	1.014	−0.422	−0.994
人工智能管理	AIM	394	3.469	1.045	1.093	−0.312	−1.019
创新文化	IC	394	3.405	0.885	0.783	−0.127	−1.010
环境活力	ED	394	3.373	0.943	0.889	−0.143	−1.081
人工智能驱动决策	AIDDM	394	3.843	0.727	0.528	−0.269	−0.834
企业绩效	FP	394	3.670	0.968	0.937	−0.547	−0.592

5.2　数据检验

5.2.1　数据分布检验

在应用各种统计分析手段之前,为了进一步了解本书所回收数据样本的正态分布情况,本书将采用图示法、偏度与峰度检验法和非参数检验法三种方法进行判断。图示方法中采用了直方图、P-P 图、Q-Q 图进行分析。

借助 SPSS 的探索分析功能,本书针对每一个潜变量生成直方图,直方图的汇总结果如图 5-1 所示。由各个潜变量的直方图可以看出,各直方图的分布形式并非倒钟形,其左右两边不具有对称性,呈现出非正态分布的特征。

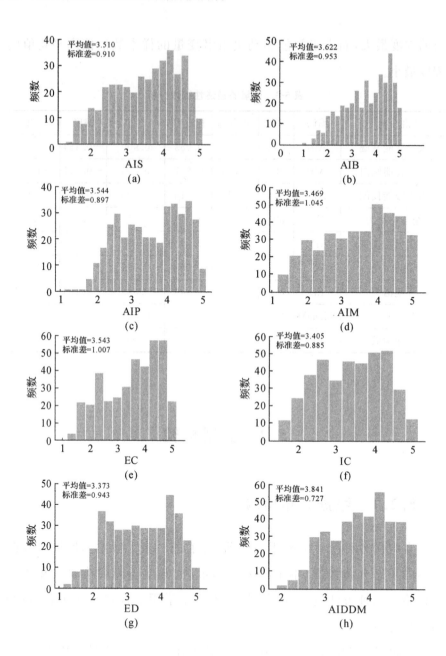

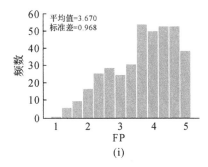

图 5-1 直方图

P-P 图以采样的累积频率为横坐标,以正态分布计算出的累积概率为纵坐标,以直角坐标系统的散点表示采样值。若样本数为正态分布,则取样点必须沿第一象限的对角线方向分布。本书提出的模型中各潜变量的 P-P 图的汇总如图 5-2 所示,各潜变量 P-P 图上的散点较为均匀地分布在对角线上,可以认为基本分布在直线上,符合正态分布的规律。

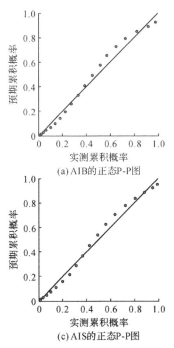

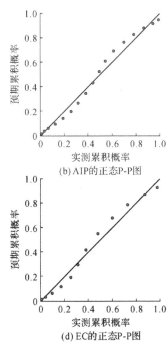

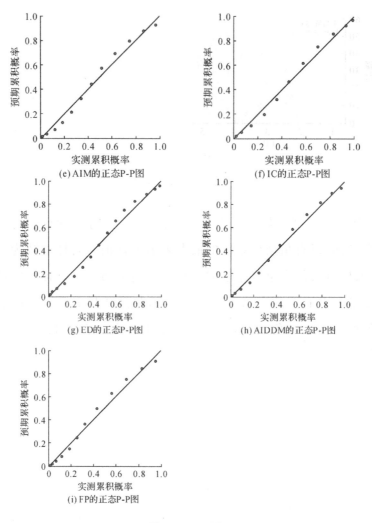

(e) AIM的正态P-P图

(f) IC的正态P-P图

(g) ED的正态P-P图

(h) AIDDM的正态P-P图

(i) FP的正态P-P图

图 5-2　P-P 图

Q-Q 图反映了实际的变量分布和理论分布的一致性，可以用来检验数据是否具有一定的分布类型。如果样本数据符合正态分布，那么数据的散点位置应该和理论上的直线是一致的。本书中各潜变量的 Q-Q 图如图 5-3 所示，从图中可以看出各潜变量的散点均沿一条直线分布，且有显著的线性倾向，因此可以将其视为符合正态分布。

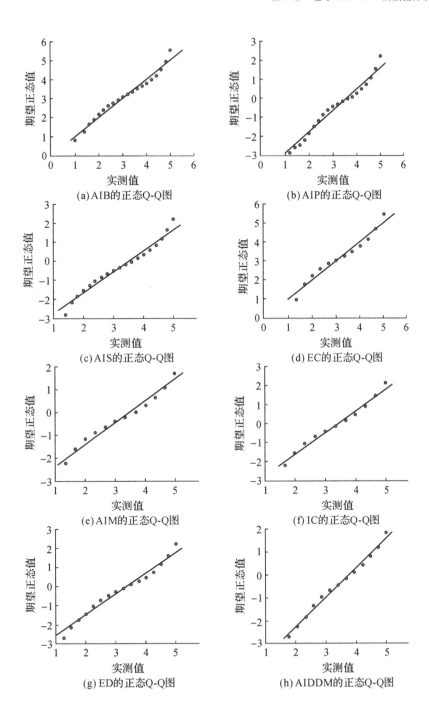

(a) AIB的正态Q-Q图

(b) AIP的正态Q-Q图

(c) AIS的正态Q-Q图

(d) EC的正态Q-Q图

(e) AIM的正态Q-Q图

(f) IC的正态Q-Q图

(g) ED的正态Q-Q图

(h) AIDDM的正态Q-Q图

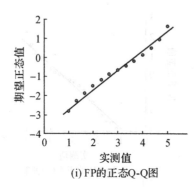

(i) FP的正态Q-Q图

图 5-3　Q-Q 图

常见的正态检验方法包括 Kolmogorov-Smirnov 检验(柯尔莫戈洛夫-斯米诺夫检验,简称 K-S 检验)和 Shapiro-Wilk 检验(夏皮洛-威尔克检验,简称 S-W 检验)。在多数情况下,两种检测方法的结果基本一致,但也有部分情况下会出现一个 p 大于 0.05 为接受,而另一个 p 小于 0.05 为拒绝的结果,其根源是两种方法所处理的数据的大小是不一样的。K-S 检验适合大样本,S-W 检验适合小样本。若 $p<0.05$,则可认为样本数据不符合正态分布;而若 $p>0.05$,则可以认为样本数据符合正态分布。在数据量小于 50 的情况下,一般采用 S-W 检验进行分析;在数据量大于 50 的情况下,K-S 检验的检测结果更好;在数据量大于 5000 的情况下,SPSS 仅会显示 K-S 检验的结果。本书借助 SPSS 25.0 的探索分析功能进行了 K-S 检验和 S-W 检验,结果如表 5-4 所示。

表 5-4　K-S 检验和 S-W 检验

潜变量编码	K-S 检验			S-W 检验		
	统计	自由度	显著性	统计	自由度	显著性
AIB	0.124	394	0.000	0.947	394	0.000
AIP	0.123	394	0.000	0.952	394	0.000
AIS	0.109	394	0.000	0.958	394	0.000
EC	0.137	394	0.000	0.931	394	0.000
AIM	0.136	394	0.000	0.944	394	0.000

续表

潜变量编码	K-S 检验			S-W 检验		
	统计	自由度	显著性	统计	自由度	显著性
IC	0.120	394	0.000	0.958	394	0.000
ED	0.113	394	0.000	0.958	394	0.000
AIDDM	0.119	394	0.000	0.961	394	0.000
FP	0.131	394	0.000	0.940	394	0.000

在对 50 个以上的大样本进行分析时,一般更倾向于采用 K-S 检验所获得的正态检验结果。从中可知,人工智能驱动决策、企业创造力、人工智能管理、人工智能能力、创新文化、环境活力与企业绩效 K-S 检验的结构显著性都小于 0.05,由此可得各潜变量的样本数据不符合正态分布。

偏度是数据偏离均值的程度,或者说是数据对称的程度。正态分布中,偏斜度大于 0 的为右偏数据,偏斜度小于 0 的为左偏数据。该数据集的偏度在 -0.550 至 -0.130 之间,上述指标中有 36 个指标表现为左偏。一旦完成偏度分析,就会检查数据的过渡峰度。峰度是数据形状服从正态分布或钟形曲线的程度。正态曲线的峰度为 0,统计量大于 0 时表明其分布比正态曲线更陡,统计量小于 0 时表明其分布比正态曲线更平坦。对于这个数据集,峰度的值在 -1.090 到 -0.590 之间,这意味着大多数值更接近平均值。虽然正态分布不是 PLS-SEM 分析的先决条件,但结果显示本书的数据样本呈现出非正态分布,本书将采用众多学者所推荐的 PLS-SEM 进行下一步分析(Ashaari et al.,2021;Bag et al.,2021;Hair et al.,2022;Chatterjee et al.,2024)。

5.2.2　样本信效度分析

在对样本数据进行信度分析时,利用克隆巴赫 α 系数对样本数据进行信度分析,克隆巴赫 α 系数值越高则表示问卷中各项指标的结果越趋向一致,也就是该量表的可信度越高(李奉书等,2022)。运用 SPSS 25.0 软件对九项指标进行数据统计分析,结果显示在表 5-5 中。

表 5-5　各潜变量克隆巴赫 α 系数结果汇总

潜变量	编码	项目数	克隆巴赫 α 系数
人工智能基础	AIB	4	0.802
人工智能倾向	AIP	4	0.801
人工智能技能	AIS	4	0.797
人工智能管理	AIM	4	0.807
创新文化	IC	4	0.836
环境活力	ED	4	0.841
人工智能驱动决策	AIDDM	4	0.799
企业创造力	EC	4	0.805
企业绩效	FP	4	0.803
整体内部统一性		36	0.828

从表 5-5 可以看出,总体克隆巴赫 α 值为 0.828,因此调查问卷所获得的信息具有很高的信度。其他九项指标的克隆巴赫 α 系数均超过 0.7,说明各指标的可信度较高。结果表明调查问卷总体上是可信的。

当该调查问卷的可信度达到标准时,为确保该问卷所设定的问题能够真实、有效地反映出该研究变量的意义,笔者测算了 KMO 值并进行了巴特利特球形度测试。有研究表明,当 KMO 值超过 0.800 时,表明其有效性很高(杨震宁等,2016)。如表 5-6 所示,KMO 值为 0.850,显示出很高的有效性,并且在巴特利特球形度测试中,近似卡方值为 1352.954,显著性为 0.000,低于 0.001,也说明该调查问卷的有效性很高(李奉书等,2022)。

表 5-6　**KMO 值和巴特利特球形度检验**

KMO 取样适切性量数		0.850
巴特利特球形度检验	近似卡方值	1352.954
	自由度	36.000
	显著性	0.000

5.2.3　共同方法偏差检验

本研究收集的所有数据都来自网上问卷调查,而且都是以被调查者的自陈式量表的形式来收集的。但是由人工引起的公共方法的偏差会使分析结果产生很大的误差,从而影响后续的研究结果(Podsakoff et al.,2003;周浩和龙立荣,2004;汤丹丹和温忠麟,2020;Howard & Henderson,2023)。基于前人的研究方法,本书将从控制调查程序、统计控制两个方面减少偏差。

本书努力减少共同方法偏差所造成的影响。在程序控制上,本书采取了四种策略来降低共同方法偏差。第一,在问卷调查时告知相关信息只用于学术研究。第二,调查问卷的形式是匿名的,整个调查过程不会涉及受访者的隐私信息(Chatterjee et al.,2024)。第三,在调查问卷中使用多种测试题对各变量进行测试。第四,以深入访谈、预调查为依据,对量表条目进行了优化,使量表中的问题能够得到更清楚、精确的描述,以降低内容表述中的模糊程度。

在统计控制方面,本书采用了三种方法进行事后检验。第一种方法为采用哈曼的单一因子检测方法对共同方法偏差进行统计分析(Bag et al.,2020;Nasiri et al.,2022),借助 SPSS 25.0 的探索分析功能对调查问卷中所有的测试题项进行了测试,哈曼单因素检验结果表明,第一个因素解释了 29.9% 的方差,小于 50%,可以认为共同方法偏差不会对研究结果造成严重影响(Nasiri et al.,2022)。

统计控制的第二种方法是使用标记变量技术(Lindell &

Whitney,2001)来检验是否存在共同方法偏差。本书先定义感知信任这一无关本书主题的标记变量,再通过标记变量计算内生变量的相关性与显著性。在包括标记变量的新模型中,使用 SmartPLS 3.0 软件进行计算后发现标记变量与研究模型中变量的关系并不显著($p >$ 0.05),说明本书未受到共同方法偏差的影响(Ghasemaghaei,2021)。

统计控制的第三种方法为比较方差扩大因子(VIF)数值(Bag et al.,2021),借助 SmartPLS 3.0 软件进行分析的结果显示研究模型中潜变量的 VIF 值低于阈值 5。因此本书有理由认为共同方法偏差不会对研究造成很大的影响。

综上所述,这些发现进一步支持共同方法偏差对研究结果不会造成严重影响的结论(Haftor et al.,2021;Hair et al.,2022)。

5.2.4　多重共线性检验

本书包含了对多个变量的评价,需要对共线性进行检测(Hair et al.,2022)。若变量之间存在共线性,则表示存在冗余的情况,需辨别并剔除冗余的变量,以维持统计分析的完整(Hair et al.,2017)。利用方差膨胀系数(VIFs)对模型的共线性进行了评估。VIF 大于 5.0 表示各预测变量间有共线性关系(Hair et al.,2022)。本书使用 SmartPLS 3.0 对各变量和测量题项的共线性进行了评价,以确认各变量之间不存在自相关和线性干扰问题,结果发现本书提出的模型中并没有多重共线性问题,多重共线性的检验结果如表 5-7 以及表 5-8 所示,其中 AIC 表示人工智能能力。

表 5-7　内部模型的 VIF 值

潜变量编码	AIDDM	AIM	AIP	AIB	AIS	EC	FP
AIC	1.717	1.000	1.000	1.000	1.000	1.000	
AIDDM							1.225
AIM	1.449						

续表

潜变量编码	AIDDM	AIM	AIP	AIB	AIS	EC	FP
AIP							
AIB							
AIS							
ED	1.075						1.105
ED * AIDDM							1.060
ED * AIM	1.011						
EC	1.436						
FP							
企业成立年数							1.011
IC	1.100						1.147
IC * AIDDM							1.050
IC * EC	1.019						
企业员工规模							1.008

表 5-8　外部模型的 VIF 值

题项	VIF	题项	VIF	题项	VIF	题项	VIF
AIDDM1	1.748	AIB4（二阶）	1.904	IC1	1.841	ED4 * AIDDM2	4.072
AIDDM2	1.911	AIB5（一阶）	2.008	IC2	1.797	ED4 * AIDDM3	4.169
AIDDM3	2.017	AIB5（二阶）	2.214	ED1 * AIDDM1	3.636	ED4 * AIDDM4	4.235
AIDDM4	1.832	AIS1（一阶）	2.113	ED1 * AIDDM2	3.131	ED4 * AIM1	4.317
AIM1	1.991	AIS1（二阶）	2.241	ED1 * AIDDM3	3.760	ED4 * AIM2	3.940
AIM2	1.859	AIS2（一阶）	2.119	ED1 * AIDDM4	3.612	ED4 * AIM3	4.343
AIM3	1.933	AIS2（二阶）	2.286	ED1 * AIM1	4.358	IC1 * AIDDM1	3.149

续表

题项	VIF	题项	VIF	题项	VIF	题项	VIF
AIP1 （一阶）	1.885	AIS3 （一阶）	2.026	ED1 * AIM2	4.004	IC1 * AIDDM2	3.355
AIP1 （二阶）	2.057	AIS3 （二阶）	2.198	ED1 * AIM3	4.600	IC1 * AIDDM3	4.240
AIP2 （一阶）	1.631	AIS4 （一阶）	2.166	ED2 * AIDDM1	3.210	IC1 * AIDDM4	3.825
AIP2 （二阶）	1.775	AIS4 （二阶）	2.261	ED2 * AIDDM2	4.178	IC1 * EC1	3.758
AIP3 （一阶）	1.857	AIS5 （一阶）	2.221	ED2 * AIDDM3	4.234	IC1 * EC2	4.883
AIP3 （二阶）	2.047	AIS5 （二阶）	2.395	ED2 * AIDDM4	3.697	IC1 * EC3	3.040
AIP4 （一阶）	2.000	EC1	2.048	ED2 * AIM1	4.453	IC2 * AIDDM1	3.117
AIP4 （二阶）	2.131	EC2	2.419	ED2 * AIM2	4.088	IC2 * AIDDM2	4.157
AIP5 （一阶）	1.999	EC3	1.776	ED2 * AIM3	3.426	IC2 * AIDDM3	3.481
AIP5 （二阶）	2.193	ED1	2.234	ED3 * AIDDM1	3.356	IC2 * AIDDM4	4.064
AIB1 （一阶）	1.907	ED2	2.011	ED3 * AIDDM2	3.453	IC2 * EC1	3.662
AIB1 （二阶）	2.084	ED3	1.882	ED3 * AIDDM3	3.709	IC2 * EC2	4.479
AIB2 （一阶）	2.484	ED4	2.109	ED3 * AIDDM4	3.408	IC2 * EC3	3.385
AIB2 （二阶）	2.543	FP1	1.999	ED3 * AIM1	4.787	企业员工规模	1.000
AIB3 （一阶）	1.815	FP2	2.416	ED3 * AIM2	2.989	企业成立年数	1.000
AIB3 （二阶）	2.009	FP3	2.248	ED3 * AIM3	3.512		
AIB4 （一阶）	1.770	FP4	1.785	ED4 * AIDDM1	3.685		

5.2.5　无响应偏差检验

由于本书采用问卷调查的方式进行数据收集,因此有必要进行无响应偏差的检验(Chaudhuri et al.,2021)。通过比较调查收集的数据(前 25% 的受访者和后 25% 的受访者)来检查无响应偏差是否存在(Rahman et al.,2021)。本书先对数据添加标签为 Group(组)的分组变量,组 1 为排序前 98 份的受访样本,组 2 为排序后 98 份的受访样本,之后使用 SPSS 25.0 对前后两组受访样本采用独立样本 t 检验,数据分析结果如表 5-9 所示,表明这两组受访样本之间没有统计学上的显著差异($p>0.05$)(Bag et al.,2021),因而有理由相信无响应偏差不会影响进一步分析结果(Yao et al.,2021)。

表 5-9　无响应偏差检验结果

类型		莱文方差等同性检验		平均值等同性 t 检验						
		F 值	显著性	t 值	自由度	显著性(双尾)	平均值差值	标准误差差值	差值 95% 的置信区间	
									上限	下限
企业员工规模	假定等方差	0.016	0.899	−0.514	194.000	0.608	−0.071	0.139	−0.346	0.203
	不假定等方差			−0.514	193.946	0.608	−0.071	0.139	−0.346	0.203
企业成立年数	假定等方差	3.625	0.058	1.827	194.000	0.069	0.204	0.112	−0.016	0.424
	不假定等方差			1.827	193.377	0.069	0.204	0.112	−0.016	0.424

5.3 人工智能能力形成性高阶模型验证

5.3.1 反映性结构与形成性结构

在关于社会科学变量的许多研究中往往忽略了反映性和形成性指标的识别与运用,导致计量模型的可信度下降,从而影响研究的准确性(王晓丽等,2011;Hsu et al.,2023;García-Machado et al.,2023)。反映性测量模型是以传统的测量原理为基础而形成的一种可变的度量模式(Lupoae et al.,2023)。这一度量模式在社会科学反映性度量学中得到了广泛的运用,而在企业能力研究中也有许多采用反映性度量的方法(Coltman et al.,2008;Zacca et al.,2015;Panda & Rath,2016)。这一理论认为,在反映性度量模型中,潜在因素的改变会导致度量的改变,也就是说反映性度量中的因果关系是从潜在因素到衡量指标,而这些变化都是由潜在因素导致的。所以,各测得的基本因素间往往有很强的相关性,并且可以互相替换(也就是说,即使去掉其中一项,也不会影响基本因素的完整性)。以人工智能驱动决策这一潜变量为例,其中"我们认为拥有、理解和使用人工智能是非常重要的"(AIDDM1)、"我们依靠人工智能来支持决策"(AIDDM2)、"我们基于人工智能来制定新策略"(AIDDM3)、"我们需要人工智能进行有效决策"(AIDDM4)等四个测量指标均为人工智能驱动决策的反映指标,观测变量之间的关联箭头都是由人工智能驱动决策指向每个观察变量的。由此可知,由于人工智能驱动决策的存在,使得 AIDDM1、AIDDM2、AIDDM3、AIDDM4 等观测变量均表现出较强的关联性和替代性。

与反映性测量模型不同,形成性测量模型是以潜变量中测量题项的线性组合为基础的(Coltman et al.,2008)。不同的测量指标不能互相替代,而每一个度量都代表着一个特定的因素,这些因素综合起来就能反映出一个基本因素的结构。删除任何度量指标都有可能对潜在因素的概念完整性产生影响。例如,人工智能基础因素就是形成性测量模型。这些指标如"我们拥有应用人工智能的硬件设备(计算机等)"(AIB1)、"我们能够获取运行人工智能所需的数据"(AIB2)、"我们拥有应用人工智能的软件"(AIB3)、"我们拥有应用人工智能的技术资源"(AIB4)、"我们为人工智能项目安排了充足的资金"(AIB5)是不能互相替代的,它们共同构成并解释了人工智能基础这一潜变量的完整性,观测变量间的关联箭头从各个观测变量指向人工智能基础,即 AIB1、AIB2、AIB3、AIB4、AIB5 等指标组成了人工智能基础的整体。如果将 AIB1 去掉,那么人工智能基础潜变量将会是不完整的。同样,如果要衡量人工智能技能这一潜变量,那么一般需要考虑"我们了解人工智能的应用范围"(AIS1)、"我们能制订人工智能的使用计划"(AIS2)、"我们具备人工智能的应用技能"(AIS3)、"我们能获得关于人工智能使用的培训"(AIS4)、"我们能够使用人工智能技术"(AIS5)五个观测变量。这五个观测变量都是形成性的,不能互相替代,因为它们是人工智能技能的不同维度。同理,人工智能倾向潜变量则是由"我们要认识到创新的重要性"(AIP1)、"我们已制定创新工作的策略"(AIP2)、"我们有能力实施创新计划"(AIP3)、"我们会引入新产品或新技术来提升企业绩效"(AIP4)、"我们会采取积极行动来把握发展机遇"(AIP5)五个观测变量形成的形成性测量模型。

数据分析从评估层次成分模型开始,本书提出的模型包括二阶构造,以及反射—反射成分(Ringle et al.,2013)。本书使用之前验证过的工具仔细检查了测量和结构之间的关系。以下标准用于将多项目构念分为反映性结构和形成性结构(Hair et al.,2022)。

第一,构念(潜变量)和测量题项之间的因果关系类型。

第二,测量题项的可互换性。

第三,测量题项代表构念(潜变量)的结果或其产生的原因。

第四,如果对特质的评估发生变化,那么所有测量题项都会以类似的方式发生变化(Chin,1998)。

使用这些标准,结合 Mikalef 和 Gupta(2021)、Ashaari 等(2021)、Chatterjee 等(2024)、Chen 等(2022)的定义,人工智能能力、人工智能基础、人工智能技能、人工智能倾向均能被归类为形成性结构。结合 Khattak 等(2022)、Chen 等(2022)的定义,创新文化被归类为反映性结构;结合 Dubey 等(2020)、Dubey 等(2021)的定义,环境活力被归类为反映性结构;结合 Ashaari 等(2021)、Chen 等(2022)的定义,人工智能驱动决策被归类为反映性结构;结合 Mikalef 和 Gupta(2021)、Chen 等(2022)的定义,企业创造力被归类为反映性结构,并且企业绩效也被归类为反映性结构。

5.3.2 形成性高阶模型验证

在模型识别、信度与效度检验、分析工具等方面,反映性测量模型与形成性测量模型存在较大差异(Hair et al.,2022)。第一,形成性指标的选择和测量模型的构建应基于严格的定性研究程序,包括专家评估、文献支持、理论依据以及小样本测试等,因为形成性指标强调全面性,尤其是不能遗漏重要指标。第二,由于形成性指标之间没有必然的高度相关性,因此不需要进行内部一致性检验,但需要进行共线性诊断、聚合效度评估和指标权重评估等。共线性诊断可以借助方差膨胀因子(VIF<5)来进行。第三,形成性指标的权重代表了某个形成性指标对潜在因子的贡献程度。权重的获得来源于多元回归分析(潜在因子为因变量,各形成性指标为自变量)的结果。随着形成性指标数量的增加,各指标对潜变量的贡献权重可能逐渐降低甚至变得不显著。因此,在这种情况下,建议将潜变量拆分成两个(或多个)变量(这种拆分必须具有理论和现实依据)或构建更高阶的测量模型。此外,

如果形成性指标的权重未达到显著性水平,但作为反映性指标时载荷值大于 0.5,则表明该指标对潜在因子具有绝对重要性,但缺乏相对重要性,建议保留该指标。如果形成性指标的权重未达到显著性水平且载荷值低于 0.5,则应从理论相关性和内容效度角度考虑是否保留该指标。在无法强烈支持该指标的情况下应考虑删除该指标。形成性测量模型在社会科学领域得到了广泛应用和关注。需要强调的是,潜在因子采用哪种测量模型并非绝对,多数潜在因子可以采用全部或部分形成性指标或反映性指标。研究人员需根据潜在因子的特性以及研究目的的需要,仔细辨别潜在因子适合哪种测量模型,以避免因错误选择测量模型而影响研究结果的可靠性。总之,在进行研究时,要注意形成性指标和反映性指标的选取,确保潜在因子和测量模型的合理性与准确性。通过对指标进行严格的定性研究、共线性诊断、聚合效度评估和指标权重评估等,可确保研究结果的可靠性和有效性。在实际应用中,研究人员应根据实际需求和目的,选择合适的潜在因子测量模型,并在实施过程中注意调整和完善,以提高研究质量。

在 PLS-SEM 模型应用案例中除了能够在形成性结构和反映性结构之间进行选择外,还能通过重复指标法和两阶段法来生成高阶结构,以便评估结构模型(Sarstedt et al. ,2019)。其中重复指标法是指在创建人工智能能力的下一步时确保低阶构念(潜变量)是高阶构念(潜变量)的有效指示器。使用决策标准以及之前的文献作为确定二阶结构的指南,本书选择将人工智能能力建模为形成性结构,并采用基于 PLS-SEM 的重复指标法构建高阶模型(Mikalef & Gupta,2021)。首先使用人工智能基础、人工智能技能、人工智能倾向的测量题项构造三个形成性潜变量。保存每个受访者对人工智能基础、人工智能技能、人工智能倾向三个形成性潜变量的测量题项反馈的潜在分值,然后将其用作三个项目,以开发第二个形成性结构,即人工智能能力,之后采用重复指标法将人工智能基础、人工智能技能、人工智能倾向三个潜变量的所有测量题项构建成包含人工智能能力的形成性高阶模型。理论上的人工智能基础、人工智能技能、人工智能倾向被概念化为二阶人工智能能力潜变量,其是由三个潜变量从分析价值领域反映出来的。在企业人工智能能力领域中,企业可以从人工智能基础、人工智能技能、人工智能倾向三个方面培育企业人工智能能力,从而实现企业人工智能的商业价值。

根据 Hair 等(2022)的建议,本书借助 SmartPLS 3.0 对人工智能能力的形成性结构进行检验。表 5-10 和表 5-11 显示人工智能能力与三个一阶构念之间的显著性小于 0.001,说明人工智能能力潜变量是构建良好的二阶形成性模型(Becker et al.,2012)。分析结果表明,人工智能能力潜变量是由人工智能基础、人工智能技能和人工智能倾向三个一阶构念构建的高阶模型。

表 5-10　人工智能能力的三个一阶构念

潜变量	测量题项	权重	t 值	显著性	VIF
人工智能基础	AIB1	0.240	3.143	$p < 0.01$	2.113
	AIB2	0.106	1.301	不显著	2.119
	AIB3	0.294	4.487	$p < 0.001$	2.026
	AIB4	0.239	3.279	$p < 0.01$	2.166
	AIB5	0.355	4.975	$p < 0.001$	2.221
人工智能技能	AIS1	0.165	2.334	$p < 0.05$	2.113
	AIS2	0.310	4.853	$p < 0.001$	2.119
	AIS3	0.310	4.848	$p < 0.001$	2.026
	AIS4	0.088	1.242	不显著	2.166
	AIS5	0.323	4.362	$p < 0.001$	2.221
人工智能倾向	AIP1	0.268	4.050	$p < 0.001$	1.885
	AIP2	0.304	4.857	$p < 0.001$	1.631
	AIP3	0.168	2.679	$p < 0.01$	1.857
	AIP4	0.136	1.866	不显著	2.000
	AIP5	0.368	5.318	$p < 0.001$	1.999

表 5-11 人工智能能力形成性高阶模型验证

二阶	一阶	权重	t 值	显著性	VIF
人工智能能力	人工智能基础	0.874	58.292	$p < 0.001$	1.000
	人工智能技能	0.900	71.305	$p < 0.001$	1.000
	人工智能倾向	0.880	62.389	$p < 0.001$	1.000

5.4 模型检验

5.4.1 测量模型检验

定量数据分析和测量模型检验使用数据分析软件 SmartPLS 3.0 对调查数据进行分析。为了评估反射指标和结构的测量模型,将考虑评估组合信度、收敛效度和判别效度(Sarstedt et al.,2019;Sullivan & Wamba,2024)。

组合信度,也称内部一致性,主要是评估克隆巴赫 α 系数、Rho_A (信度评价指标)和复合信度三项指标的结果:若三项指标的结果在 0.70 至 0.90 的区间内,则表示可接受;而若是探索性研究,则可接受的区间结果在 0.60 至 0.70 之间(Hair et al.,2022)。

收敛效度(收敛有效性)观察的是因子载荷和提取的平均方差 (AVE)。若因子载荷>0.70,则指标会被认为可以接受;而如果外部负荷在 0.40 至 0.70 之间(含),则需检查对内部一致性信度的影响 (Hair et al.,2022)。平均解释方差数值需大于 0.50 方能被接受 (Hair et al.,2022)。

判别效度即一个构念与其他构念不同的程度。判别效度采用了福内尔-拉克尔(Fornell-Larcker)准则,即一个构念的 AVE 平方根比任何其他结构的最高相关性都高(Hair et al.,2022)。异质性—单性状比率作为新的判别效度指标,有学者认为数值小于等于 0.9 就符合标准,而小于 0.85 将是一个更严格的标准(Hair et al.,2022;Mikalef & Gupta,2021)。交叉载荷需要测量题项的外部载荷大于其在其他结构上的交叉载荷(Hair et al.,22022)。

本书利用 SmartPLS 3.0 的 PLS_Algorithm(PLS 算法)与 Bootstrapping(自举法)函数计算出了该测量模型的内在一致性,并给出了该方法的组合信度、收敛效度和判别效度。在自举法中将抽样数设定为 5000。表 5-12 显示了结构的信度和效度,以上结果表明所有结构的克隆巴赫 α 系数均高于 0.7,复合信度(CR)也高于 0.7,Rho_A 的数值也都不小于 0.7,所有项目的因子载荷均高于 0.7。

表 5-12　组合信度、收敛效度和判别效度

潜变量编码	AIP	AIB	AIS	AIDDM	AIM	ED	EC	FP	IC
AIP									
AIB	0.676								
AIS	0.693	0.656							
AIDDM	0.341	0.380	0.422	0.826					
AIM	0.453	0.451	0.466	0.522	0.866				
ED	0.204	0.115	0.144	0.293	0.218	0.843			
EC	0.415	0.426	0.489	0.555	0.332	0.104	0.870		
FP	0.344	0.357	0.387	0.650	0.421	0.249	0.532	0.842	
IC	0.083	0.114	0.153	0.332	0.175	0.166	0.241	0.386	0.856
克隆巴赫 α 系数	n/a	n/a	n/a	0.845	0.833	0.865	0.839	0.863	0.819
Rho_A	n/a	n/a	n/a	0.846	0.834	0.869	0.844	0.865	0.822
CR	n/a	n/a	n/a	0.896	0.900	0.908	0.903	0.907	0.892
AVE	n/a	n/a	n/a	0.683	0.749	0.711	0.757	0.710	0.733

注:对角线上的数值为 AVE 的平方根,n/a 为空值。

综合以上结果可知,本书所提出的模型具有较高的可靠性(Guenther et al.,2023)。此外,提取的平均方差也高于 0.5,这证明

了收敛的有效性(Hair et al.,2022;Kang & Shao,2023)。本书开发的量表均改编自现有文献,且经过多轮的修改和预调研,因而本书提出的模型具有良好的内容效度(Chen et al.,2022)。

判别有效性通过使用 AVE 平方根、异质—单性比和交叉加载来确定(Hair et al.,2022)。通过 AVE 平方根与其他变量的相关性比较,可以得到判别效度(Fornell & Larcker,1981;Elshaer et al.,2023;Khalil et al.,2024)。本书发现潜在构造之间的相关性高于每个单独构造的 AVE 平方根(见表 5-12),这说明测量模型的判别效度较好。

利用因子载荷和交叉因子载荷表,可以对计量模式进行内部性与区分性的测试。每个指标的载荷都高于各自的交叉载荷,这再次表明测量模型有足够的判别效度(见表 5-13)。所有构念的异性状—单性状比率(HTMT)数值都小于临界值 0.9(见表 5-14)。因此,本书确定该测量模型具有足够的判别效度。总而言之,本书确认该测量模型具有足够的信度和效度,适合进行下一步的结构分析。

表 5-13　因子载荷和交叉载荷

测量题项	AIDDM	AIM	AIP	AIB	AIS	ED	EC	FP	IC
AIDDM1	0.802	0.379	0.273	0.311	0.351	0.205	0.431	0.521	0.296
AIDDM2	0.839	0.482	0.283	0.324	0.359	0.271	0.501	0.557	0.287
AIDDM3	0.842	0.412	0.271	0.322	0.362	0.254	0.446	0.522	0.257
AIDDM4	0.820	0.445	0.300	0.297	0.323	0.234	0.453	0.546	0.257
AIM1	0.453	0.873	0.384	0.403	0.408	0.156	0.280	0.368	0.147
AIM2	0.466	0.863	0.419	0.385	0.407	0.211	0.289	0.368	0.165
AIM3	0.434	0.861	0.372	0.382	0.396	0.198	0.294	0.358	0.141
AIP1	0.269	0.362	0.806	0.563	0.569	0.152	0.344	0.276	0.069
AIP2	0.313	0.343	0.755	0.523	0.522	0.140	0.364	0.287	0.071
AIP3	0.242	0.319	0.799	0.542	0.521	0.171	0.306	0.245	0.067
AIP4	0.252	0.353	0.820	0.507	0.577	0.149	0.296	0.266	0.073

续表

测量题项	AIDDM	AIM	AIP	AIB	AIS	ED	EC	FP	IC
AIP5	0.291	0.432	0.820	0.569	0.583	0.203	0.353	0.300	0.050
AIB1	0.248	0.386	0.548	0.805	0.545	0.112	0.305	0.211	0.065
AIB2	0.327	0.357	0.548	0.865	0.552	0.099	0.338	0.296	0.102
AIB3	0.320	0.328	0.575	0.791	0.505	0.102	0.364	0.331	0.085
AIB4	0.313	0.339	0.506	0.780	0.509	0.026	0.367	0.315	0.153
AIB5	0.335	0.418	0.565	0.817	0.550	0.125	0.357	0.297	0.059
AIS1	0.356	0.326	0.539	0.547	0.826	0.154	0.396	0.312	0.124
AIS2	0.370	0.387	0.601	0.557	0.829	0.121	0.403	0.344	0.123
AIS3	0.356	0.392	0.585	0.551	0.816	0.097	0.416	0.314	0.086
AIS4	0.311	0.374	0.556	0.502	0.832	0.128	0.367	0.298	0.150
AIS5	0.355	0.449	0.589	0.560	0.842	0.098	0.441	0.335	0.152
ED1	0.261	0.187	0.207	0.098	0.144	0.870	0.075	0.240	0.100
ED2	0.254	0.224	0.131	0.108	0.129	0.843	0.093	0.215	0.172
ED3	0.247	0.155	0.193	0.111	0.139	0.822	0.116	0.194	0.114
ED4	0.222	0.163	0.154	0.069	0.066	0.838	0.067	0.187	0.181
EC1	0.433	0.276	0.350	0.362	0.408	0.091	0.857	0.445	0.185
EC2	0.490	0.294	0.415	0.406	0.488	0.072	0.907	0.462	0.207
EC3	0.522	0.296	0.316	0.341	0.375	0.110	0.845	0.483	0.236
FP1	0.519	0.351	0.296	0.313	0.326	0.206	0.438	0.823	0.329
FP2	0.561	0.353	0.286	0.286	0.316	0.195	0.462	0.878	0.315
FP3	0.560	0.336	0.254	0.297	0.310	0.201	0.438	0.863	0.358
FP4	0.548	0.381	0.323	0.308	0.354	0.240	0.454	0.802	0.299
IC1	0.275	0.127	0.068	0.078	0.128	0.099	0.207	0.307	0.850
IC2	0.282	0.148	0.067	0.132	0.120	0.131	0.177	0.317	0.850
IC3	0.295	0.172	0.076	0.083	0.144	0.190	0.232	0.365	0.869

表 5-14　HTMT 评估的判别效度结果

潜变量编码	AIDDM	AIM	ED	EC	FP	IC
AIDDM						
AIM	0.619					
ED	0.340	0.255				
EC	0.657	0.397	0.123			
FP	0.760	0.497	0.288	0.626		
IC	0.399	0.210	0.197	0.289	0.458	

5.4.2　结构模型验证

Hair 等(2022)认为 PLS-SEM 方法不假设数据分布为正态。这种正态性的缺乏意味着回归分析使用的传统参数显著性检验不能用于确定显著性。相反,PLS-SEM 方法采用了一种非参数自举法来为各种估计作出准确的统计推断,包括平均值、相关性和回归系数(Hair et al.,2022;Lin et al.,2024)。在使用自举法的过程中,需要从原始数据集的观察数据中随机抽取 5000 个子样本(Hair et al.,2022)。抽样获取的子样本用于估计路径模型,并推导 PLS-SEM 结果的标准误差(Ashaari et al.,2021;Hair et al.,2022)。从这些结果中可以计算出 t 值、p 值和置信区间,以评估结构模型内关系的重要性(Hair et al.,2022)。

路径系数被用来评估结构模型,具有标准化值,通常在 -1 和 1 之间变化,接近 1 的估计路径系数表示强正相关,接近 -1 的估计路径系数表示负相关(Hair et al.,2022)。数值越接近零,路径系数的重要性就越小。路径系数通过使用 5000 个子样本的自举法来确定 0.001、0.01 和 0.05 的显著性水平上的临界 t 值及 p 值(Hair et al.,2022)。

在此基础上,本书使用 SmartPLS 3.0 来建立模型。根据 Hair 等(2022)的研究提出的样本数目设定,本书采用自举法,选取 5000 个取样点,图 5-4 显示了采用 SmartPLS 3.0 运算后的结构路径模型系数、R^2 和 p 值的结果。

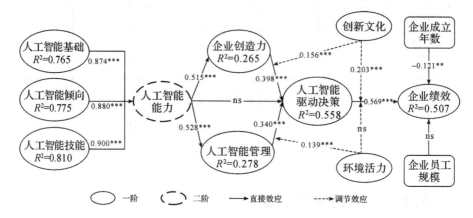

图 5-4 人工智能与企业绩效关系研究的 PLS 结构方程模型

注:*** 表示 $p<0.001$,** 表示 $p<0.01$;ns 表示不显著。

如果 $t>1.96$,则表示 α 值在 0.05 的显著性水平上显著,用 * 表示。若 t 值大于 2.58,则表示 α 值在 0.01 的显著性水平上显著,并以 ** 表示。在 t 值为 3.29 的情况下,α 值在 0.001 的显著性水平上显著,并且用 *** 标注。

模型最终运算的结果表明,人工智能能力对人工智能驱动决策,以及环境活力对人工智能驱动决策与企业绩效调节效应的 t 值都小于 1.96,表明假设 H4 和 H9 的影响并不显著,因此假设 H4 和 H9 不成立。在控制变量中,"企业员工规模→企业绩效"路径的 t 值未达到显著性水平,这表明假设 H11 不成立。其余假设 H1、H2、H3、H5、H6、H7、H8、H10、H12 都通过了检验。

5.4.3 模型解释力检验

决定系数(R^2)能够估计模型的解释力。R^2 表示外生变量对内生变量的组合效应(Sarstedt et al. ,2019;Hair et al. ,2022),内生变量代表模型内的独立构念(Hair et al. ,2022)。R^2 的范围从 0 到 1,水平越高说明解释精度越高,弱的解释力为 0.02,中等的解释力为 0.15,高的解释力为 0.35,因而高于 0.35 的模型的解释力较好(Hair et al., 2022)。

从图 5-4 和表 5-15 可以看出,人工智能驱动决策的 R^2 和调整后 R^2 分别为 0.558 与 0.550,表明企业创造力、人工智能管理解释了 55.8% 的人工智能驱动决策方差。企业创造力的 R^2 和调整后的 R^2 分别为 0.265 与 0.263,表明人工智能能力解释了 26.5% 的人工智能驱动决策方差。人工智能管理的 R^2 和调整后的 R^2 分别为 0.278 与 0.276,表明人工智能能力解释了 27.8% 的人工智能驱动决策方差。

表 5-15　本书提出的模型的 R^2 和调整后的 R^2

编码	构念	R^2	调整后的 R^2
AIDDM	人工智能驱动决策	0.558	0.550
AIM	人工智能管理	0.278	0.276
AIP	人工智能倾向	0.775	0.774
AIB	人工智能基础	0.765	0.764
AIS	人工智能技能	0.810	0.810
EC	企业创造力	0.265	0.263
FP	企业绩效	0.507	0.498

此外,由图 5-4 和表 5-15 可知本书提出的模型中企业绩效的 R^2 和调整后的 R^2 分别是 0.507、0.498,说明人工智能驱动决策、创新文化和环境活力解释了企业绩效 50.7% 的方差,结果表明该模型整体具有良好的解释力(Hair et al.,2022)。

5.4.4　模型适配度检验

在 PLS-SEM 中,模型的总体 Goodness-of-Fitness(一个用于评估模型或数据拟合程度的指标,简称 GoF)指数能够反映总体模型的适配度(Shi et al.,2018;Dean & Suhartanto,2019)。GoF 值由共性方

差均值和 R^2 的均值的乘积的平方根来计算得出。当 GoF 值为 0.360 时,说明其适应性良好。

从表 5-16 可以看出,该模型的共性方差平均值是 0.417, R^2 的平均值是 0.637,经过运算可以得出 GoF 值为 0.515,由此可知总体模型的适配度较好。

表 5-16　研究模型的 GoF

编码	构念	共性方差	R^2	GoF
AIDDM	人工智能驱动决策	0.367	0.558	
AIM	人工智能管理	0.204	0.278	
AIP	人工智能倾向	0.482	0.775	
AIB	人工智能基础	0.489	0.765	0.515
AIS	人工智能技能	0.541	0.810	
EC	企业创造力	0.197	0.265	
FP	企业绩效	0.347	0.507	
	平均值	0.417	0.637	

标准化均方根残差(SRMR)可以用于测量模型的适配度。SRMR 是指在模型中观察到的相关矩阵和内隐相关矩阵的差异,若 SRMR 值小于 0.08,则表明该模型拟合得较好(Hair et al.,2022)。经过 SmartPLS 3.0 的计算,可得该模型的 SRMR 值为 0.065,低于临界值 0.08,表明本书提出的模型具有良好的适应度(Hair et al.,2022)。

5.4.5　模型预测力分析

预测力检测可以让我们知晓研究模型的预测能力。通过从模型中排除特定的外源性构念并测量内源性构念的 R^2 变化来评估效应量(f^2),部分研究中将 f^2 译为效应值。通过以上检测可以了解指定外生构念是否对内生构念有实质性的影响(Hair et al.,2022)。对于内源性结构,f^2 值达到 0.02 为低效应,f^2 值达到 0.15 为中等效应,f^2 值达到 0.35 为高效应(Hair et al.,2022)。由表 5-17 可知,人工智能驱动决策对企业绩效的影响较大($f^2 = 0.535$);紧随其后的是人工智能能力对人工智能管理的影响($f^2 = 0.386$),以及人工智能能力对企业创造力的影响($f^2 = 0.361$);企业创造力对人工智能驱动决策存在中等的预测效应($f^2 = 0.250$);人工智能管理对人工智能驱动决策也存在中等的预测效应($f^2 = 0.181$);企业成立年数对企业绩效存在低的预测效应($f^2 = 0.030$)。而人工智能能力对人工智能驱动决策,以及企业员工规模对企业绩效存在的预测效应很小。

表 5-17　研究模型效应量

构念(编码)	AIDDM	AIM	EC	FP
AIC	0.001	0.386	0.361	
AIDDM				0.535
AIM	0.181			
EC	0.250			
企业成立年数				0.030
企业员工规模				0.001

本书利用 Blindfolding(一种数据分析技术)函数对模型的预测能力进行了评估,使用 Stone-Geisser(一种统计试验方法)的交叉验证法对模型的预测能力进行了检验(Ratzmann et al.,2016)。Q^2 由 1-预测误差平方和/基准模型误差平方和计算得出。若 Q^2 小于 0,则说明该模型不具有预测能力;若 $Q^2 > 0$,则说明该模型的预测效果较好。

经 SmarPLS 3.0 计算,发现七个内生变量,即人工智能驱动决策、人工智能管理、人工智能倾向、人工智能基础、人工智能技能、企业创造力、企业绩效的 Q^2 分别为 0.367、0.204 、0.482 、0.489、0.541、0.197、0.347,均大于 0,以上检验结果验证了模型具有适当的预测相关性。

5.4.6　模型中介效应分析

本书基于 Hair 等(2022)提出的中介效应检测方法,最后选用自举法和方差解释率(VAF)对中介变量的效应进行检验。在 SmartpPLS 3.0 中,PLS-SEM 的自举法计算将包含直接效应、总效应和具体的间接效应。按照 Hair 等(2022)的建议,将自举法的抽样数目设定为 5000,并在 95%的水平上检测其置信区间。

使用自举法进行中介作用的分析时,有以下几种不同的存在形式:第一,当间接作用不明显时,则没有中介作用;第二,间接作用具有显著性,但没有明显的直接影响,说明间接作用是完全的中介作用;第三,若有明显的间接影响,且有明显的直接影响,则说明间接作用是一种中介作用(Hair et al.,2022;Lin et al.,2024)。此外,若直接效应与间接效应同时存在,并且具有相同的方向,则可以称之为补充中介效应;如果直接效应和间接效应都存在,但是方向上存在差异,则可称作竞争中介效应。

在间接效应显著的前提下,可以通过计算方差解释率来判断中介效应的类型(Chen & Siau,2020)。VAF 是用间接影响除以总影响乘以 100 得到的,VAF 高于 80%说明是完全中介效应,小于 20%说明无中介效应,其余结果为部分中介效应。

本书将采取严格的中介效应判断方法,综合自举法和方差解释率两种方法的检验结果进行中介类型的确定。数据分析结果如表 5-18 所示。研究结果证实了本书提出的模型属于平行链式中介模型(Hayes,2018)。

表 5-18 中介效应分析结果

路径	效应	初始样本	95% 置信区间	t 值	方差解释率	显著性	中介效应类型
AIC → AIM → AIDDM	直接效应	0.030	[−0.052,0.126]	0.507	43.1	不显著	部分中介
	总效应	0.413	[0.340,0.494]	10.975		显著	
	间接效应	0.178	[0.129,0.232]	6.799		显著	
AIC → EC → AIDDM	直接效应	0.030	[−0.052,0.126]	0.507	49.7	不显著	部分中介
	总效应	0.413	[0.340,0.494]	10.975		显著	
	间接效应	0.205	[0.154,0.259]	7.669		显著	
AIC → AIDDM→ FP	直接效应	0.074	[−0.016,0.176]	1.492	3.4	不显著	无中介
	总效应	0.365	[0.285,0.455]	8.362		显著	
	间接效应	0.012	[−0.021,0.053]	0.661		不显著	
AIM → AIDDM→ FP	直接效应	0.062	[−0.028,0.145]	1.414	69.1	不显著	部分中介
	总效应	0.202	[0.105,0.286]	4.305		显著	
	间接效应	0.140	[0.093,0.188]	5.809		显著	
EC → AIDDM→ FP	直接效应	0.170	[0.076,0.255]	3.747	49.1	显著	部分中介
	总效应	0.334	[0.233,0.413]	7.285		显著	
	间接效应	0.164	[0.111,0.216]	6.031		显著	
AIC→ AIM→ AIDDM→ FP	间接效应	0.102	[0.071,0.139]	5.963		显著	平行链式中介
AIC→ EC→ AIDDM→ FP	间接效应	0.117	[0.083,0.155]	6.252		显著	

5.4.7 模型调节作用检验

利用 SmartPLS 3.0 构建融入创新文化和环境活力两个调节变量的人工智能与企业绩效关系研究模型,该模型需要将收集到的调查问卷数据用 PLS 算法和自举法函数进行分层回归(Tian et al.,2021;Hair et al.,2022;Kang et al.,2023)。本书提出的模型调节作用检验结果如表5-19所示。

表 5-19　模型调节作用检验

路径	无调节变量				有调节变量				假设检验结果
	路径系数 β 值	t 值	f^2	显著性	路径系数 β 值	t 值	f^2	显著性	
EC→AIDDM	0.415	9.582	0.398	***	0.398	9.822	0.250	***	
AIM→AIDDM	0.365	8.597	0.340	***	0.340	8.616	0.181	***	
AIDDM→FP	0.654	21.841	0.569	***	0.569	14.169	0.535	***	
IC→AIDDM					0.142	3.818	0.041	***	
ED→AIDDM					0.141	3.773	0.042	***	
IC→FP					0.173	4.130	0.053	***	H7 成立 H8 成立 H9 不成立 H10 成立
ED→FP					0.054	1.441	0.005	不显著	
IC * EC→AIDDM					0.156	5.127	0.075	***	
ED * AIM→AIDDM					0.139	5.492	0.079	***	
IC * AIDDM→FP					0.203	4.829	0.064	***	
ED * AIDDM→FP					0.018	0.475	0.001	不显著	
FP 的 R^2	0.444	0.507							

注：*** 表示 $p<0.001$，** 表示 $p<0.01$，* 表示 $p<0.05$。

两个调节变量（创新文化和环境活力）加入模型后，R^2 的数值由 0.444 上升至 0.507，表明两个调节变量提升了企业绩效的解释力。此外，f^2 可以用来说明外部因素对内部变量的影响，在判定准则中，$f^2<0.15$ 说明是弱效应（Hair et al.，2022）。从表中可以看出，调整作用项 IC * FC 对 AIDDM 的 f^2 值为 0.075；调整作用项 ED * AIM 对 AIDDM 的 f^2 值为 0.079；调整作用项 IC * AIDDM 对 FP 的 f^2 值为 0.064；调整作用项 ED * AIDDM 对 FP 的 f^2 值为 0.001。这说明创新文化 * 企业创造力对人工智能驱动决策存在弱的调节效应；环境活力 * 人工智能管理对人工智能驱动决策存在弱的调节效应；创新文

化 * 人工智能驱动决策对企业绩效存在弱的调节效应。

上述结论需要建立在存在调节效应的基础上,由图 5-5 可知,假设 H7、H8、H10 得到了支持,但假设 H9 并未得到支持。图 5-5 显示了两个调节变量(创新文化和环境活力)的四张简单斜率图。

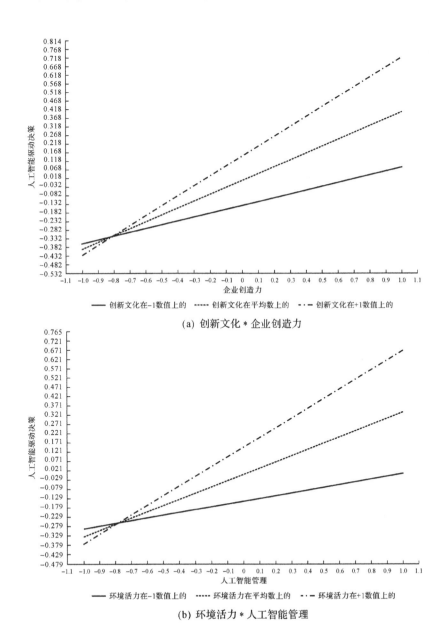

(a) 创新文化 * 企业创造力

(b) 环境活力 * 人工智能管理

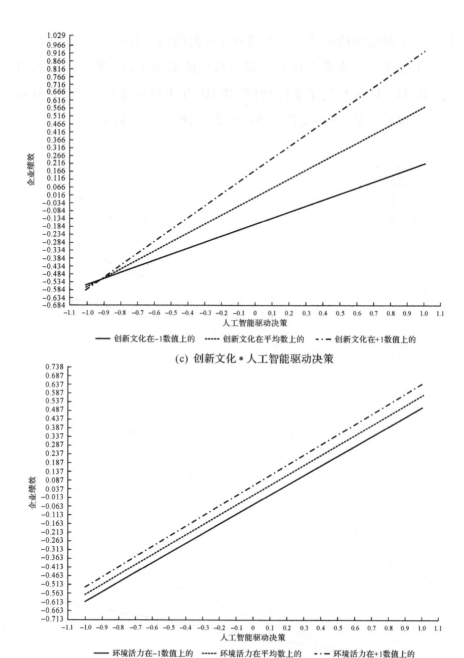

(c) 创新文化 * 人工智能驱动决策

(d) 环境活力 * 人工智能驱动决策

图 5-5　简单斜率

5.4.8　控制变量作用分析

通过运行 SmartPLS 3.0 数据分析软件,得到了标准化的路径系数 β 和 t 值,用于研究企业成立年数和企业员工规模对企业绩效的影响程度(Hair et al.,2022),控制变量作用分析结果如表 5-20 所示。

表 5-20　控制变量作用分析

路径	β 值	t 值	p	显著性	结果
企业成立年数→FP	−0.121	3.169	0.002	**	成立
企业员工规模→FP	0.016	0.447	0.655	不显著	不成立

注:*** 表示 $p < 0.001$,** 表示 $p < 0.01$,* 表示 $p < 0.05$。

由表 5-20 可知,企业的成立年数($\beta = -0.121$,$t = 3.169$,$p < 0.01$)对企业绩效存在显著的负向影响;企业的员工规模($\beta = 0.016$,$t = 0.447$,$p > 0.05$)对企业绩效不存在显著的正向或负向影响。综上所述,在人工智能应用背景下,企业员工规模不会对企业绩效产生负向影响,企业成立年数对企业绩效存在负向影响,假设 H11 未得到支持,H12 假设成立。

5.4.9　有调节的中介效应分析

本书对两个调节变量(创新文化与环境活力)进行了有调节的中介效应分析,利用 SPSS 25.0 的 Process 3.4 工具中的模型 58 来进行调节下的中介作用检测,自举法的抽样数目设定为 5000,设置 95% 的置信区间,并计算高分组与低分组不同状态下的调节中介效应(Hayes & Scharkow,2013;方杰和温忠麟,2018),数据分析结果如表 5-21 所示。

表 5-21 有调节的中介效应分析

路径	调节变量	观察变量	高低组	效应	标准误差	t 值	偏差校正（95%）		调节中介效应指数			
							下限置信区间	上限置信区间	指数	下限置信区间	上限置信区间	p 值
EC → AIDDM → FP	IC	AIDDM	低分组	0.236	0.040	5.861	0.157	0.315				
			平均值	0.375	0.030	12.672	0.317	0.434	0.157	0.091	0.224	0.000
			高分组	0.515	0.044	11.798	0.429	0.600				
EC → AIDDM → FP	IC	FP	低分组	0.397	0.076	5.245	0.248	0.546				
			平均值	0.617	0.060	10.286	0.499	0.735	0.249	0.138	0.360	0.000
			高分组	0.838	0.080	10.430	0.680	0.996				
AIM → AIDDM → FP	ED	AIDDM	低分组	0.221	0.040	5.586	0.143	0.299				
			平均值	0.345	0.030	11.668	0.287	0.403	0.132	0.071	0.192	0.000
			高分组	0.469	0.043	10.848	0.384	0.554				
AIM → AIDDM → FP	ED	FP	低分组									
			平均值						0.083	−0.028	0.194	0.194
			高分组									

5.5 模型不变性的测量

传统测量模型不变性的方法是在多组验证性因素分析的框架下进行模型的对比。例如,组态不变保证了群体中的因素结构一致,量值不变保证了组间的测量恒定,标量不变保证了测量截距的均衡性和方差不变。因此,PLS-SEM 可以通过逐步测试的方式将度量模型的等价性进行分层,并对其进行不同的等价程度的对应分析,从而使样本数据获得更加完整的分析结果。

为了测量模型的不变性,本书采用 Henseler 等(2016)专门针对 PLS-SEM 开发的测量方法(即复合模型的测量不变性)进行研究。本书通过三个步骤来判断不同分组的潜变量是否拥有同样的内涵。利用复合模型的测量不变性进行研究的第一个步骤是验证构形不变性,每一

组都要满足下列条件,即都必须采用同一指标,而且每一组的数据处理
都必须相同,并采用同样的算法设定或最优化准则,由此可以满足构形
不变性测试的要求。第二个步骤是进行成分不变性检验,即对各群体
之间的隐性变量分数进行检测,如果没有显著性差别,则说明通过了成
分不变性测试。当各变量都具有相同的构形等价性和成分等价时,可
以被视为局部测量等价。第三个步骤是平均方差和方差等效性检验,
在不能完全满足平均方差和方差等效性的情况下,也就是满足一定的
度量等价性,也可以进行多群组的分析,并对群组之间的结构方程的标
准系数进行比较。如果平均方差和方差相等,各群体之间的平均方差
和方差的对数置信区间包含了 0,那么就可以把多个数据集混合起来进
行多群体分析(Hair et al.,2022)。本书将企业成立年数在三年及以下
的样本数据内容划入 Group_A,三年以上的样本数据内容划入 Group_
B,借助 SmartPLS 3.0 中 Permutation(置换)技术运算的模型不变性的
测量结果如表 5-22、表 5-23、表 5-24、表 5-25 所示。

表 5-22　外部模型载荷原始值差

题项与潜变量	外部模型载荷原始值差	2.5%的位置	97.5%的位置	组合 p 值	显著性差异
AIDDM1 ← AIDDM	0.022	−0.072	0.070	0.554	不显著
AIDDM2 ← AIDDM	−0.020	−0.049	0.050	0.452	不显著
AIDDM3 ← AIDDM	−0.017	−0.050	0.054	0.571	不显著
AIDDM4 ← AIDDM	0.021	−0.060	0.063	0.527	不显著
AIM1 ← AIM	0.034	−0.055	0.055	0.240	不显著
AIM2 ← AIM	0.004	−0.056	0.055	0.888	不显著
AIM3 ← AIM	0.047	−0.049	0.052	0.071	不显著
AIP1 → AIP	−0.034	−0.119	0.129	0.580	不显著
AIP1 → AIC	−0.011	−0.117	0.130	0.851	不显著
AIP2 → AIP	0.026	−0.140	0.154	0.735	不显著

续表

题项与潜变量	外部模型载荷原始值差	2.5%的位置	97.5%的位置	组合 p 值	显著性差异
AIP2 → AIC	0.041	−0.138	0.148	0.589	不显著
AIP3 → AIP	−0.050	−0.151	0.142	0.540	不显著
AIP3 → AIC	−0.027	−0.144	0.137	0.713	不显著
AIP4 → AIP	0.120	−0.140	0.155	0.106	不显著
AIP4 → AIC	0.123	−0.128	0.146	0.072	不显著
AIP5 → AIP	−0.009	−0.107	0.107	0.876	不显著
AIP5 → AIC	0.012	−0.106	0.099	0.827	不显著
AIB1 → AIB	0.026	−0.138	0.147	0.726	不显著
AIB1 → AIC	0.032	−0.142	0.135	0.653	不显著
AIB2 → AIB	−0.096	−0.120	0.120	0.133	不显著
AIB2 → AIC	−0.075	−0.120	0.115	0.207	不显著
AIB3 → AIB	−0.025	−0.125	0.133	0.731	不显著
AIB3 → AIC	−0.013	−0.120	0.124	0.838	不显著
AIB4 → AIB	−0.066	−0.156	0.166	0.413	不显著
AIB4 → AIC	−0.049	−0.144	0.154	0.514	不显著
AIB5 → AIB	−0.037	−0.130	0.125	0.562	不显著
AIB5 → AIC	−0.023	−0.121	0.124	0.734	不显著
AIS1 → AIS	0.109	−0.128	0.137	0.096	不显著
AIS1 → AIC	0.097	−0.121	0.136	0.123	不显著
AIS2 → AIS	0.029	−0.107	0.105	0.591	不显著
AIS2 → AIC	0.024	−0.104	0.112	0.670	不显著
AIS3 → AIS	−0.180	−0.113	0.120	0.001	显著
AIS3 → AIC	−0.165	−0.110	0.118	0.003	显著
AIS4 → AIS	0.051	−0.155	0.150	0.532	不显著
AIS4 → AIC	0.044	−0.145	0.151	0.566	不显著
AIS5 → AIS	−0.008	−0.102	0.111	0.906	不显著
AIS5 → AIC	−0.009	−0.103	0.109	0.862	不显著

续表

题项与潜变量	外部模型载荷原始值差	2.5%的位置	97.5%的位置	组合 p 值	显著性差异
EC1 ← FC	−0.025	−0.061	0.063	0.408	不显著
EC2 ← FC	0.001	−0.035	0.035	0.955	不显著
EC3 ← FC	0.003	−0.060	0.068	0.933	不显著
ED1 ← ED	0.012	−0.051	0.057	0.677	不显著
ED2 ← ED	−0.030	−0.069	0.077	0.392	不显著
ED3 ← ED	0.019	−0.078	0.085	0.622	不显著
ED4 ← ED	−0.036	−0.076	0.072	0.313	不显著
FP1 ← FP	0.023	−0.062	0.065	0.483	不显著
FP2 ← FP	0.012	−0.042	0.041	0.561	不显著
FP3 ← FP	0.010	−0.049	0.046	0.676	不显著
FP4 ← FP	0.003	−0.072	0.072	0.918	不显著
IC1 ← IC	0.039	−0.063	0.070	0.252	不显著
IC2 ← IC	−0.050	−0.072	0.071	0.170	不显著
IC3 ← IC	−0.010	−0.056	0.067	0.741	不显著

表 5-23　成分不变性测量结果

潜变量编码	原始相关系数	95%的置信区间	组合 p 值	成分不变性是否成立
AIC	0.982	[0.966,1.000]	0.501	成立
AIDDM	1.000	[0.999,1.000]	0.426	成立
AIM	1.000	[0.998,1.000]	0.746	成立
AIS	0.958	[0.958,1.000]	0.048	不成立
AIB	0.989	[0.966,1.000]	0.761	成立
AIP	0.982	[0.944,1.000]	0.456	成立
ED	0.995	[0.992,1.000]	0.168	成立
EC	1.000	[0.998,1.000]	0.801	成立
FP	1.000	[0.999,1.000]	0.396	成立
IC	0.999	[0.995,1.000]	0.745	成立

表 5-24　均值不变性的测量结果

潜变量编码	均值—原始值差异	95％的置信区间	组合 p 值	均值不变性是否成立
AIC	−0.153	[−0.201,0.199]	0.141	成立
AIDDM	−0.072	[−0.197,0.179]	0.478	成立
AIM	−0.123	[−0.208,0.207]	0.235	成立
AIS	−0.180	[−0.197,0.196]	0.075	成立
AIB	−0.094	[−0.195,0.200]	0.353	成立
AIP	−0.128	[−0.206,0.197]	0.218	成立
EC	0.045	[−0.197,0.187]	0.662	成立
FP	0.236	[−0.212,0.207]	0.028	不成立
IC	0.193	[−0.209,0.210]	0.073	成立

表 5-25　方差不变性的测量结果

潜变量编码	方差—原始值差异	95％的置信区间	组合 p 值	方差不变性是否成立
AIC	0.001	[−0.204,0.190]	0.986	成立
AIDDM	0.062	[−0.219,0.209]	0.560	成立
AIM	0.214	[−0.204,0.199]	0.036	不成立
AIS	−0.082	[−0.198,0.200]	0.396	成立
AIB	−0.060	[−0.227,0.207]	0.571	成立
AIP	0.107	[−0.196,0.201]	0.275	成立
EC	−0.085	[−0.200,0.209]	0.389	成立
FP	0.042	[−0.249,0.242]	0.697	成立
IC	−0.092	[−0.191,0.182]	0.381	成立

在第一个检验步骤中,不同成立年数的企业的受访者都采用了完全一致的测量题项、数据处理方式和分析技术。此外,表 5-22 的结果显示两组外部模型载荷原始值差仅 AIS3 存在显著性差异,测量题项 AIS3 的 95％的置信区间为[0.958,1.000],置信区间不包含 0,但是组合 p 值为 0.048,小于 0.05,由此可以认为两组模型具有部分构形不变性。

在第二个检验步骤中,表 5-23 的成分不变性的检测结果显示除人工智能技能外都通过了检验($p>0.05$,双尾),人工智能技能的 95% 的置信区间为[0.958,1.000],置信区间不包含 0,但是组合 p 值为 0.048,小于 0.05,可见两组模型具有部分成分不变性。

在第三个检验步骤中,表 5-24 的均值不变性测试中发现企业绩效的 95% 的置信区间为[-0.212,0.207],置信区间包含 0,但是组合 p 值为 0.028,小于 0.05,其余潜变量都存在均值不变性。表 5-25 的方差不变性检测中显示人工智能管理的 95% 的置信区间为[-0.204,0.199],置信区间包含 0,但是组合 p 值为 0.036,小于 0.05,其余各潜变量的置信区间结果显示都不存在显著差异。这说明两组模型具有部分的均值不变性和方差不变性。

因此,本模型在企业成立年数分组中具有部分测量不变性,适合进行分组的多群组结构方程模型比较分析。

5.6　多群组比较分析

出于探索成立年数不同的企业是否在企业绩效影响因素上存在显著差异的目的,本书先将企业成立年数三年及以下的样本数据内容划入 Group_A,三年以上的样本数据内容划入 Group_B,之后使用 SmartPLS 3.0 中的多群组分析技术(MGA)进行两组模型的对比(Huang & Shiau,2017;Cheah et al.,2023;Park et al.,2024)。其中 PLS-MGA 是一种无参数显著性检测方法。当 $p<0.05$ 或 $p>0.95$ 时,各组间的具体路径系数有显著性差异。Welch-Satterthwait(韦尔奇-萨特思韦特)检验是一种用来假定各组数据方差不均等的参数法。表5-26为多群组比较分析结果。

表 5-26 多群组比较分析结果

路径	路径系数		t 值		PLS-MGA 检验	参数检验	韦尔奇-萨特思韦特检验
	Group_A	Group_B	Group_A	Group_B			
AIC→AIDDM	0.016	0.034	0.266	0.485	0.576	0.850	0.851
AIC→AIM	0.554	0.503	11.444	8.859	0.250	0.496	0.499
AIC→AIP	0.902	0.904	55.334	51.782	0.547	0.914	0.914
AIC→AIB	0.882	0.871	46.257	38.915	0.353	0.701	0.703
AIC→AIS	0.889	0.866	49.097	40.125	0.202	0.405	0.408
AIC→EC	0.553	0.496	11.252	8.663	0.225	0.445	0.448
AIDDM→FP	0.644	0.484	13.162	7.388	0.026*	0.047*	0.051
AIM→AIDDM	0.339	0.313	6.115	5.205	0.376	0.754	0.754
EC→AIDDM	0.444	0.348	8.235	5.463	0.123	0.245	0.248
ED * AIDDM →FP	0.016	0.081	0.197	1.258	0.736	0.541	0.534
ED * AIM →AIDDM	0.125	0.165	2.732	4.281	0.763	0.502	0.497
IC * AIDDM →FP	0.160	0.238	2.420	3.960	0.813	0.388	0.384
IC * EC→ AIDDM	0.151	0.158	2.919	3.348	0.521	0.928	0.927

注：***表示 $p<0.001$，**表示 $p<0.01$，*表示 $p<0.05$。

通过表 5-26 的多群组比较分析发现，路径 AIDDM→FP 在 PLS-MGA 检验和参数检验中都表现出显著差异，然而韦尔奇-萨特思韦特检验中未发现该路径在 5% 的显著性水平上显著。此外，其他路径不存在显著差异。

5.7 验证式四分差分析

验证式四分差分析(CTA)是一种允许对测量模型设置进行经验测试的统计技术(Hair et al.,2022)。验证式四分差分析法可以有效判断测量模式是形成性还是反应性的(Gudergan et al.,2008)。因此,本书利用 SmartPLS 3.0 软件及 CTA 分析法,对反应性变量进行类型检验。

表 5-27 是 CTA 评价的结果(计算时设置了 5000 个自举法子抽样,检验类型是双尾检验)。CTA 测试要求潜变量的测量题项中至少要有四个显变量的测量题项,而人工智能管理仅有三个显变量的测量题项,所以在测试时会从其他潜变量的测量题项中提取显变量的测量题项。四个一阶潜变量的 CTA 评价结果否定了 Ho(2022)的假定,即只有三个潜变量,分别是人工智能驱动决策、环境活力、企业绩效。

表 5-27　验证式四分差分析结果

组合	初始样本	样本均值	标准差	t 统计量	p 值	调整的置信区间下限	调整的置信区间上限
1：AIDDM1,AIDDM2,AIDDM3,AIDDM4	−0.010	−0.010	0.014	0.700	0.484	−0.042	0.022
2：AIDDM1,AIDDM2,AIDDM4,AIDDM3	−0.002	−0.002	0.013	0.163	0.871	−0.032	0.028
1：ED1,ED2,ED3,ED4	−0.038	−0.037	0.036	1.056	0.291	−0.119	0.042
2：ED1,ED2,ED4,ED3	−0.018	−0.018	0.035	0.524	0.600	−0.098	0.060
1：FP1,FP2,FP3,FP4	−0.031	−0.031	0.036	0.873	0.383	−0.111	0.048
2：FP1,FP2,FP4,FP3	0.054	0.054	0.033	1.663	0.096	−0.019	0.128

5.8　重要性—效能映射分析

重要性—效能映射分析(IPMA)是管理决策的重要分析工具(Ringle & Sarstedt,2016;Le & Sutrisna,2024)。IPMA 通常用于评估关键业务成功驱动因素的绩效(Hair et al.,2022)。研究人员可以从分析结果的总效应中预测目标构建体系的重要性,IPMA 分析还可用于使用平均潜变量分数评估项目的性能。重要性—效能映射分析使用基本模型进行额外的分析,以进一步评估结果,从而深入了解管理的含义。IPMA 实际上是一个由横纵坐标构成的重要性—效果地图,其中横轴显示了业务成功驱动因素的重要性(总效应),纵轴使用从 0 到 100 的刻度显示了业务成功驱动因素的绩效(效果)。通过这种方式,研究人员可以确定那些对后续操作改进具有较强总体效果但平均潜变量分数较低(低绩效)的先前结构。

此外,重要性—效能映射分析允许研究人员就管理者(或利益相关者)应优先考虑的事项提供更具体的指导。根据比较重要性和效能值低于或高于平均值,将图分为四个区域。通常,在分析重要性—效果地图时,右下角区域的结构(即高于平均值重要性和低于平均水平的绩效)是实现改进的最大机会,其次是右上角、左下角,最后是左上角区域。因而,本书以中位线将重要性—效果地图划分为四个象限,按照管理重要性排序,右下角、右上角、左下角、左上角分别对应"重要性高—效果低""重要性高—效果高""重要性低—效果低""重要性低—效果高"等情形。

图 5-6 和表 5-28 分别为潜变量的重要性—效果地图与潜变量的重要性—效果数值。如图 5-6 所示,可以通过管理来提升企业绩效的各因素的优先顺序依次是人工智能驱动决策、创新文化、人工智能能力、企业创造力、人工智能管理和环境活力。

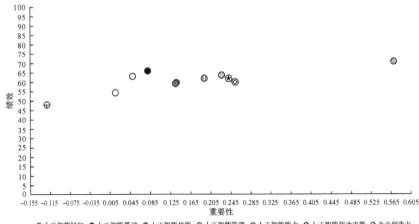

图 5-6　潜变量的重要性—效果地图

表 **5-28**　潜变量的重要性—效果数值

潜变量编码	绩效/效果	重要性/总效应
AIC	64.013	0.230
AIDDM	71.015	0.560
AIM	61.745	0.191
ED	59.310	0.137
EC	63.567	0.223
IC	60.316	0.265
平均值	63.328	0.268

　　图 5-7 与表 5-29 分别展示了题项的重要性—效果地图与题项的重要性—效果数值。如图 5-7 所示,可以通过管理来提升企业绩效的各题项的优先顺序依次是 AIDDM2、AIDDM4、AIDDM3、AIDDM1、IC3、IC2、IC1、EC2、EC3、EC1、AIM2、AIM1、AIM3、ED1、ED2、ED3、AIS5、ED4、AIB5、AIP5、AIS3、AIP2、AIS2、AIB3、AIB4、AIP1、AIB1、AIS1、AIB2、AIP4、AIS4、AIP3。可见人工智能驱动决策、创新文化包含的题项都是重要的提升对象。

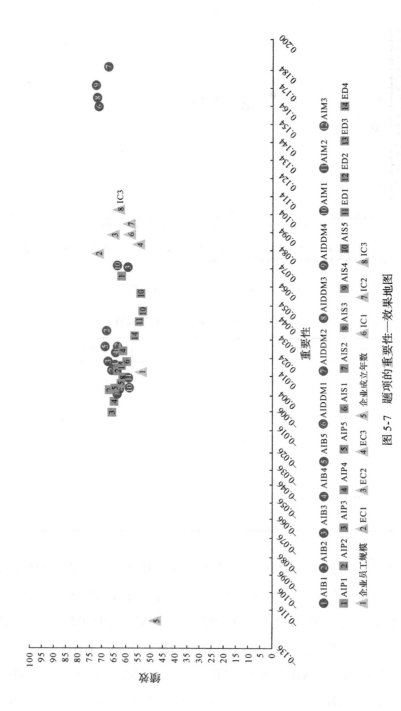

图 5-7　题项的重要性—效果地图

表 5-29 题项的重要性—效果数值

题项	绩效/效果	重要性/总效应	题项	绩效/效果	重要性/总效应
AIDDM1	71.891	0.162	AIB5	68.338	0.035
AIDDM2	67.132	0.180	AIS1	61.231	0.012
AIDDM3	72.272	0.167	AIS2	62.056	0.030
AIDDM4	72.843	0.168	AIS3	62.500	0.031
AIM1	63.261	0.074	AIS4	62.754	0.007
AIM2	59.772	0.075	AIS5	65.165	0.038
AIM3	62.119	0.071	EC1	71.701	0.080
AIP1	59.708	0.018	EC2	64.848	0.091
AIP2	63.261	0.030	EC3	54.188	0.085
AIP3	66.371	0.006	ED1	54.886	0.045
AIP4	65.228	0.007	ED2	62.246	0.042
AIP5	63.388	0.033	ED3	63.008	0.039
AIB1	64.721	0.013	ED4	57.107	0.036
AIB2	63.452	0.008	IC1	58.566	0.098
AIB3	66.688	0.024	IC2	58.503	0.101
AIB4	64.530	0.024	IC3	63.325	0.111

5.9　PLS 预测质量分析

PLS Predict(PLS 预测)是一种确定 PLS 路径模型预测质量的技术,本书还使用了 PLS 预测质量分析技术对研究模型的预测能力进行评估(Hair et al.,2022),重点关注 PLS 模型的平均绝对误差(MAE)和预测的 Q^2 值以及线性回归模型(LM)的 MAE 值。表 5-30 显示了 PLS 预测的分析结果,PLS 模型中的所有项目的预测的 Q^2 的数值都为正数。另外,PLS 模型反应性潜变量题项中多数项目的均方根误差都小于线性回归模型中报告的数值。以上结果都表明本书提出的 PLS 模型拥有更好的预测能力。

表 5-30   PLS 预测评估结果

题项	PLS			LM			PLS-LM		
	均方根误差	平均绝对误差	预测的 Q^2	均方根误差	平均绝对误差	预测的 Q^2	均方根误差	平均绝对误差	预测的 Q^2
AIDDM2	0.847	0.658	0.144	0.839	0.658	0.161	0.008	−0.001	−0.017
AIDDM4	0.841	0.660	0.131	0.851	0.656	0.109	−0.011	0.004	0.022
AIDDM3	0.723	0.583	0.133	0.724	0.595	0.130	−0.001	−0.011	0.003
AIDDM1	0.867	0.686	0.131	0.863	0.671	0.140	0.004	0.015	−0.008
AIM1	1.060	0.861	0.207	1.087	0.886	0.167	−0.027	−0.025	0.041
AIM2	1.125	0.935	0.197	1.136	0.937	0.181	−0.012	−0.001	0.017
AIM3	1.065	0.858	0.187	1.096	0.886	0.138	−0.031	−0.028	0.048
AIP3	0.817	0.635	0.440	0.000	0.000	1.000	0.817	0.635	−0.560
AIP2	0.772	0.587	0.467	0.000	0.000	1.000	0.772	0.587	−0.533
AIP1	0.759	0.605	0.506	0.000	0.000	1.000	0.759	0.605	−0.494
AIP4	0.908	0.725	0.453	0.000	0.000	1.000	0.908	0.725	−0.547
AIP5	0.761	0.602	0.562	0.000	0.000	1.000	0.761	0.602	−0.438
AIB3	0.829	0.649	0.496	0.000	0.000	1.000	0.829	0.649	−0.504
AIB5	0.915	0.711	0.549	0.000	0.000	1.000	0.915	0.711	−0.451
AIB1	0.779	0.600	0.476	0.000	0.000	1.000	0.779	0.600	−0.524
AIB4	0.829	0.645	0.455	0.000	0.000	1.000	0.829	0.645	−0.545
AIB2	0.810	0.648	0.503	0.000	0.000	1.000	0.810	0.648	−0.497
AIS5	0.666	0.531	0.607	0.000	0.000	1.000	0.666	0.531	−0.393
AIS4	0.723	0.576	0.475	0.000	0.000	1.000	0.723	0.576	−0.525
AIS2	0.755	0.599	0.576	0.000	0.000	1.000	0.755	0.599	−0.424
AIS1	0.830	0.658	0.502	0.000	0.000	1.000	0.830	0.658	−0.498
AIS3	0.727	0.575	0.564	0.000	0.000	1.000	0.727	0.575	−0.436

续表

题项	PLS			LM			PLS-LM		
	均方根误差	平均绝对误差	预测的 Q^2	均方根误差	平均绝对误差	预测的 Q^2	均方根误差	平均绝对误差	预测的 Q^2
EC1	1.067	0.903	0.181	1.105	0.917	0.122	−0.038	−0.014	0.059
EC2	0.947	0.780	0.240	0.965	0.784	0.211	−0.018	−0.004	0.029
EC3	1.120	0.937	0.151	1.135	0.934	0.129	−0.015	0.002	0.022
FP2	1.182	0.953	0.106	1.172	0.938	0.121	0.010	0.015	−0.015
FP4	0.952	0.739	0.118	0.934	0.713	0.151	0.018	0.025	−0.033
FP3	0.914	0.709	0.103	0.884	0.685	0.161	0.030	0.024	−0.058
FP1	1.032	0.807	0.113	1.013	0.777	0.146	0.020	0.030	−0.033

第 6 章 基于 fsQCA 的组态效应分析

6.1 fsQCA 概述

本书在上一章中主要使用了 SPSS 25.0 和偏最小二乘结构方程模型分析软件 SmartPLS 3.0 展开数据分析,本章将主要介绍模糊集定性比较分析。偏最小二乘结构方程模型和模糊集定性比较分析这两种统计技术基于不同的原理,具有不同的侧重点(Mikalef & Pateli,2017)。PLS-SEM 分析了自变量对结果变量的影响以及自变量之间的关系。此外,fsQCA 可以探索组合效应并假设变量之间存在不对称性、等价性(不同的路径可以产生相同的结果)、多重性(相同的元素可以产生不同的输出)和连环因果关系(Ragin,2009;Nasyiah et al.,2024)。与其他定性不计较分析方法相比,fsQCA 允许变量是模糊的(在 0 和 1 之间连续)而不是二分(二元)尺度。同时,fsQCA 寻求因果条件的组合(配置)来产生预期的结果,而不是构造变量的相关性(Ragin,2009;Li & Liu,2024)。fsQCA 的执行包含以下几个步骤。

第一,案例与条件选取。以理论为指导,慎重筛选案例来保证个案之间的同质性和差异性,甄选条件来确保主体和个案之间的均衡。

第二,条件的校准。在理论的指导下,选择合适的数据校准原则。

　　第三,必要性条件分析。以理论为指导,开展必要性条件分析。

　　第四,组态效应的充分条件分析。依据 fsQCA 的多组态真值表进行充分条件分析。

　　第五,结果的总结。将组态效应分析结果结合事实依据进行讨论与总结。

6.2　数据校准

　　模糊集定性比较分析可以同时使用连续与区间两种变量,通过检测异质性造成的影响来补充 PLS-SEM 的分析结果,帮助研究者找出提升企业绩效的因果条件组合(胡元林等,2021;Hayajneh et al.,2022;张铭等,2024)。若要在本书中引入连续或区间变量,则必须先进行样本资料的数据校准,fsQCA 3.0 软件中的校准函数允许对使用利克特五级量表获得的数据校准为从 0 至 1 的连续集合。经过数据校准以后可以将数据转换为完全隶属关系、半隶属关系和完全非隶属关系的程度指数。为了了解数据所处的百分位,本书使用 SPSS 25.0 的描述统计功能提取了每一个潜变量在 5%、50%、95% 百分位的数值(王丽平和金斌斌,2020)。随后使用 fsQCA 3.0 软件中的 Carlibration(数据校准)函数对每一个潜变量进行校准,校准完成后生成了一批新的潜变量,即 AIB-JZ、AIDDM-JZ、ED-JZ、IC-JZ、AIM-JZ、EC-JZ、AIS-JZ、AIP-JZ,每一个潜变量的校准值如表 6-1 所示。

表 6-1 各潜变量的校准标准

类型		条件与结果潜变量								
		AIB	AIP	AIS	EC	AIM	IC	ED	AIDDM	FP
个案数	有效	394	394	394	394	394	394	394	394	394
	缺失	0	0	0	0	0	0	0	0	0
校准标准	5%	2.000	2.150	2.000	1.667	1.667	2.000	1.938	2.750	2.000
	50%	3.800	3.600	3.600	3.667	3.667	3.333	3.500	4.000	3.667
	95%	4.800	4.800	4.800	5.000	5.000	4.667	4.750	5.000	5.000
校准后的编码		AIB-JZ	AIP-JZ	AIS-JZ	EC-JZ	AIM-JZ	IC-JZ	ED-JZ	AIDDM-JZ	FP-JZ

6.3 必要性条件分析

在确定人工智能应用背景下企业绩效影响因素之前,首先要对各个成立条件(正向条件)或非成立条件(非正向条件)的必要性进行检验。如果必要性条件分析结果变量成立,则会形成结果成立时的超集组态;同理,如果必要性条件分析结果变量不成立,则会形成结果不成立时的超集组态(杜运周和贾良定,2017;Nasyiah et al.,2024)。过去的研究都是通过一致性指数来检验必要条件的,这表明了前置条件和结果变量之间的关系(Ragin,2009)。一致性表示子集关系的近似程度,类似于统计显著性的概念,而覆盖率衡量的是一致子集在经验上的相关性,类似于回归分析中的 R^2。倘若一致性指数大于 0.90,则该条件是必须具备的,即该前置条件是必要的。此外,覆盖率指数则是越大越好,越大意味着结果变量对前置条件的解释力度越强。

fsQCA 的第二阶段是必要性条件分析(NCA),通过一致性和覆盖率的度量来分析因果条件的组合(Hayajneh et al.,2022),并探索九个先决条件对因变量是否存在影响。fsQCA 的单项前置条件分析结果如表 6-2 所示。综合以上分析结果,可知人工智能能力、人工智能管理、企业创造力、人工智能驱动决策、创新文化、环境活力、人工智能基础、人工智能倾向、人工智能技能都不是企业绩效成立或者不成立的必要性条件。因此,本书将继续开展充分条件分析。

表 6-2　fsQCA 必要性条件分析

前置条件	企业绩效成立		企业绩效不成立	
	一致性指数	覆盖率指数	一致性指数	覆盖率指数
AIB-JZ	0.708	0.672	0.707	0.741
～AIB-JZ	0.553	0.491	0.514	0.576
～AIDDM-JZ	0.445	0.438	0.737	0.855
AIDDM-JZ	0.853	0.733	0.516	0.523
ED-JZ	0.708	0.634	0.566	0.598
～ED-JZ	0.551	0.519	0.654	0.725
IC-JZ	0.722	0.703	0.494	0.567
～IC-JZ	0.556	0.482	0.742	0.759
～AIM-JZ	0.542	0.502	0.716	0.781
AIM-JZ	0.764	0.695	0.544	0.583
～EC-JZ	0.528	0.467	0.762	0.794
EC-JZ	0.767	0.732	0.488	0.549
～AIS-JZ	0.554	0.498	0.712	0.755
AIS-JZ	0.727	0.681	0.527	0.582
～AIP-JZ	0.537	0.486	0.704	0.751
AIP-JZ	0.724	0.675	0.518	0.569

注:～表示该前置条件为空缺。

6.4　建构潜变量真值表

本书通过将多种潜变量组合,来对人工智能应用背景下企业绩效影响因素的组态进行探析。借助 fsQCA 3.0 软件中的真值表建构功能生成拥有多种组态的真值表,为下一阶段的组态效应分析提供数据支撑。系统自动生成真值表后需要人为进行一致性程度评价,并根据相关结果决定删除行数的数值和异质性程度评价指数阈值(Fiss, 2011)。在选择删除行数的数值时,需要慎重考虑样本量、前置条件数量、模糊集校准的目标程度等相关因素。结合以往相关研究成果,本书将选择频率的阈值设为3,一致性阈值设为0.8,PRI(不一致性的比例减少)阈值设为0.5。随后对初始的真值表进行赋值,达到以上三个条件的将结果赋为1,其余均赋值为0。表6-3列出了经过筛选的fsQCA真值表。

表6-3　企业绩效成立的fsQCA真值

AIB-JZ	AIDDM-JZ	ED-JZ	IC-JZ	AIM-JZ	EC-JZ	AIS-JZ	AIP-JZ	FP-JZ	原始一致性	比例一致性	对称一致性
1.000	1.000	0.000	1.000	1.000	1.000	1.000	1.000	1.000	0.957	0.852	0.881
1.000	1.000	1.000	1.000	1.000	1.000	1.000	1.000	1.000	0.947	0.851	0.868
1.000	1.000	1.000	0.000	1.000	1.000	1.000	1.000	1.000	0.931	0.780	0.794
1.000	1.000	0.000	0.000	1.000	1.000	1.000	1.000	1.000	0.929	0.734	0.737
1.000	1.000	0.000	0.000	1.000	1.000	1.000	1.000	1.000	0.944	0.723	0.724
1.000	1.000	1.000	1.000	1.000	1.000	1.000	1.000	1.000	0.925	0.678	0.681
0.000	1.000	1.000	0.000	0.000	0.000	1.000	1.000	1.000	0.921	0.644	0.644
0.000	1.000	1.000	1.000	0.000	0.000	0.000	0.000	0.000	0.883	0.482	0.486
1.000	0.000	1.000	0.000	1.000	0.000	1.000	0.000	0.000	0.875	0.433	0.440
1.000	0.000	0.000	0.000	1.000	0.000	0.000	0.000	0.000	0.840	0.339	0.343
0.000	0.000	0.000	0.000	0.000	0.000	0.000	0.000	0.000	0.860	0.278	0.287
1.000	0.000	0.000	0.000	1.000	0.000	1.000	0.000	0.000	0.800	0.203	0.207
0.000	0.000	0.000	0.000	0.000	0.000	0.000	0.000	0.000	0.795	0.160	0.160
0.000	0.000	0.000	1.000	0.000	0.000	0.000	0.000	0.000	0.742	0.139	0.139
0.000	0.000	0.000	0.000	0.000	0.000	0.000	1.000	0.000	0.764	0.128	0.128
0.000	0.000	0.000	1.000	0.000	0.000	0.000	0.000	0.000	0.743	0.083	0.083
0.000	0.000	1.000	0.000	0.000	0.000	0.000	0.000	0.000	0.648	0.078	0.078
0.000	0.000	0.000	0.000	0.000	0.000	0.000	0.000	0.000	0.566	0.039	0.039

本书借助fsQCA 3.0软件对结果变量进行了反向分析(企业绩效不成立条件),可以检验什么因素组合会导致否定结果。通过设定fsQCA的频率阈值(即3)、一致性阈值(即0.80)、PRI阈值(即0.5),对人工智能应用背景下企业绩效不成立结果进行了进一步的检验。结果如表6-4所示。

表 6-4　企业绩效不成立的 fsQCA 真值

AIB-JZ	AIDDM-JZ	ED-JZ	IC-JZ	AIM-JZ	EC-JZ	AIS-JZ	AIP-JZ	～FP-JZ	原始一致性	比例一致性	对称一致性
0.000	0.000	0.000	0.000	0.000	0.000	0.000	0.000	1.000	0.982	0.961	0.961
0.000	0.000	1.000	0.000	0.000	0.000	0.000	0.000	1.000	0.969	0.919	0.922
0.000	0.000	0.000	0.000	1.000	0.000	0.000	0.000	1.000	0.977	0.917	0.917
1.000	0.000	0.000	0.000	0.000	0.000	0.000	0.000	1.000	0.976	0.904	0.904
0.000	0.000	0.000	0.000	0.000	1.000	0.000	0.000	1.000	0.971	0.879	0.879
0.000	0.000	0.000	0.000	0.000	0.000	0.000	1.000	1.000	0.965	0.872	0.872
0.000	0.000	0.000	1.000	0.000	0.000	0.000	0.000	1.000	0.958	0.861	0.861
0.000	0.000	1.000	0.000	1.000	0.000	0.000	0.000	1.000	0.961	0.840	0.840
0.000	0.000	1.000	0.000	0.000	0.000	0.000	0.000	1.000	0.954	0.801	0.801
1.000	0.000	0.000	0.000	1.000	0.000	1.000	1.000	1.000	0.944	0.778	0.793
1.000	0.000	1.000	0.000	0.000	0.000	0.000	0.000	1.000	0.962	0.774	0.774
0.000	0.000	1.000	1.000	0.000	0.000	0.000	0.000	1.000	0.939	0.748	0.758
0.000	0.000	1.000	0.000	0.000	0.000	0.000	1.000	1.000	0.951	0.713	0.713
1.000	0.000	1.000	0.000	1.000	0.000	0.000	1.000	1.000	0.945	0.702	0.702
0.000	0.000	0.000	1.000	0.000	1.000	0.000	1.000	1.000	0.937	0.702	0.717
0.000	1.000	0.000	0.000	1.000	0.000	0.000	0.000	1.000	0.940	0.690	0.713
1.000	0.000	0.000	0.000	0.000	0.000	0.000	0.000	1.000	0.916	0.651	0.657
0.000	1.000	1.000	0.000	0.000	0.000	0.000	0.000	1.000	0.930	0.552	0.571
1.000	1.000	0.000	0.000	0.000	0.000	0.000	0.000	1.000	0.901	0.550	0.560
0.000	1.000	0.000	1.000	1.000	0.000	0.000	0.000	1.000	0.910	0.534	0.534
0.000	1.000	0.000	1.000	1.000	0.000	0.000	0.000	1.000	0.889	0.509	0.514
0.000	1.000	0.000	1.000	0.000	1.000	0.000	0.000	0.000	0.928	0.471	0.487
0.000	0.000	1.000	0.000	0.000	1.000	0.000	0.000	0.000	0.920	0.456	0.473
1.000	1.000	0.000	0.000	0.000	1.000	1.000	1.000	0.000	0.877	0.377	0.377
0.000	1.000	0.000	0.000	1.000	0.000	1.000	0.000	0.000	0.914	0.361	0.361
0.000	1.000	1.000	1.000	1.000	0.000	0.000	0.000	0.000	0.856	0.356	0.356
1.000	1.000	1.000	0.000	1.000	0.000	0.000	0.000	0.000	0.842	0.318	0.319
0.000	1.000	0.000	1.000	1.000	1.000	0.000	0.000	0.000	0.886	0.306	0.306
1.000	1.000	0.000	0.000	0.000	1.000	0.000	0.000	0.000	0.852	0.276	0.276
1.000	1.000	0.000	0.000	1.000	1.000	1.000	1.000	0.000	0.801	0.262	0.263
1.000	1.000	1.000	0.000	1.000	1.000	0.000	1.000	0.000	0.856	0.234	0.243

续表

AIB-JZ	AIDDM-JZ	ED-JZ	IC-JZ	AIM-JZ	EC-JZ	AIS-JZ	AIP-JZ	~FP-JZ	原始一致性	比例一致性	对称一致性
1.000	1.000	1.000	0.000	1.000	1.000	1.000	0.000	0.000	0.866	0.204	0.206
1.000	1.000	1.000	0.000	1.000	1.000	1.000	1.000	0.000	0.751	0.203	0.206
1.000	1.000	1.000	1.000	1.000	1.000	1.000	1.000	0.000	0.690	0.130	0.132
1.000	1.000	0.000	1.000	1.000	1.000	1.000	1.000	0.000	0.742	0.115	0.119

6.5　组态效应的充分性分析

在完成 fsQCA 真值表后,使用 fsQCA 3.0 软件中的标准化分析功能进行运算,随机得到 fsQCA 的复杂解、简洁解和中间解三种结果。在基于模糊集定性比较分析中,逻辑余项是逻辑上有联系但没有或缺少充分的实证事例的真值表数据。复杂解不含逻辑余项,简洁解包含所有逻辑余项,中间解则是处于复杂解与简洁解之间,可能包含部分的逻辑余项。鉴于本书属于探索性的研究,在真值表的标准化分析中选定所有前置条件存在或者缺失,得出的中间解与复杂解结果一致。通过将简洁解作为核心条件与中间解的所有方案组进行逐一核对,从而得出前置条件的核心条件存在、核心条件缺失、辅助条件存在、辅助条件缺失、可出现或不出现五种状态。

从表 6-5 可以看出,fsQCA 的中间解能有效地识别企业绩效成立的四种前因组态,而简单解则能较好地区分三种不同的因果组态。在中间解的分析中,四种不同的企业绩效成立的组合的一致性指数均大于 0.900,说明上述四种前因组态均具有一定的可行性和管理意义(Ragin,2009)。从中间解的整体来看,中间解的整体具有 0.551 的覆盖率和 0.885 的一致性指数,可以认为这四种组态具有很好的解释力,并且可以将其看作是一个充分的条件组合,能够促进企业绩效的提升。在简洁解的结果中,发现三个不同的组合模式对企业绩效产生的影响都超过 0.731,说明这些方法都是可行和可借鉴的(张明和杜运周,2019)。从简化解的整体来看,其整体的覆盖率是 0.861,整体的一致性指数是 0.703,所以可以认为这三种配置具有较高的解释度,足以作为一个充分的条件组合来实现人工智能应用背景下企业绩效的提升。

表 6-5　高水平企业绩效成立的 fsQCA 充分性分析

项目	条件组态	原始覆盖率	唯一覆盖率	一致性指数
复杂解	AIB-JZ、AIDDM-JZ、AIM-JZ、EC-JZ、AIS-JZ、AIP-JZ	0.463	0.079	0.913
	AIB-JZ、AIDDM-JZ、ED-JZ、～IC-JZ、EC-JZ、AIS-JZ、AIP-JZ	0.292	0.015	0.918
	AIB-JZ、AIDDM-JZ、ED-JZ、IC-JZ、AIM-JZ、AIS-JZ、AIP-JZ	0.343	0.012	0.927
	～AIB-JZ、AIDDM-JZ、ED-JZ、IC-JZ、AIM-JZ、～EC-JZ、～AIS-JZ、～AIP-JZ	0.207	0.057	0.921
	方案覆盖率	0.551		
	方案一致性指数	0.885		
简洁解	EC-JZ	0.767	0.171	0.732
	IC-JZ、AIM-JZ	0.586	0.035	0.822
	AIDDM-JZ、ED-JZ、AIM-JZ	0.545	0.015	0.847
	方案覆盖率	0.861		
	方案一致性指数	0.703		
中间解	AIB-JZ、AIDDM-JZ、AIM-JZ、EC-JZ、AIS-JZ、AIP-JZ	0.463	0.079	0.913
	AIB-JZ、AIDDM-JZ、ED-JZ、～IC-JZ、EC-JZ、AIS-JZ、AIP-JZ	0.292	0.015	0.918
	AIB-JZ、AIDDM-JZ、ED-JZ、IC-JZ、AIM-JZ、AIS-JZ、AIP-JZ	0.343	0.012	0.927
	～AIB-JZ、AIDDM-JZ、ED-JZ、IC-JZ、AIM-JZ、～EC-JZ、～AIS-JZ、～AIP-JZ	0.207	0.057	0.921
	方案覆盖率	0.551		
	方案一致性指数	0.885		

　　由表 6-6 可知,人工智能应用背景下影响企业绩效的组态类型共有四种可能的解决方案,能够带来高水平的企业绩效。整体解决方案的一致性指数为 0.885(高于可接受的最低标准 0.750),整体解决方案的覆盖率为 0.551(大于可接受的标准 0.500)。所有解决方案都表现出较高的一致性,这也表明了四种解决方案的可靠性,而覆盖率表示某个解决方案可以解释结果中所有变化的程度,与 PLS-SEM 中的 R^2 相似。

表 6-6　人工智能应用背景下高水平企业绩效成立的组态类型

前因条件	组态			
	①	②	③	④
AIP	·	·	·	⊙
AIS	·	·	·	⊙
AIB	·	·	·	⊙
EC	●	●		⊙
AIM	·		●	●
IC		⊙	●	●
ED		·	●	●
AIDDM		·	●	●
原始覆盖率	0.463	0.292	0.343	0.207
唯一覆盖率	0.079	0.015	0.012	0.057
一致性指数	0.913	0.918	0.927	0.921
解决方案覆盖率	0.551			
解决方案一致性指数	0.885			

　　注:核心条件存在用●表示;辅助条件存在用·表示;辅助条件缺失用⊙表示;空白为项目可出现或不出现。

　　表 6-7 所显示的结果中简洁解的一致性指数为 0.807(高于临界值 0.800),简洁解的覆盖率高达 0.836(大于 0.500),说明简洁解的所有条件组态对企业绩效不成立的解释较为充分。同时,中间解的一致性指数为 0.890(同样高于临界值 0.800),表明中间解的组态是影响企业绩效不成立的条件集合,其覆盖率为 0.618(大于阈值 0.500)。

所以简洁解和中间解的条件组态具有较高的解释力，可以认为简洁解和中间解的条件组态是影响企业绩效不成立的前置条件，本书将同时考虑简洁解和中间解的条件组态。

表 6-7　高水平企业绩效不成立的 fsQCA 充分性分析

项目	条件组态	原始覆盖率	唯一覆盖率	一致性指数
复杂解	～AIDDM-JZ、～ED -JZ、～AIM-JZ、～EC-JZ、～AIS-JZ、～AIP-JZ	0.339	0.016	0.967
	～AIB-JZ、～AIDDM-JZ、～IC-JZ、～EC-JZ、～AIS-JZ、～AIP-JZ	0.383	0.027	0.972
	～AIB-JZ、～AIDDM-JZ、～IC-JZ、～AIM-JZ、EC-JZ、～AIS-JZ	0.377	0.021	0.970
	～AIB-JZ、～AIDDM-JZ、～ED-JZ、～AIM-JZ、～AIS-JZ、～AIP-JZ	0.342	0.027	0.953
	～AIB-JZ、ED-JZ、IC-JZ、～AIM-JZ、～EC-JZ、AIS-JZ、～AIP-JZ	0.205	0.021	0.895
	～AIB-JZ、AIDDM-JZ、～ED-JZ、AIM-JZ、～EC-JZ、～AIS-JZ、～AIP-JZ	0.191	0.014	0.907
	AIB-JZ、～AIDDM-JZ、ED-JZ、～IC-JZ、AIM-JZ、～EC-JZ、AIP-JZ	0.175	0.003	0.912
	AIB-JZ、～ED-JZ、～IC-JZ、AIM-JZ、～EC-JZ、AIS-JZ、AIP-JZ	0.189	0.026	0.902
	～AIDDM-JZ、ED-JZ、～IC-JZ、AIM-JZ、～EC-JZ、AIS-JZ、AIP-JZ	0.181	0.003	0.915
	～AIB-JZ、AIDDM-JZ、ED-JZ、～IC-JZ、～AIM-JZ、～EC-JZ、AIS-JZ、～AIP-JZ	0.152	0.005	0.930
	方案覆盖率	0.618		
	方案一致性指数	0.890		
简洁解	～AIDDM-JZ	0.737	0.159	0.855
	～AIM-JZ、～EC-JZ	0.583	0.038	0.866
	～ED-JZ、～EC-JZ	0.530	0.032	0.872
	方案覆盖率	0.836		
	方案一致性指数	0.807		

续表

项目	条件组态	原始覆盖率	唯一覆盖率	一致性指数
中间解	～AIDDM-JZ、～ED-JZ、～AIM-JZ、～EC-JZ、～AIS-JZ、～AIP-JZ	0.339	0.016	0.967
	～AIB-JZ、～AIDDM-JZ、～IC-JZ、～EC-JZ、～AIS-JZ、～AIP-JZ	0.383	0.027	0.972
	～AIB-JZ、～AIDDM-JZ、～IC-JZ、～AIM-JZ、～EC-JZ、～AIS-JZ	0.377	0.021	0.970
	～AIB-JZ、～AIDDM-JZ、～ED-JZ、～AIM-JZ、～AIS-JZ、～AIP-JZ	0.342	0.027	0.953
	～AIB-JZ、ED-JZ、IC-JZ、～AIM-JZ、～EC-JZ、～AIS-JZ、～AIP-JZ	0.205	0.021	0.895
	～AIB-JZ、AIDDM-JZ、～ED-JZ、AIM-JZ、～EC-JZ、～AIS-JZ、～AIP-JZ	0.191	0.014	0.907
	AIB-JZ、～AIDDM-JZ、ED-JZ、～IC-JZ、AIM-JZ、～EC-JZ、AIP-JZ	0.175	0.003	0.912
	AIB-JZ、～ED-JZ、～IC-JZ、AIM-JZ、～EC-JZ、AIS-JZ、AIP-JZ	0.189	0.026	0.902
	～AIDDM-JZ、ED-JZ、～IC-JZ、AIM-JZ、～EC-JZ、AIS-JZ、AIP-JZ	0.181	0.003	0.915
	～AIB-JZ、AIDDM-JZ、ED-JZ、～IC-JZ、～AIM-JZ、～EC-JZ、AIS-JZ、～AIP-JZ	0.152	0.005	0.930
	方案覆盖率	0.618		
	方案一致性指数	0.890		

从表6-8可知，人工智能应用背景下企业绩效不成立的组态类型共有十种可能的解决方案，这些企业绩效不成立的组态类型可能会导致低水平的企业绩效。在十组不同的企业绩效不成立的组合中，其中九组的一致性指数大于0.900，剩余一组的一致性指数是0.895（非常接近0.900），这说明上述十种前因组态均具有一定的可行性和管理意义（Ragin，2009）。整体解决方案的一致性指数为0.890（高于可接受的最低标准0.750），整体解决方案的覆盖率为0.618（大于可接受的标准0.500）。所有解决方案都表现出较高的一致性，这也表明了十种解决方案的可靠性。

表 6-8　人工智能应用背景下高水平企业绩效不成立的组态类型

前因条件	组态									
	1	2	3	4	5	6	7	8	9	10
AIP	⊙	⊙		⊙	⊙	⊙	•	•	•	⊙
AIS	⊙	⊙	⊙	⊙	⊙	⊙		•		⊙
AIB		⊙	⊙	⊙	⊙	⊙	•			⊙
EC	⊗	⊙	⊗			⊗	⊙	⊗	⊙	⊗
AIM	⊗		⊗	⊙	⊗	•				⊗
IC		⊙	⊙		•		⊙	⊙	⊙	
ED	⊗				⊙	•	⊗	•	⊗	•
AIDDM	⊗	⊗	⊗	⊗		•	⊗		⊗	•
原始覆盖率	0.339	0.383	0.377	0.342	0.205	0.191	0.175	0.189	0.181	0.152
唯一覆盖率	0.016	0.027	0.021	0.027	0.021	0.014	0.003	0.026	0.003	0.005
一致性指数	0.967	0.972	0.970	0.953	0.895	0.907	0.912	0.902	0.915	0.930
解决方案覆盖率	0.618									
解决方案一致性指数	0.890									

注:辅助条件存在用·表示;核心条件缺失用⊗表示;辅助条件缺失用⊙表示;空白为项目可出现或不出现。

6.6　稳健性检验

本书主要采用了基于集合理论和统计理论的稳健性测试方法对 fsQCA 分析结果进行稳健性检验(张明和杜运周,2019;Li & Liu, 2024)。其中,以集合理论为基础的稳健性测试方法通过调整校准锚点、案例频数、一致性阈值等来检测结果的稳健性(Wang & Esperança,2023)。

第一,本书对 fsQCA 分析结果进行了稳健性测试,使其在真值表中的一致性阈值从 0.800 提高到 0.850。改变阈值后,企业绩效成立的 fsQCA 充分性分析结果与未修改阈值的分析结果相比,整体解决方案的一致性和覆盖率都没有改变,这表明本书的结果具有很好的稳健性。此外,本书在保证其他设置不变的情况下,将案例频数由 3 调整为 2,中间解的方案一致性从 0.861 下降为 0.759。

第二,本书还采用调整校准中的交叉点数值来进行稳健性测试。企业绩效的交叉点(50%校准值)数值从 3.67 调整到 3.68,其他设置和校准数值保持不变,结果发现,前置条件的组态依然为四组,组态中简洁解的核心条件没有改变,只是各个组态的拟合指数出现了微小的差异,例如,中间解的覆盖率从 0.551 下降到 0.549,而整体解的一致性从 0.885 变为 0.888,这些细微的差异并不能支持完全不同的结论。所以,本书关于 fsQCA 的组态效应分析结论是稳健的。

第 7 章　自适应神经模糊系统分析

7.1　自适应神经模糊系统概述

上文中采用了 SPSS 25.0、偏最小二乘结构方程模型以及基于模糊集定性比较分析展开研究,本章采用自适应神经模糊系统分析法进行介绍。相比于 ANFIS 分析法,PLS-SEM 方法可能会过度简化复杂的决策过程(Çakıt et al.,2020),而 ANFIS 建模可以检测变量之间的线性和非线性关系,从而提高预测的准确性。从概念来看,ANFIS 是一种通过一组输入和输出变量建立预测模型的有效学习技术(Güneri et al.,2011;Karaboga & Kaya,2019;Foroughi et al.,2023)。而且 ANFIS 成功将神经网络和模糊理论融合在一起,不仅有较强的处理和泛化能力,同时能够在样本处理过程中不断调整与修正模糊推理系统中的隶属函数与模糊规则,是一种更灵活和可用的监督学习技术。

ANFIS 在执行时包括五个流程,在每层中执行不同的任务后输出相应的结果。第一层为模糊化层,该层将输入的变量划分为不同的模糊子集,每个模糊子集都有该模糊子集的隶属度。第二层是对输入的模糊集进行计算,输出每条模糊规则的激励强度。第三层为解模糊层,这一流程是对上一层的激励强度实现归一化。第四层为模糊规则层,计算出每条模糊规则的输出值。第五层为输出层,将激励强度和模糊规则值的乘积和作为总输出结果。ANFIS 的计算流程如图 7-1 所示。

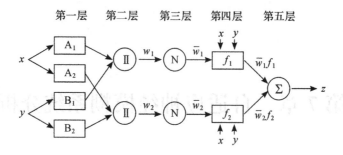

图 7-1　ANFIS 计算流程

7.2　自适应神经模糊系统分析过程

本章在分析过程中将企业绩效和八类影响因素的模糊函数作为输入,使用高斯隶属函数来进行模糊化输入,利克特五级量表上的回答被转换为低、中、高语言学术语,用 200 个历元对 ANFIS 模型进行分析。此外,由于各因素之间存在共同作用影响企业绩效的情况,因此结合三维图来确定任意两个因素与企业绩效之间的关系,通过三维图所呈现的曲面变化来判断各因素对企业绩效的影响。结果表明每个影响因素对企业绩效的影响取决于两个因素的共同作用。基于 ANFIS 模型的企业绩效因素分析流程如图 7-2 所示。

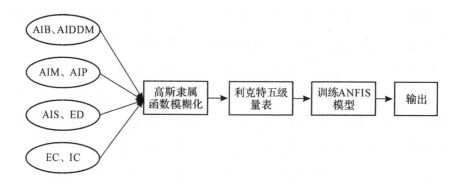

图 7-2　基于 ANFIS 模型的企业绩效影响因素分析流程

7.3 自适应神经模糊系统分析结果

通过对 ANFIS 模型进行分析,结果如图 7-3 所示。从图 7-3(a)人工智能基础与企业绩效的线性关系图中可以看出,当 AIB 值处于1—1.5 时,对企业绩效的影响最快,此时企业绩效处于快速上升时期,其影响值从 2 升至 3.25 左右。但是当 AIB 值处于 1.5—4.5 时,AIB 对 FP 的影响力减少,此时 FP 的值波动缓慢上升,且始终维持在3.25—3.5。从图 7-3(b)人工智能驱动决策与企业绩效关系图中发现,在 AIDDM 值逐渐变大的同时,FP 值也随之急剧上升,且变化速率基本平稳,其中 AIDDM 值在 2—2.5 时对 FP 的影响速度最快,FP值迅速从 2 上升至 3,随后影响逐渐变小。图 7-3(c)为人工智能管理对企业绩效的影响,在 AIM 值逐渐变大的过程中,FP 出现了两段波动,当 AIM 值处于 1.5—2.5 时,对 FP 的影响从 2.9 升至 3.4,随后处于平稳阶段;而当 AIM 值处于 3.5—4.5 时,FP 值快速上升至 4.2 左右。其中要强调的是,当 AIM 值超过 4.5 后,它对 FP 不再起积极作用。图 7-3(d)为人工智能倾向与企业绩效之间的关系,其中,当 AIP值小于 2 时,AIP 值越大,FP 值越小,两者呈现出负相关性;当 AIP 值在 2—4.5 时,FP 值随着 AIP 值的增加而平稳上升,在 AIP 值等于4.5 时达到最大值;而当 AIP 值大于 4.5 时,FP 值出现下降趋势。从图 7-3(e)人工智能技能与企业绩效关系图中可以看出,图形总体上呈现出平稳上升趋势,随着 AIS 值逐渐变大,FP 值也变大,但是当 AIS值大于 4.5 时,FP 值呈现出下降趋势,此时两者负相关。图 7-3(f)反映的是环境活力与企业绩效的关系,总体上呈现出波动上升趋势,其中,当 ED 值在 1—2 时,对 FP 的影响最为显著,FP 值从 3 迅速上升至 3.4,随后处于平稳阶段;当 ED 值在 3.5—4.5 时,FP 值出现了第二次快速上升;而在 ED 值大于 4.5 之后两者呈现出负相关性。

图 7-3(g)反映的是企业创造力与企业绩效的关系,当 EC 值小于 1.5 时,FP 值随 EC 的增大而减少;而当 EC 值大于 1.5 后,FP 值随着 EC 的增大而增大,并且变化趋势稳定。创新文化与企业绩效之间的非线性关系总体呈现趋势与 EC 相似,当 IC 值在 1.5—2 时,FP 值随着 IC 值的增大而减少;而当 IC 值大于 2 时,两者呈现出正相关趋势。

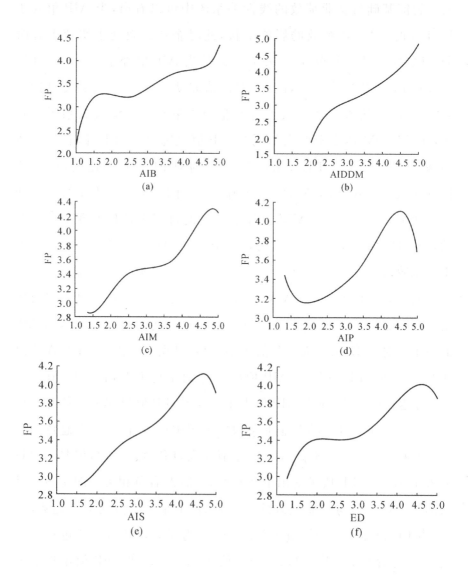

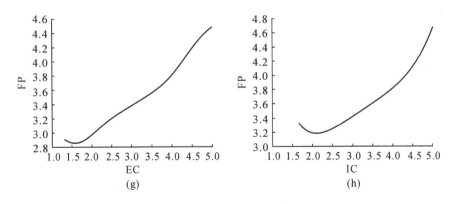

图 7-3　各因素与企业绩效的二维非线性关系

　　图 7-3 显示,人工智能驱动决策是最重要的驱动因素,并且对企业绩效的影响并不是始终都呈现出正相关性,当影响因素的介入到达一定值时,反而会给企业绩效带来消极影响,导致企业绩效下降。

　　任意两个因素的共同作用也会对企业绩效产生不同影响,下文用 ANFIS 分析法得出的两个因素间的三维图来解释其对企业绩效的影响,结果如图 7-4 所示。图 7-4(a)是人工智能驱动决策与人工智能管理两个因素对企业绩效的影响,结果显示,当 AIM 值和 AIDDM 值同时变大时;FP 值逐渐降低;只有当 AIM 值和 AIDDM 值都处于 2—3 时,才会对企业绩效产生正向影响。图 7-4(b)为人工智能驱动决策与人工智能倾向两个因素对企业绩效的影响,结果显示,FP 值在 AIP 值为 5 和 AIDDM 值为 2 时出现了一个峰值;随着 AIP 值逐渐变大,对 FP 值的影响也逐渐增大,而 AIDDM 值对企业绩效的作用较小。人工智能技能与人工智能驱动决策对企业绩效的影响也出现了两个较大的波动,当 AIS 值逐渐增大到 4 且 AIDDM 值在 2 时,FP 值逐渐变大;当两个因素值同时增大到 5 时,FP 值在此时达到一个峰值。由此可以得出,当 AIS 和 AIDDM 值同时达到 5 时,对企业绩效有更积极的作用。图 7-4(d)和图 7-4(e)的变化趋势基本一致,当人工智能驱动决策值较低,且创新文化值处于 3—4 时,对企业绩效有更积极的作用,而在其余阶段对企业绩效的推动作用逐渐减弱。当人工智能驱动决策值较低,并且环境活力值处于 1—3 时,对企业绩效有较大的推动作用。

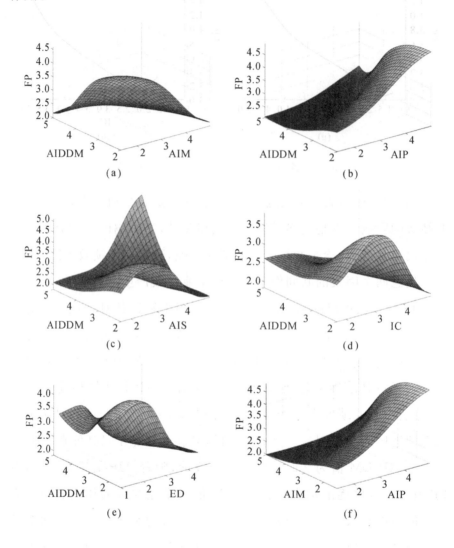

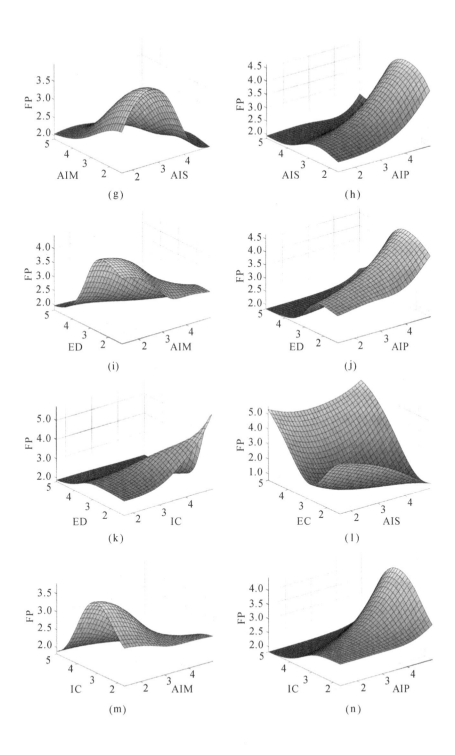

(g)

(h)

(i)

(j)

(k)

(l)

(m)

(n)

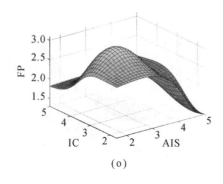

(o)

图 7-4　各因素与企业绩效的三维关系

图 7-4(f)人工智能管理与人工智能倾向的三维图显示,当 AIM 值较低时,AIP 值越大,对企业绩效的积极作用越明显。这与人工智能技能和人工智能管理三维图呈现出的结果不同,当 AIM 值较低时,AIS 值在 3—4 时对企业绩效的作用更明显,但随着 AIS 值变大,其发挥的作用反而逐渐变小。图 7-4(h)是人工智能技能和人工智能倾向对企业绩效影响的三维图,图中显示,AIS 值在 2—3 时,随着 AIP 值的增大,对企业绩效的作用会越来越明显,而其余阶段所呈现出的作用都较弱。与此三维图趋势相似的是环境活力与人工智能倾向对企业绩效的影响。而环境活力与人工智能管理所呈现出的趋势恰好相反,当环境活力值在 2—4 时,人工智能管理值越低,对企业绩效的作用越明显,而随着 AIM 值逐渐变大,对企业绩效的影响反而减弱。环境活力和创新文化两个因素对企业绩效的影响主要体现在当环境活力值处于 2 左右时,创新文化值越高对企业绩效的影响越大,并且创新文化值在 5 时对企业绩效的影响达到峰值。结合企业创造力和人工智能技能来分析,结果显示企业创造力值越高,人工智能技能的变化对企业绩效产生的影响越小,由此也说明就创造力和人工智能技能两者而言,企业创造力对企业绩效会产生更大的影响。创新文化与人工智能管理对企业绩效的影响表现为当创新文化的值在 3—4 时,人工智能管理的值越低对企业绩效的作用就越积极,并且随着人工智能

管理值逐渐变大,对企业绩效的推动作用反而减弱。与此趋势相反的是,当创新文化值在 3—4 时,随着人工智能倾向值逐渐增大,对企业绩效的推动作用会越来越明显。把创新文化与人工智能技能相结合进行分析的结果显示,当创新文化值在 3—4 时,随着人工智能技能值逐渐增大,企业绩效值会变大,并且在人工智能技能值为 3 时到达峰值,但随后随着人工智能技能值变大,对企业绩效的影响也会逐渐减弱。

结合图 7-4 分析发现,任意两个因素在对企业绩效共同影响的条件下,并不是影响越大就会对企业绩效产生更多积极作用,只有当两个因素都到达合适的范畴时才会对企业绩效产生更大的推动作用。

第8章 人工神经网络分析

8.1 人工神经网络概述

人工神经网络是人工智能领域的重点研究内容,它是基于人脑生物学中神经元的工作原理,通过研究掌握人体大脑的基本结构和神经元工作响应模式,采用网络拓扑结构基本理论知识模拟人脑对复杂信息进行优化处理的一种数学模型(Macbeth & Dai,1977;Pazikadin et al.,2020)。从概念上讲,人工神经网络是一门涉及人工智能、计算机、神经生理学、信息学、数学等学科的边缘交叉学科,属于国际前沿研究领域,被广泛运用于图像处理、模式识别、信息的智能化处理、预测与最优化问题(周品,2013;Lecun et al.,2015)。人工神经网络模型具有复杂的结构,其中包含大量节点。通过调整节点间的连接关系,可以达到信息处理的目的。从数学角度来看,人工神经网络能够学习任何类型的映射函数,已被证实具有通用逼近算法。从商业角度看,人工神经网络分析可以认为是一种能够模拟人类执行任务或提出措施的一种算法(Wong et al.,2024)。

人工神经网络借鉴了生物神经网络的众多优点,包括:第一,高度的并行性;第二,显著的非线性全局效应;第三,优秀的容错性与关联记忆功能;第四,强大的自适应和自学习能力。总体来看,已有许多将人工神经网络用于企业绩效评估的案例,刘海涛(2014)利用神经网络软件对信息技术协同能力和企业绩效之间的关系进行研究和分析。唐红梅(2006)提出人工神经网络技术应用于成熟期企业员工绩效评估系统的方案,基于人工神经网络技术开发出可以与 ERP(企业资源计划)系统集成的员工绩效评估系统,表明人工神经网络技术可以用于员工绩效评估。上文中采用偏最小二乘结构方程模型、基于模糊集定性比较分析以及自适应神经模糊系统展开分析,PLS-SEM 和多元回归分析是线性统计方法,只能揭示线性关系,因此本章基于自适应神经模糊系统分析进一步采用非线性相关的神经网络模型。ANN 不会受到共线自变量的影响,与线性统计方法相比,ANN 具有更高的稳定性和预测精度。

8.2　人工神经网络分析过程

为模拟生物神经网络的工作层次,人工神经网络由三种类型的神经层组成:输入层、隐藏层和输出层。各层之间紧密相连,其网络拓扑结构如图 8-1 所示。其中,输入层是人工神经网络对外暴露的部分,能够接受外部参数输入;隐藏层位于输入层之后,用于转换输入数据的维度,使其具备线性可分类性;输出层接收上一层的数据输入,并绘制线性分类的边界,对数据进行分类。

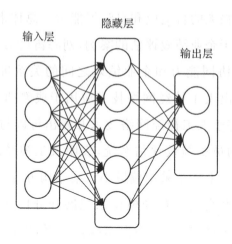

图 8-1　人工神经网络拓扑结构

神经网络通过训练可以将含有若干个待定参数的数学模型训练成不断接近目标的数学模型（Huang et al.，2021），其训练的主要思想是：第一，把训练数据传入输入层，通过隐藏层计算并最终到达输出层；第二，根据神经网络输出结果和实际结果间的误差由输出层到输入层反向传播；第三，在反向传播时根据误差调整各参数的值；第四，通过上述过程的不断重复计算，直到达到预先设定的迭代值。

本章使用 MATLAB R2021a 进行人工神经网络分析，以补充 PLS-SEM 分析，首先利用 PLS-SEM 分析找出影响反射因变量的具有统计学意义的反射自变量，然后将这些显著的反射自变量作为 ANN 分析中产生的输出神经元（即反射因变量）的输入神经元，随后通过 MATLAB 软件自动运行隐藏层和输出层。本书采用一种十倍交叉验证方法，其中，90%的数据用于训练，10%的数据用于测试，以减少过拟合造成的问题（Hew et al.，2016）。

8.3　人工神经网络分析结果

表 8-1、表 8-2、表 8-3、表 8-4 分别训练和测试了四个模型，计算每

个神经网络的均方根误差,以评估神经网络预测精度,均方根误差值越低表示预测精度越高,数据拟合度越好(Hew et al.,2016)。其中,模型 A 的输入变量为人工智能能力,输出变量为企业创造力,最终训练数据的均方根误差值为 1.634,测试数据的均方根误差值为 1.806,两个值都相对较低,这说明人工神经网络模型 A 具有较强的预测精度,数据与模型拟合度高。同理可知,模型 B 的输入变量为 AIC,输出变量为 AIM,该模型训练和测试的均方根误差值分别为 1.648 和 1.658,这说明模型 B 也具有较强的预测精度。模型 C 的输入变量是 EC 和 AIM,输出变量为 AIDDM,其训练和测试的均方根误差值分别为 1.295、1.194 与 1.797、1.701,其结果与模型拟合。模型 D 的输入变量为 AIDDM,输出变量为 FP,其训练和测试的均方根误差值分别为 1.348 和 1.669,其结果也与模型拟合。此外,在分析过程中,每个人工神经网络中的输入神经元都至少与一个隐藏神经元相连接,这提高了人工神经网络模型的预测相关性。

表 8-1　ANN 模型训练与测试(模型 A)的均方根误差值

神经网络	模型 A	
	输入变量:AIC;输出变量:EC	
	训练	测试
	AIC	AIC
ANN1	1.647	1.897
ANN2	1.702	1.863
ANN3	1.889	2.176
ANN4	1.235	1.342
ANN5	1.696	1.811
ANN6	1.715	1.742
ANN7	1.581	1.817
ANN8	1.875	2.175
ANN9	1.555	1.596
ANNI0	1.440	1.637
平均值	1.634	1.806
标准差	0.196	0.253

表 8-2　ANN 模型训练与测试(模型 B)的均方根误差值

神经网络	模型 B	
	输入变量:AIC;输出变量:EC	
	训练	测试
	AIC	AIC
ANN1	1.418	1.392
ANN2	1.719	1.664
ANN3	1.753	1.980
ANN4	1.587	1.440
ANN5	1.766	1.792
ANN6	1.477	1.505
ANN7	1.675	1.635
ANN8	1.508	1.530
ANN9	1.856	1.837
ANNI0	1.719	1.808
平均值	1.648	1.658
标准差	0.143	0.193

表 8-3　ANN 模型训练与测试(模型 C)的均方根误差值

神经网络	模型 C			
	输入变量:AIC;输出变量:EC			
	训练		测试	
	AIC	AIM	AIC	AIM
ANN1	1.241	1.573	1.646	2.272
ANN2	1.118	1.092	1.655	1.642
ANN3	1.026	1.514	1.343	2.192
ANN4	1.903	1.231	2.698	1.815
ANN5	1.069	0.949	1.588	1.419
ANN6	1.372	1.123	1.905	1.385
ANN7	1.675	1.140	2.406	1.688
ANN8	1.158	1.063	1.686	1.579
ANN9	1.020	1.026	1.333	1.207
ANNI0	1.366	1.230	1.709	1.813
平均值	1.295	1.194	1.797	1.701
标准差	0.294	0.203	0.438	0.339

表 8-4　ANN 模型训练与测试 (模型 D) 的均方根误差值

神经网络	模型 D	
	输入变量:AIC;输出变量:EC	
	训练	测试
	AIC	AIC
ANN1	1.377	1.726
ANN2	1.363	1.685
ANN3	1.469	1.844
ANN4	1.282	1.513
ANN5	1.428	1.676
ANN6	1.327	1.664
ANN7	1.388	1.747
ANN8	1.376	1.727
ANN9	1.258	1.579
ANNI0	1.215	1.527
平均值	1.348	1.669
标准差	0.078	0.103

　　在确定了所有四种人工神经网络模型的预测精度和预测相关性后,通过敏感性分析对预测因子进行相对重要性排名分析,如表 8-5 所示。由于在四个模型中,模型 A 中的 AIC 是 EC 的唯一预测因子,因此这个预测因子被认为具有 100% 的归一化重要性。同理可知,模型 B 中的 AIC 和模型 D 中的 AIDDM 的归一化重要性均为 100%。而在模型 C(输出变量是 AIDDM)中,EC 对 AIDDM 的预测能力最强(为 100%),其次是 AIM。

表 8-5　相对重要性排名结果

神经网络	模型 A 输出变量：EC	模型 B 输出变量：AIM	模型 C 输出变量：AIDDM		模型 D 输出变量：FP
	AIC	AIC	EC	AIM	AIDDM
ANN1	1.124	1.017	0.979	1.100	1.023
ANN2	1.135	1.112	0.914	0.906	1.017
ANN3	1.194	1.133	0.868	1.078	1.057
ANN4	0.982	1.069	1.231	0.961	0.985
ANN5	1.131	1.129	0.896	0.840	1.038
ANN6	1.134	1.045	1.018	0.906	1.004
ANN7	1.104	1.098	1.139	0.923	1.027
ANN8	1.190	1.049	0.929	0.893	1.023
ANN9	1.086	1.155	0.865	0.862	0.976
ANNI0	1.061	1.115	1.006	0.961	0.962
平均相对重要性	1.114	1.092	0.984	0.943	1.011
归一化相对重要性/%	100	100	100	0	100

　　最后，对各模型根据归一化相对重要性对每个重要预测因子进行排序，结果如表 8-6 所示。PLS-SEM 和 ANN 分别根据路径系数和归一化相对重要性的强弱进行排序。在模型 A 中，由于 AIC 是 EC 的唯一预测因子，因此 PLS-SEM 和 ANN 排名都为第一，比较结果为匹配。同理可知，模型 B 中的 AIC 是 AIM 的唯一预测因子，其比较结果为匹配。模型 D 中的 AIDDM 是 FP 的唯一预测因子，因此 PLS-SEM 和 ANN 的比较结果为匹配。在模型 C 中，EC 在 ANN 分析中的排名结果为第一，在 PLS-SEM 中的影响力强度也为第一，因此比较结果为匹配。实验结果表明，本书各预测因子之间的线性与非线性关系差距不明显，可采用单阶段分析。

表 8-6 PLS-SEM 和 ANN 分析结果比较

模型	PLS 路径	路径系数	ANN 分析结果（基于归一化相对重要性）/%	PLS-SEM 排名（基于路径系数）	ANN 分析排名（基于归一化相对重要性）	比较结果
模型 A（输出变量:EC）	AIC → EC	0.515	100	1	1	匹配
模型 B（输出变量:AIM）	AIC → AIM	0.528	100	1	1	匹配
模型 C（输出变量:AIDDM）	EC → AIDDM	0.398	100	1	1	匹配
	AIM → AIDDM	0.340	0	2	2	匹配
模型 D（输出变量:FP）	AIDDM → FP	0.569	100	1	1	匹配

第9章 实证分析结果讨论

9.1 人工智能基础(有形资源)

人工智能基础作为企业提升人工智能普及和应用程度的有形资源,它能够在帮助企业完成数字化转型时提供最直接的资源供给,包括资金、技术资源、软件、数据以及硬件设备。企业在进行数字化转型时要保证人工智能基础处于重要位置,因为它不仅能够帮忙处理大量重复的工作,还能为很多复杂的问题提供解决思路。此外,人工智能基础设备能够通过不断学习了解消费者的喜好,从而提供更有针对性的服务。

在题项"AIB1——我们拥有应用人工智能的硬件设备(计算机等)"中,人工智能硬件设备是企业平台建设的基础,尽管其直接影响较小,但它是不可或缺的组成部分。企业需确保基础设施的供给和硬件设备的正常运行,并设立维护部门以快速解决问题。题项"AIB3——我们拥有应用人工智能的软件"表明,软件贯穿数据收集、传输及价值创造全过程,是数字经济的核心。企业数字化转型离不开软件和硬件的支持,软件所代表的无形资产是企业互动的关键,决定品牌关系。企业应关注优质软件的应用,并由技术人员选择推动公司发展的软件。此外，行业可通过平台分享经验，促进交流与资源共享。在题项"AIB4——我们拥有应用人工智能的技术资源"中，技术资源包括数据、技术员工和企业文化。高质量的数据和创新型员工能够推动技术转型和决策改进，而技术文化则能提升员工的创新性和绩效。企业应重视数据管理，整合数据并关注其周期性变化，同时注重技术人员的选拔与培养，营造良好的技术文化氛围。在题项"AIB5——我们为人工智能项目安排了充足的资金"中，充足的资金是数字化转型的关键动力，涵盖硬件采购、软件开发和技术购买。资金稳固的现金流能够提升抗风险能力，并在竞争中起关键作用。企业应积极融资，确保资金链稳定，以吸引更多投资。政府应加大资金支持，设立扶持基金，降低贷款利率，并通过龙头企业带动中小企业实现技术转型。在题项"AIB2——我们能够获取运行人工智能所需的数据"中，数据是企业的核心资产，能创造竞争优势。企业应清理、审查并整合关键数据，确保其完整性、安全性，并提升新数据来源的效用。

　　人工智能基础为培养人工智能能力打下物质基础，人工智能的硬件设备是支撑软件和数据的载体，资金资源为企业的人工智能能力发展提供后续保障，通过人工智能基础为企业部署人工智能机器人及模仿人类认知功能提供基础。硬件、软件、数据和资金等条件构建的人工智能基础可以帮助企业完成重复或者繁杂的工作，这样可以有效降低人力成本，此外，人工智能可以对用户数据进行细分和分析，这样可以帮助企业更轻松地了解客户兴趣，从而为其推荐个性化服务来提高企业收入，这些方法都能帮助提升企业绩效。人工智能管理可以帮助实现规划的目标，同时也可以监测商业活动，及时地缩小现实与规划的差距。此外，人工智能管理也能够对公司的运营状况进行实时监测，同时也在企业内部营造出一种紧迫感。通过实施智能管理，可以帮助企业实现既定的目标、策略，并能及时弥补规划成果与实际状况之间的差异。人工智能管理系统在进行这些操作时主要依托于人工智能基础。通过人工智能基础的不断发展，人工智能能够更快地作出决策,此外该技术还能主动提出有创新性的想法,它能够为企业决策者提供决策帮助,并通过不断学习来改进产品和服务。总体来说,人工智能基础是企业应用人工智能的基础,它为人工智能后续的发展提供了保障。

9.2　人工智能倾向(无形资源)

人工智能倾向是企业使用人工智能技术的无形资源,相比于人工智能基础,它更注重于精神层面的创新意识,它是企业实现数字化转型的重要前提和关键因素。上述实验结果显示,人工智能倾向是影响企业绩效的重要因素之一,并且与企业绩效的变化有着重要联系,在一定程度上,人工智能倾向的影响程度越高,企业的绩效越高。因此,企业在完成数字化转型的过程中要注重人工智能技术的无形资源,不仅要关注有形资源的推动力,也要关注创新力对企业绩效的积极推动力。

在五个测量人工智能倾向的题项中,"AIP3——我们有能力实施创新计划"最具影响力。企业在数字化转型过程中依赖创新能力,这是企业生存和竞争力的关键。然而,创新实施需要资金支持,不仅要投入有形资源,还需合理分配资金以推动创新。创新计划的成功还依赖于数字人才,企业应提高福利吸引并留住人才,推动数字化转型。此外,企业文化也在创新过程中扮演重要角色,数字化转型不仅是技术变革,更是文化重塑。只有改革底层文化,才能真正实现转型。影响力排名第二的题项是"AIP4——我们会引入新产品或新技术来提升企业绩效"。通过引入新产品和技术增强企业竞争力,提高创新效率,拓展创新空间。新技术还能创造投资机会,推动产业变革。政府应制定版权政策,保障数据安全,保护知识产权。影响力排名第三的题项是"AIP5——我们会采取积极行动来把握发展机遇"。企业应积极参与数字化会议,学习新知识,从长远规划人才储备,提高数字化意识和能力。产业间的数据共享能减少信息浪费,推动产业发展。题项"AIP2——我们已制定创新工作的策略"排在第四位。策略对于解决问题来说至关重要,制定创新策略有助于明确转型目标。跨界学习与实践能促进企业成长。题项"AIP1——我们要认识到创新的重要性"强调了创新在数字化转型中的核心地位。认识到创新的重要性是企业转型的第一步,不仅在产品和技术上,还应在组织上进行创新。综上所述,人工智能倾向是企业运用人工智能转型的无形资源,这些无形资源是推动企业绩效提升的重要因素,创新能力及引入新技术和新产品能够帮助企业加快建立独特的品牌,占据更大的市场份额,推动企业的数字化转型,从而不断增加企业绩效。

9.3　人工智能技能(人力资源)

人工智能技能可以理解为企业的人力资源,企业的人力资源是企业人工智能转型的重要支撑因素,特别是优秀的数字技术人才更是推动企业发展和数字化转型的主要力量。企业人力资源作为企业数字化转型的重要因素,关系到企业转型的成败,因此无论是企业、政府还是相关产业在培养专业技术人员上都提出了很多建议,帮助人工智能技能在推动企业发展中起作用。人工智能技术的应用是企业所经历的一场深刻的变革,它既依赖于具有清晰思路和强大执行力的数字化项目团队,也需要全体员工的参与和实践。

在人工智能技能的五个测量题项中,"AIS5——我们能够使用人工智能技术"最为重要,体现了企业具备数字化转型的基本条件。只有企业的硬件、软件设备部署完善,并拥有相应的技术人才,才能有效应用人工智能。企业管理层需具备人工智能意识,将人工智能纳入战略层面,推进顶层设计和实施。同时,企业应培养和吸引高端技术人才,而政府则需调整政策,制定新职业标准以支持数字化人才的发展。"题项 AIS4——我们能获得关于人工智能使用的培训"位列第二,强调了知识更新和员工思维转变的重要性。企业通过培训可以提升员工的技术应用能力,进而提高工作效率。为此,企业应投资于人工智能培训,邀请专家开展讲座或购买优质课程。政府则应建立技术交流平台,鼓励技术人员的经验分享与学习。题项"AIS3——我们具备人工智能的应用技能"要求企业将技术与业务相结合,通过精准分析市场需求,推出定制化创新产品。企业员工需积极学习新技能,将技术知识应用于实际,为企业创造更多价值。题项"AIS2——我们能制订人工智能的使用计划"强调了人工智能转型的前期准备。制订明确的使用计划能降低风险,优化资源利用,提高经济效益,并促进部门协调。企业在应用人工智能技术前,应做好计划准备,明确使用范围和领域,实现资产价值的提升。最后一个题项是"AIS1——我们了解人工智能的应用范围",人工智能的应用范围反映的是公司业务活动的内容和生产经营方向。因此先确定好人工智能技术的应用范围可以更准确地将技术投入相关领域,明确公司的转型目标。因此要求企业明确自己的经营目标,制定人工智能的应用规划。高层管理人员要及时洞察市场的技术走向,确保人工智能的应用领域能够为企业创造价值。

9.4　人工智能能力

人工智能能力是由人工智能基础、人工智能倾向、人工智能技能三个一阶形成性构念构成的二阶形成性构念。

人工智能基础是影响人工智能能力最主要的条件,人工智能基础属于有形资源,包括资金、技术资源、软件、数据以及硬件设备等,基础资源是人工智能运行的基础,因此要保证人工智能的运行首先要确保基础资源的完备。第一,在资金方面,从高层的管理角度来说,高层管理人员要保证有充足的资金来维持公司的正常运转,可以通过积极参加行业研讨会来吸引投资以确保资金链不断裂,高层管理人员还要合理分配资金的使用,维持公司的正常运转。从政府的角度来说,政府要积极推动企业的数字化转型,可以设立专门的基金来对数字化转型企业提供资金支持,特别是中小企业的数字化转型更需要政府的支持。从相关行业的角度来说,大企业要积极带动中小型企业的转型,大企业通过与小企业合作来发挥企业的龙头作用,实现企业间的双赢。第二,在硬件设施方面,企业要提供人工智能应用的关键设备,在公司内还可以设立专门的设备维修部门,招聘专业的维修人员来保证基础设备的正常运行。第三,在软件方面,企业要积极带动公司技术人员参与行业的交流会议,从而在相关行业的不断交流中学习软件知识的应用。企业的高管人员也要及时洞察市场热点,积极引进最新技术来更新企业的软件设备。要推动整个人工智能应用行业的共同发展,行业从业人员也可以积极组织软件交流大会,交流新技术的应用。第四,在技术资源方面,企业首先要创造良好的企业文化,在企业营造技术革新文化能够激发员工的创新激情,从而推动技术资源的发展。第五,在数据方面,企业可以对大量的数据进行及时的检验,以保证其完整性、精确度和安全,以及增加新的源数据在组织内部和外部的应用。

人工智能倾向属于人工智能领域中的无形资源,它由五个题项构成,它更注重企业人工智能转型中企业精神层面的创新意识,是企业发展人工智能的主要推动力。在人工智能倾向的五个构成题项中,企业有能力实施创新计划被排在首位,企业在转型过程中光有创新计划是不够的,还需要有能力去实施相关的计划,不然一切都属于空想。因此在资金方面,企业需要投入充足的资金来支撑创新想法。此外,实施创新计划需要人才的支持,特别是高质量数字人才,因此企业要完善招聘制度,通过优化企业福利来吸引数字人才,从而支撑企业创新计划的实施。政府应当加大对新技术、新产品的使用力度,完善版权政策,保障技术和网络信息安全,保护企业的知识产权。人工智能转型还需要采取积极行动来把握发展机遇,制定创新工作的策略以及认识到创新的重要性,这些要求企业积极学习和借鉴优秀的创新思想,以及参加数字化会议与人工智能会议等。另外,企业还要进行积极的人才储备,加强对经营者的培训与指导,增强其内在动力与能力。从相关行业的观点来看,双方可以加强数据资源的共享与开发,通过行业之间的数据资源共享,降低信息的浪费和延迟,从而促进行业的发展。

人工智能技能也由五个题项构成,它属于人工智能技术中的人力资源层面。在五个题项中,影响力位于第一的是能够使用人工智能技术,第二是能获得关于人工智能使用的培训,第三是具备人工智能的应用技能,第四是能制订人工智能的使用计划,第五是了解人工智能的应用范围。这些题项的实现要求企业实施不同的措施,在企业的高层管理人员方面,管理人员要有人工智能意识,主动担当起人工智能应用的领导责任,实时掌握社会科技发展趋势,协同合作,共同推进公司数字化转型的顶层设计和实施。此外,在优秀数字人才储备上,需要先完善企业自身的培养流程,保障技术人员在公司内有不断学习的机会,公司还需要不断完善福利机制来吸引更多优质技术人员加入公司。在人工智能使用培训上,公司可以定期邀请高级人工智能技术人才为公司员工提供技术培训,以了解最新技术。企业还可以购买教学视频进行线上和线下的培训,使技术知识在企业中得到更好的运用。企业在使用人工智能前必须有一个全面的规划,要知道它的使用范围、使用流程等。从政府的角度来看,政府要根据当前数字技术发展前景及时调整新职业标准,还要积极建立技术人才交流平台来促进行业人才的交流。

9.5　人工智能驱动决策

在人工智能驱动决策的四个测量题项中,平均值最高的是题项"AIDDM4——我们需要人工智能进行有效决策",在企业运行中,决策随时都要做出,而且往往会直接或间接地影响公司运作中的关键指标。所以政策制定者要小心地利用所拥有的工具,以使决策的效用最大化,并避免因个体因素而产生的偏见。人工智能技术就能很好地解决因为主观因素或是个人情绪所造成的决策失误,不仅如此,人工智能技术能更全面地应用相关数据进行科学决策,减少因认知限制、时间限制和经济限制所造成的决策失误,此外,人工智能技术作出决策的时间也少于人类做出决策的时间。因此,从企业层面看,高层管理人员的关注和支持对人工智能进行决策有着重要的帮助,因此企业的高层管理人员要关注人工智能决策的使用。对于企业的技术人员来说,要保证决策数据的准确性,以确保人工智能能作出正确的决策,在人工智能支持决策的过程中,数据模型又是一个重要的组成部分,可以保证对商业分析的要求进行响应和考虑,并且可以从多个视角进行数据分析。当前社会对于人工智能决策依然持怀疑的态度,要想人工智能决策更广泛被社会认可,所有行业不仅要加快人工智能技术的发展,更需要转变社会对人工智能决策的看法,只有社会普遍接受,才能更快开拓人工智能决策的市场,创造更多收益。

在四个题项中,"AIDDM3——我们基于人工智能来制定新策略"的得分次高。随着人工智能技术和大数据应用的进步,人工智能在企业决策中的作用日益突出。人工智能不仅能依据公司现状和客户数据制定策略,还能节省人力和时间成本,提升策略准确性。强大的数据处理能力使人工智能能够迅速收集和分析海量信息,帮助企业精准掌握客户和竞争对手的动态。因此,企业需确保数据的准确性和及时更新,并不断提升人工智能技术能力以提高决策效果。题项"AIDDM1——我们认为拥有、理解和使用人工智能是非常重要的"的得分较高。对人工智能的态度转变对于企业应用人工智能来说至关重要。当前社会对人工智能仍存疑虑,因此改变这一看法尤为关键。企业应通过建立人工智能文化,促使员工信任并积极应用人工智能技术。此外,企业应承担社会责任,利用影响力改变公众对人工智能的看法,政府也需推广人工智能技术的应用。题项"AIDDM2——我们依靠人工智能来支持决策"的得分最低。人工智能提供的数据能为决策提供有力支撑,尤其在节约人力成本和提高决策精准度方面。但企业在应用人工智能进行决策时,需明确商业目标,避免浪费资源,同时,确保人工智能团队具备将数据转化为有效技术的能力并理解商业目标。总的来说,人工智能能够帮助企业处理复杂任务,优化决策制定,提升企业绩效。

9.6 企业创造力

在企业创造力的三个测量题项中,从"我们产生了许多新颖且有用的想法"这一题项看,创新的想法是行动的前提和基础,创新是指企业家对生产要素进行再配置,通过创新可以改进企业的组织结构,提高企业的经营效率,以满足经济发展的需要。这些新颖和有用的想法包括很多方面:理念创新、管理创新、产品创新、技术创新、营销创新等,企业在这些方面的创新想法能满足顾客的需要,因而能够持续生存并获得成功,并最终增加其收益。因此在企业层面,公司的高层管理人员和领导团队要带动员工构建创新的学习氛围,鼓励员工的创新思维,此外,管理人员要筛选出内部产生的创新想法,从而便于在开发操作产品和服务方面作出最适当的决定,减少后续决策失误,这些创新的想法要基于公司的运营产品,因此要筛选出适合公司业务发展的想法。经营者还应该认真地分析业务市场和竞争者的产品,以满足市场需要。要想激发公司员工提供创新想法的动力,还需要为员工提供奖励,公司可以用表扬、带薪假期或升职等方式对员工的创新给予认可,从而营造公司的创新氛围。

从"我们的企业氛围有助于产生新颖且有用的想法"这一题项来看,企业氛围是企业发展的灵魂,每一家企业都会将自己所坚持的价值观作为员工的价值观,让员工认同并付诸实践,让企业的价值观成为企业和员工的精神支柱。这种企业氛围也可以引申为企业文化,它是一种引导着公司和员工的价值观,它会渗透到每一个人的意识中并最终引导员工的行为,从而使公司文化成为公司的灵魂。在运营中能积极营造创新氛围的企业更愿意尝试新的技术,如人工智能、大数据和云计算等,以改进商业过程和决策机制。而且有研究发现,良好的企业氛围更能够激发员工的创造力,并促使新同事很快进入状态,使员工齐心协力朝着一个目标前进,还可以使工作更加轻松、高效地完成,带动不同部门之间高效地沟通和交流,共同确定工作目标。

第三个题项是"我们认为产生新颖且有用的想法是重要的",从这一题项的内容看,企业在发展过程中要足够重视创新的作用才能形成良好的企业氛围并将创新的想法付诸企业的运营过程,因此企业对于创新的重视是付诸行动的基础。对于企业的管理层来说,首先要重视创新的作用,管理者的带动能够激发企业创新。此外,创新本身也是一个积累的过程,要善于利用平台。企业可以通过相关的技术平台来汇聚创新想法,从而极大地降低创新的门槛和成本。

综合上述三个题项来看,企业创造力可以通过营造良好的企业氛围以及带动员工产生新颖并且有用的想法,通过发展组织文化和激励员工来带动创新思维的形成。企业的创新想法会为公司开拓业务并最终影响企业绩效。

9.7　人工智能管理

通过对"AIM1——我们采用了人工智能系统"这一题项进行分析,发现企业采用人工智能系统表明企业对人工智能技术充满信心,企业在人工智能系统上的投资也表明了企业数字化转型的决心。人工智能系统的应用涉及企业的各个方面,包括企业信息系统管理、企业制度管理、人力资源管理以及企业决策管理等。首先,在企业中应用人工智能系统可以优化人力资源,人工智能系统可以帮助企业匹配符合要求的工作人员,提高员工与岗位的适配性,降低人员招聘成本。其次,人工智能系统的应用可以使企业的营销内容更加准确,它可以帮助市场营销部门优化其营销策略,比如根据读者之前的阅读习惯,可以利用算法来判断读者对哪些内容感兴趣。另外,有些算法还能对内容进行预测,从而发现潜在的顾客。企业采用人工智能系统首先要得到高层管理人员的支持,管理层需要从企业长期发展的角度来规划企业的战略、组织、人才等,根据人工智能驱动的业务转型的远期目标倒推。要根据公司的长远发展规划,包括战略、组织、人才等方面,对业务进行及时调整。企业的制度管理也要符合人工智能的实施条件,及时按照技术发展趋势调整业务结构以及文化结构。人工智能系统的技术团队应当致力于提升团队的整体技术,使企业能够更主动、更高效地与人工智能系统交互,并获得企业的信赖。

"AIM3——我们不断更新人工智能系统"这一题项表明,企业在应用人工智能系统阶段必定会面临技术更新和发展的问题,企业要根据业务需求更新人工智能系统以应对业务冲击。人工智能系统更新包括软件、硬件、数据以及算法等的更新,硬件更新需要企业及时投入资金更换设备,软件更新需要企业及时引进新系统,此外,人工智能系统的算法也在持续不断更新,更关键的在于系统数据的更新,数据资源是人工智能模型运行的"生产资料",但在应用过程中数据更新速度快且收集难度大,往往会面临数据质量参差不齐、数据的获取与处理难度大、数据积累不足等问题。因此,从行业角度来看,依托人工智能技术开放平台,企业和个体开发者可以直接调用人工智能的前沿技术和资源来带动技术应用;依托人工智能应用模型高效的制造平台,公司或算法工程师可以利用人工智能公司的专业技术,针对不同行业的特定业务,开发出适用于特定行业的特定业务的算法,并将其与低代码的开发工具结合起来,实现经济、高效、简易的应用操作。企业要投入合理的资金来促进人工智能技术在公司的应用。

从"AIM2——我们持续监控人工智能系统的进展"这一题项来分析,企业对人工智能系统的关注表明了企业革新的动力,持续监控人工智能系统的进展有助于企业在第一时间了解市场应用技术的现状,新技术的及时应用可以帮助企业在节省成本的同时吸引更多客户,抢占市场份额。加快人工智能技术的发展首先需要引起技术人员的关注,关注企业的技术需求以及市场技术应用的走向。

9.8 创新文化

在关于创新文化的三个测量题项中,平均值最高的是测量题项"IC3——我们的文化鼓励创新"。创新是企业发展的灵魂,创新文化是推动企业进行创造性工作与创新活动的内在动力。企业文化鼓励创新一般可以分为三个层面:精神层面包括树立符合企业发展的创新精神、价值观,这是构建创新文化的核心内容;制度层面包括制定一系列与企业创新文化相符的规章制度;物质层面表现为工作环境、生活环境、形象标志等与创新精神相符。企业文化对内能激发员工的动力,对外能展示企业的形象,在企业中弘扬创新精神能鼓励员工发挥自身优势,有利于合作的展开。要在企业中弘扬创新精神需要企业做出积极引导和行动,企业可以为员工的创新提供必要的知识和培训,创新必须从员工出发,要在企业内部形成创新能力,获取新的创意并把它们推广到全公司是必不可少的,对于将创新付诸行动的员工和提供创新建议的员工要给予一定的奖励和肯定,从而鼓励他们继续努力,获得创新成果。弘扬企业创新精神要提高领导者的创新意识和创新能力,创新团队需要有创造力的领导者,而创新文化的建立则依赖领导者的创新能力。领导干部提高自身的创造性不仅要有深厚的理论基础,还要有丰富的实际工作经历,具有较强的责任心和积极性,积极推进创新,重视执行力和学习能力。企业还需要健全支持创新的机制,在企业内积极鼓励员工提出创新想法,通过表彰、奖励等手段鼓励员工创新。

从"IC1——我们灵活的组织结构有助于整合不同的观点"这一题项看,企业要想通过创新来提升企业绩效,首先要从企业内部员工开始,员工的观点和想法是企业培养创新能力的必要条件。除此之外,还要整合外部观点,外部的市场观点能够帮助企业及时调整策略,不同的人能够从不同的角度和层次来分析问题。企业在经营过程中通过灵活的组织结构能够根据外部意见及时调整企业的策略,改变经营方向。这就要求企业的领导能够听取员工的意见,管理者要与员工建立良好的交流渠道,认真、主动地倾听员工提出的宝贵意见和建议,以促进公司的发展。

最后一个题项是"IC2——我们通过不断尝试新的做事方式来承担风险"。文化和战略是企业在进行任何重大变革时必须考虑的重点,企业的做事方式代表着企业的战略走向。企业在发展过程中会面临各种风险,企业要想不断发展和保持市场地位,规避风险是重中之重。这就要求企业的领导者根据当前情况及时作出合理的判断,并制定新的经营路径与新的企业战略以规避风险。企业要想用新的做事方式来化解风险,就要了解企业的现状,正视企业自身的能力。

在激烈的市场竞争中,鼓励创新的公司能在应用人工智能技术的道路上脱颖而出,提高公司业绩。对公司而言,引入和投资新的人工智能技术很简单,而要使现有的企业文化和程序与之相匹配就比较困难了。但是,在新的决策方式的基础上,创新文化对于企业的决策和变革具有重大意义。企业在公司中不断建立创新的企业文化有助于带动员工创新,企业愿意尝试新事物以及及时调整组织结构来面对市场的变动表明以人工智能为基础的决策方式能够推动企业绩效的提升。

9.9 环境活力

在关于环境活力的四个测量题项中,平均值最高的是题项"ED3——危机期间,供需方面非常难以预测",供需预测是企业供应链流程的重要组成部分,是制定和运营战略的驱动力,在企业的运营过程中,总会存在一些紧急情况,这些意料之外的情况会导致供与需之间存在差异。由于供需预测不准确,整个企业的供应链会陷入一种被动的应变状态,许多公司都会在供求关系失衡的情况下,将精力集中在与供应商的交流上。此外,供需预测的不准确往往会导致企业资金的不合理分配,供需预测失衡会使企业不能合理安排库存,导致库存量过多或过少,进而出现资金积压或销售订单减少,使企业效益受损的情况。在危机期间,供需失衡会降低客户的满意度,从而导致老客户流失和新客户吸引力下降等问题,影响企业的长期发展。因此,企业可以借助人工智能技术解决危机期间供需难以预测的问题,以及建立一个有效的需求预测系统,需求预测工作是以科学、理论和数据为基础的系统工作。因此企业在应用这项技术时首先要重视数据的采集,合理调配所需的资源,及时准确地收集有关资料,科学地分析数据,全面了解各方的矛盾与利益关系,从整体上保证信息的对称与充分。随着大数据、云计算等技术的不断发展,企业要充分发挥技术的优势,在供应链的各个环节中构建共享数据库,以确保数据的精确性和完整性。此外,还要建立科学预测体系,在社会信息化和现代化的基础上,不断加强对预测人员的复合性、专业性的培训,掌握市场的发展趋势,制定和完善需求规划,逐步发展成具有公司特色的科学预测体系。企业应持续改进需求预测的品质,利用数据分析了解企业的经营状况,定期分析指标,找出差距产生的根源并采取相应的对策,跟踪措施的实施,保证实施效果。企业还要建立定期的需求预测评估机制,确定有效的评估方法,对预测的精确度和有效性进行科学评估,并通过分析与评价来决定最后的预测结果,为企业的决策提供依据。

四个题项中平均值次高的是"ED2——危机期间,我们的营销策略会迅速变化"。营销是一种功能策略,在企业的战略管理系统中起着至关重要的作用,即按照公司的战略方针和标准制定营销目标、营销方法,并按照营销方法来实现营销目标。随着技术的发展,公司的营销和沟通渠道也越来越多,它们有着各自的优势和劣势,受众群体也不尽相同。随着环境的变化,客户的需求也会发生变化,客户对企业销售方式的接受度也会改变,这就要求企业不断调整营销策略来迎合客户的需求,以客户为导向的公司更容易准确预测顾客的需求,并采取相应的策略。在危机期间,企业必须迅速响应市场变化,建立一个以市场为导向的经营运作体系,在体系的建立过程中要重视营销人才的培养,不断壮大营销的精英团队,保证企业能够及时掌握市场的变化,把握市场机遇。此外,营销策略还要以客户需求为导向,营销策略的制定也主要依托客户喜好的变化,因此企业营销策略的制定要充分了解客户需求。

从"ED4——我们正在采用人工智能技术来提升企业绩效以应对危机"这一题项来说,在企业运营中,人工智能技术对企业各个方面都有益。首先,人工智能技术赋能市场销售,智能系统能够帮助商家对客户进行实时的数据分析,并根据客户的性别、年龄、行为习惯(甚至是情感、心理状况)等因素,为客户提供相关的服务和产品,并且只需要少量的人工参与就能增强企业的销售能力。其次,人工智能技术的应用可以提高生产效率,通过人工智能机器人或其他智能客服,能够帮助完成更多重复的工作,解放更多的劳动力。此外,人工智能技术可以提高企业生产服务的质量,人工智能技术最广泛的应用之一就是通过对大量历史数据的分析,从学习中总结知识来建立对过去的数据进行解释的相关模型。通过对历史消费数据的分析,对库存进行动态调整,保证企业的商品流动,提高顾客的满意度,从而保证企业在不浪费成本的前提下,始终为客户提供优质的产品,从而增加企业收入。因此企业在应对危机产生的动荡时,可以积极应用人工智能技术来化解,从而提升企业绩效。

最后一个题项是"ED1——我们能根据需求改变我们的经营策略",市场需求的变动会影响企业的销售,也会带动企业的投资比率的变化,企业在销售过程中要时刻关注市场需求的变动并调整经营策略。因此,企业可以通过利用人工智能技术来调整投资比率,通过建立信息共享的平台,提高组织的决策效率,以实现更好的协作、协同。此外,企业通过人工智能技术可以提高组织和个体的决策效率。通过传播企业的价值观念,让其在组织中渗透,每个人都能做出与公司战略方针和发展目标相符的决定或选择。企业还需积极挖掘潜在客户,不断拓展市场,以提高销量和销售收入。企业运营要从产品和市场战略开始,好的产品定位和市场战略是获得收入的关键。

环境活力主要受到企业外部因素的影响,但企业内部的因素也会影响企业决策的制定以及企业的发展走向。突发事件往往会导致企业客户需求的变化,从而影响企业策略的实施,而人工智能技术在这种突发事件中能很好地应对危机,为企业调整策略做出准确的决策。由此可见,环境活力与企业绩效有着紧密的联系,外部和内部环境的变动都会影响企业的经营收入。

9.10 企业绩效

在影响企业绩效的四个测量题项中,"FP3——我们持续推出新产品和服务"这一题项从某种角度说明了技术创新是公司赖以生存的根本。技术创新促使企业不断设计和生产出满足市场需要的新型产品,产品创新是技术创新不断深化和延伸的过程。企业是否能够持续进行产品创新并不断研发出满足市场需要的新产品已成为公司能否持续、稳定发展的关键影响因素。提供新产品和新服务是公司实现内涵式增长并与客户保持联系的重要途径。产品创新能够提高企业的盈利能力,降低市场风险,培育新的增长点以及促进产品结构的优化。此外,通过产品创新,可以提高企业的技术和管理能力,以及企业的应变能力。新产品的开发还可以形成一个合理的行业结构,提高企业的核心能力,创造更大的市场。企业在不断推出新产品和服务的同时还要对市场进行细分。对产品进行创新能更好地满足不同消费者的需要,加深与客户的联系,从而更好地占领市场。企业在新产品和服务的开发上还要注重新技术带来的便利性,提升产品和服务的易用性,降低使用门槛,因为越大众化的产品越容易被接受。

从"FP4——人工智能实施有助于提高企业绩效"这一题项来分析,人工智能的实施对企业的帮助体现在多方面,涵盖了从产品到客户画像构建、企业决策、企业营销和财务管理等多领域。随着消费者的需求不断发生变化,企业在市场中的竞争越来越激烈,产品的寿命也越来越短。人工智能技术的实施可以根据客户的需要开发出更多的新产品,从而满足市场的需求。人工智能技术能帮助企业对客户数据进行分析,在获取了大量的用户数据后,由于资料千差万别,无法保证所搜集的资料都能被直接处理,因此必须对其进行整理,以便人工智能理解。此外,在企业的财务管理方面,人工智能的实施能帮助企业更快完成工作,减少时间成本和人力成本。对于重复的手工作业,采用人工智能技术可以降低重复劳动的工作量。

从"FP2——我们目前没有碰到财务困难"这一题项来分析,企业的财务状况是影响企业投资和发展的重要因素,健康的财务状况能维持企业的正常运行,企业的财务状况在很大程度上可以反映企业的经营策略,以及企业的未来发展方向。财务风险的发生会给企业造成巨大威胁,甚至导致企业资金链断裂,最终走向破产。因此,企业在经营过程中要规避财务风险,加强自身建设以适应外部环境变化。企业要防范金融风险,就必须通过不断健全内部风险监测和预防机制,及时改进财务管理手段并调整财务管理制度,提高公司对外部宏观环境的适应能力。企业还需要确保财务决策的准确率,减少不科学的决策带来的财务风险,因此企业可以应用人工智能决策系统来为财务决策提供支持,还可以对企业管理层的工作重点、责任进行划分,不断提高决策水平。

从"FP1——我们的市场份额增长较快"这一题项来分析,对公司而言,拥有更大的市场占有率就能获得更大的规模收益。当市场占有率达到一定程度的时候,竞争对手就会越来越少,这就意味着他们可以通过提高产品的价格来获取更多的利润。市场份额越高说明企业的经营能力越强、竞争能力越强。随着公司市场份额的提高,公司可以在一定程度上维持竞争优势,并实现垄断。企业要想在市场中占据更多的份额首先要了解市场变化趋势,只有迎合市场需求才能获得更多的经济利益。此外,企业在销售时可以扩大营销圈,拓宽销售渠道,增加推销员,不局限于地域,扩大销售规模,从而提升整体的运营绩效。

9.11 控制变量

9.11.1 企业成立年数

企业对人工智能技术的接受程度受到多种因素的影响,从企业的成立年数来看,许多传统企业在处理现有业务时没有足够的动力将人工智能应用到业务中。造成这种现象的原因可能是高层管理人员的影响。管理者在企业战略中的决策角色反映了其对企业发展方向的影响,而在企业文化的概念下,则是指企业的领导者角色,也就是管理者的思想决定了企业文化建设的高度与深度,以及企业将走向何方。成立年数长的企业的管理人员通常对业务的处理持较谨慎的态度,高管对企业发展的规划倾向于更稳定地发展。在面对人工智能这项新技术时,高管的犹豫态度有可能导致企业发展错失良机。企业文化也是影响企业应用人工智能的因素,对于成立年数较长的企业,企业文化在长久的发展中已经呈现出稳固状态,在短时间内转变企业文化会有较大的难度,而且对于老牌企业来说,企业文化的转变会产生更大的试错成本。此外,市场和客户也是影响企业使用人工智能技术的原因,成立年数较长的企业在发展过程中已经建立了稳定的客户关系,企业业务的客户群体一般也比较固定,在长期的合作和交易中,企业发现对人工智能技术的应用需求较少,这便阻碍了技术的变革;企业内部的环境也影响着技术变革,从组织结构到企业制度制定,老牌企业的组织结构已经基本稳定,组织结构的变动也会影响企业人员及职位的变动,不利于企业的稳定发展。

对于老牌企业来说,要提高企业人工智能的使用首先要逐渐改变公司招聘和培训体系,为充分发挥人工智能技术的优势,企业要招募数学、算法、技术等相关领域的专门人才,并且将其融入公司的整体发展战略中。公司的训练系统也在经历着一场变革,员工在与机器的配合下能够更好地工作,运用人工智能技术的能力将是未来公司的培养重点。此外,企业可以利用人工智能改进用户体验,在维持老客户的基础上不断挖掘新客户,用户体验也被认为是可以利用人工智能大幅改进的领域,能够让客户更加了解企业业务并且可以帮助他们为自己定制个性化的功能,提高工作效率,规避风险。老牌企业也要消除对人工智能技术的偏见,不能只看到其不利的一面,也要看到其积极的一面,合理规避风险,利用优势。对于成立时间短的企业,可以积极和老牌企业形成合作,互相协助,年轻企业可以利用老牌企业的历史数据帮助分析市场走向,而老牌企业可以利用年轻企业的技术及人才帮助企业进行技术改革。

9.11.2　企业员工规模

企业员工规模的不断扩大是产业演变的一种趋势,也是企业间互相竞争的结果,企业员工规模影响着企业的绩效,研究发现企业员工规模不会对企业绩效产生负向影响。员工规模较大的企业在员工培训上花费更多。若要提高企业绩效,就必须重视员工培训与发展,在培训员工灵活应用人工智能的过程中,规模大的企业往往进度更慢,且需要投入更大的成本,而无论是时间成本还是投入资金成本都影响着企业绩效。员工规模大的企业在员工制度体系上往往难以调整,较大的员工规模说明企业在运营过程中需要更多人力的支撑,对企业进行人工智能的变革会带来较大的人员变动,导致企业无法正常运营。

规模大的企业在进行人工智能技术改革的时候可以逐级调整组织架构,企业可以积极组织上下级互相协作,通过上级管理调动员工的创新积极性,并通过提高管理能力来提升人工智能技术执行的适应性,以及降低人工智能应用的风险。此外,在企业人工智能变革的过程中,由于规模较大的企业对于培训员工所投入的资金会更多,因此企业在进行员工培训时既可以选择线上培训,通过购买优质的线上教学视频等形式进行员工培训,也可以通过考核制度来提高员工对人工智能技术变革的接受度。

第10章 新一代人工智能助力企业发展的典型案例分析

10.1 智能自动化促进企业生产力提升与创新

智能自动化技术是指利用人工智能、机器学习等技术,通过对企业运作过程中的各个环节进行优化,以此来提高企业的运作效率并降低运营成本。在电商企业中,智能自动化被应用于各个环节,如客服、营销、运营等,大幅提高了企业的生产力和创新能力。智能客服机器人能够在不需要任何人为干预的情况下,按照客户的要求自动回答问题,并为客户提供相应的服务。这样就能极大地降低公司的人力成本,提升公司的客服工作效率,同时也能改善客户服务体验。另外,基于客户的使用习惯与反馈,智能客服机器人能够对客户的使用习惯进行预测,并对其进行分析与挖掘,从而最大限度地提升客户满意度。智能创意文案生成技术可以基于数据分析和机器学习算法快速生成大量优质的广告文案,满足不同客户的需求。这一技术的实现大大降低了人力成本的支出,提高了生产率,并且能够保证文案的质量。视频自动生成技术可以帮助企业快速制作出符合市场需求的营销视频,该技术可以依据用户喜好以及历史行为数据,快速生成不同风格的个性化视频,使得电商企业可以用更少的时间和精力制作高质量的视频,大大降低了拍摄成本以及剪辑时间。

许多电商企业积极利用智能自动化来提高企业的生产力和创新能力。以小红书为例,小红书是一款以内容运营为主的应用程序,通过广告投放、达人推荐以及品牌入驻等来拓展自身的电商业务,将广告宣传直接转化为购买力,打造与众不同的购物体验。在智能自动化技术的协助下,小红书能够推荐更加贴合用户喜好的内容。小红书利用用户的历史浏览记录和行为习惯,结合算法进行文案推广,在文案的创作过程中,小红书能够利用智能自动化技术,将广告商的需求与消费者感兴趣的内容相结合,生成文案并及时推广,精准把控消费群体,提高销售额。此外,小红书在产品设计上也积极采用智能自动化技术,小红书的用户经常分享各种美食、化妆品、服装、家居等产品的体验,这些分享的内容具有很好的参考价值,企业通过监测小红书上用户分享的内容来了解用户的观点和意见,以此改进产品设计和提升产品质量。蘑菇街作为以女性消费为主的时尚电商平台之一,也在积极使用智能自动化技术来提升企业的生产力和创新能力。从智能客服的角度来说,蘑菇街开发了多语言的人工智能客服机器人,其具有在线客服的功能,能随时回应客户需求,同时根据客户反馈的问题进行数据整理,归纳频繁出现的售后以及售前问题,从而不断优化产品质量以及商品信息等。此外,还可以亚马逊平台为例,亚马逊在仓库和物流上使用智能自动化技术,机器人通过计算机视觉技术对周围环境进行 3D(三维)建模,在运行过程中自主避开物品,无须人工参与就能将商品从一个区域运送到另一个区域,实现商品的快速整理及发货。亚马逊平台也使用人工智能聊天机器人来解决常见问题,包括退款、产品购买引导、常见问题回复等。这既减少了客服人员的工作量,也为客户提供了更快捷、便利的服务,提高了客户满意度。

企业在使用智能自动化促进生产力发展与创新时需要关注以下几点:第一,从人工智能角度来看,企业要有积极接受以及开发新技术的想法,企业在接受并应用新技术的同时也能不断强化自身的企业文化,带动员工更积极地开发以及运用新技术提高工作效率,加快运行流程。此外,还可以积极参考成功运用新技术的企业的经验,了解同行业或不同行业中采用智能自动化技术的成功案例,掌握新技术并找到合适的应用场景,从而创造更多的商业价值。第二,从人工智能管理的角度来讲,企业应该建立数据管理平台,智能自动化的实施需要正确的企业数据,建立数据管理平台可以帮助企业更好地收集、分析、利用数据,提高企业的生产力和效率。第三,要积极管理智能客服系统,当前很多电商企业都应用了智能客服系统,故技术需要不断进行创新,人工智能客服只有不断更新升级才能更高效地回答用户问题,避免出现答非所问的现象,而且目前的人工智能客服在售前的应用比较广泛,但对于很多售后问题还是需要人工的介入,企业可以通过研发新技术来改变这一现状。

10.2　智能预测提高企业供应链管理效率

　　智能预测是利用先进的算法和模型,通过分析历史数据来预测未来的需求量,它可以应用在销售预测、信用评分、零售建议等领域,当然在电商企业中已得到了广泛的应用,其中包括供应链管理方向。智能预测提高电商企业供应链管理效率主要体现在库存管理、生产管理、运输管理以及绩效管理等方面。第一,智能预测可以优化库存管理,通过准确地预测需求情况,供应链管理人员可以更好地规划产品采购和存储,从而避免库存积压或缺货的问题,电商企业也能够通过智能预测了解当前市场的潜在需求,提前备货,从而更快满足市场需求,带动销售业绩,同时还可以减少商品退货率。第二,从生产管理角度来说,智能预测可以为电商企业提供精准的计划生产指引,及时预备或更换原材料,根据客户需求有序安排生产和交付计划,提高生产效率,缩短生产时间,降低生产成本,也能够减少不必要的时间成本、人力成本以及原材料成本。第三,从运输管理角度分析,智能预测能够结合历史订单记录,以及目的城市交通状况、天气等其他因素的变化,来预先计划一条最优配送路线,给电商企业路线规划提供参考,此外还有助于企业优化运输成本和时间,提高供应链的响应速度。第四,从绩效管理角度分析,智能预测首先可以对销售额进行预测,根据历史销售数据以及客户群体划分,对销售额进行预测可以提前了解当前季度销售额可能存在的问题,提前制定解决方案。智能预测还能对供应商进行管理,对供应商的表现进行评估和排名,进而优化供应商管理。此外,通过预测供应商的供货速度和质量来准确制定订单策略,能够让供应链更加高效地运作。综上所述,智能预测技术可以对供应链各环节进行干预,减少信息滞后或信息不对称所导致的绩效问题。

已有很多企业将智能预测应用于企业的供应链管理中。首先以网易考拉海购为例。网易考拉海购在商品预测的过程中很好地利用了智能预测技术对消费者的购物行为进行分析,从而预测其需求量和购买意愿,并有针对性地向供应链管理部门提供商品需求信息,使其能够更好地作出决策。这样,网易考拉海购能够在商品上市前就预判市场需求,调整采购计划和品牌合作,以降低库存风险和损失。网易考拉海购还通过智能预测打造透明化的供应链,通过建立透明化的供应链体系,将供应商和原材料等信息与平台上的商品信息关联起来,实现全程跟踪。通过智能预测系统实时掌握生产和物流的状况,并预测到货时间,实现全程可视化流通。其次以拼多多为例。拼多多通过智能预测系统提升供应链管理效率主要体现在智能补货、预测性质检等功能上。智能补货主要是利用大数据预测对商品销售记录、库存情况等数据进行深入挖掘,以便更快预测未来销售的市场需求,以实现动态调整库存。在预测性质检上,拼多多研发出独立的机器学习平台和视觉智能技术,通过这些技术对用户提交的售后维权图片进行快速识别,以便更好地预测售后数量和类型,并根据这些预测结果动态调整供应链管理,不仅可以降低成本、提高效率,也可以为商品品质和客户服务体验提供保障。最后对聚美优品的智能预测进行分析。聚美优品的智能预测主要体现在动态调整库存和快速处理退货单上。聚美优品会根据季节和市场对下单量进行预测,对库存量进行及时调整,并对退货商品进行分类归纳,将结果及时反馈至采购计划中,改进产品设计,提高生产效率。

企业要通过智能预测提高电商企业供应链管理效率,可以通过以下几种方法。首先,在人工智能管理方面,要完善数据收集和处理流程,电商企业需要对销售、库存、物流等各个环节的数据进行收集和整理,并建立相应的数据库和云平台。为保证数据的可用性,企业还要加强对数据的处理,提高数据的可用性是企业完善供应链流程的关键步骤,能够减少由于信息不对称带来的损失。企业还需要对模型参数进行优化,在建立趋势预测模型的基础上对模型参数进行精细化调整,不断尝试新的算法和模型,以提高预测的精准度。其次,在创新上,企业要注重运营策略的制定,基于模型和软件产生的预测结果,企业要进一步完善运营策略,比如合理规划商品采购、库存布局、物流调度等。综上所述,企业可以在数据收集、数据分析以及数据应用等方面进一步加强智能预测应用。

10.3　商务智能提升决策精准度和准确率

商务智能是指利用现代数据处理技术,对数据进行挖掘、分析并应用,以实现商业价值。当前电商企业对商务智能技术的应用越来越广泛,商务智能可以帮助电商企业发现数据中隐藏的关联规则和趋势,通过对业务系统的数据抽取,借助数据库进行分析,最终通过大量的数据分析出行业动态、市场趋势,作出更加精准和高效的商务决策。

商务智能主要通过以下几个模块提升企业决策精准度。首先,商务智能收集企业系统数据后会进行数据的预处理,通过对海量数据进行清洗、整理、更换等,处理掉数据噪声和异常值,将数据转换成机器能够读取和识别的格式,减少人力对数据处理的工作量,提高工作效率。其次,商务智能能够实现对数据的建模与分析,基于人工智能的商务智能可以使用不同类型的算法,如分类算法、聚类算法及协同过滤等,从而对数据进行挖掘和预测。在收集完数据之后,对大量的数据进行建模和分析,这有利于完善企业决策的结果,如可以有效分析用户的消费趋势、流行因素、产品创新方向、需求预测和成本分析等。商务智能还能实现风险预警,该系统通过监控关键数据指标,时刻关注数据变化,及时发现并预测可能出现的风险事件。基于商务智能,电商企业可以通过舆论分析以及市场趋势的变化及时调整投资策略和市场布局,将投资风险降到最低。商务智能系统还能支持自动化决策的实施,通过数据的深层分析以及市场趋势,商务智能系统可以为高层管理者提供决策参考和建议,根据数据生成的决策体系在一定程度上具有科学性,省去了传统人工处理和分析数据的流程,减少了高层管理者因决策失误而导致的财产损失。

不少企业通过商务智能提升电商企业决策的效率和准确率。从苏宁易购来分析,苏宁易购通过商务智能构建了大数据分析平台,该平台通过收集和分析各种数据,为下一步的决策提供数据基础,以便更好地管理供应链、库存、订单等。苏宁易购利用商务智能技术来预测消费者需求,结合收集的数据进行深度分析,并根据当地经济、假期、天气等因素来调整库存数量以及商品品类,也可以根据需求预测优先将商品存放在当地仓库,从而缩短运输时间,提高时效。此外,商务智能技术还能协助审核检查系统,可以自动审核物流信息,自动检查费用收支,大幅度减少统计误差。此外,美团企业也借助商务智能技术提升电商企业决策的效率和准确率。针对电商业务,美团利用商务智能技术分析消费者的消费习惯、商品购买情况等,定期发布电商业务诊断报告,帮助商家制定营销策略,并提供优化建议。美团还利用商务智能技术实现报表自动化,实现对数据的追踪和调整并及时提供决策建议,保证报表数据内容丰富,以构建管理高效的工作环境。通过商务智能技术优化平台订单逻辑、促销策略,提高运营效率。沃尔玛作为全球零售业巨头,在商务智能应用上领先多数企业。沃尔玛利用商务智能来精准管理库存,通过对销售数据的深入分析,及时调整商品的库存策略,避免出现库存过多导致的资金积压以及库存过少导致的供不应求现象,在保证客户良好购物体验的同时增加利润。此外,沃尔玛还使用商务智能的实时分析功能监控销售表现并根据市场反应及时进行调整。随着商业世界的快速演变,能够基于实时分析作出决策已经成为企业成功的关键之一。沃尔玛的商务智能平台能帮助他们在最短的时间内获取反馈,并快速改进和调整决策。

在应用商务智能技术以提升电商企业决策效率和准确率的同时,企业也应该提升以下能力。从人工智能技术角度来讲,企业要保证人工智能技术所作出的决策的准确性,应该尽可能聚合所有能收集到的数据,包括销售、用户行为、购买历史以及营销活动等方面的数据,使用现代化的技术来处理数据,并利用内置机器学习算法分析数据。从创新角度来讲,数据的应用不应该只局限于当前行业的数据,基于信息管理平台,各企业之间可以实现跨领域的数据交流,通过联机分析处理,充分利用多维数据分析功能,从而更准确地分析用户形象。从人工智能管理的角度来看,企业的数据要保证实时更新,因为决策具有时效性,只有企业实时更新数据才能更快结合当前市场的实际情况进行准确分析。

10.4　人工智能翻译助力企业开拓国际市场

随着数字技术及全球化的发展,当今的电商市场不再局限于国内,越来越多的企业希望将贸易延伸至海外。为了拓展海外市场,企业需要进行跨语言交流,而这往往是一个极具挑战性的任务。在这一市场背景下,人工智能技术的运用为电商企业提供了许多新的机会和手段,智能翻译软件是帮助企业进入国际市场的重要工具。智能翻译的应用包括文字翻译、语音翻译、图像翻译、自然语言处理等。机器翻译是人工智能技术在电商企业中最为常见的应用,通过这一技术,企业可以快速、准确地将产品详情、用户评价、商品属性等翻译成各种语言,以便在全球范围内推广产品和服务。机器翻译推动企业扩展的优点就是成本较低,相较于人工翻译,机器翻译基本上由计算机自动完成,此外,在翻译速度以及术语一致性方面,机器都发挥了巨大作用。随着语音技术的发展,语音翻译也逐渐成为电商企业翻译的一个重要应用领域。语音翻译可以将客户的语音输入内容转换成多种语言,实现语音的即时翻译,方便企业进行跨语言交流。在电商企业中,语音翻译这一功能可用于在线客服、电话销售等场景中,提升服务质量和效率。图像翻译可以应用于识别图片中的文字并进行翻译,节约企业对图像进行二次处理的时间,提升效率。自然语言处理是人工智能技术中的一个重要分支,适用于企业处理和分析大量文本数据,在电商企业中,该技术可以用于处理用户评论等文本数据,也可以处理更多文本信息,向全球用户提供更好的服务。

一些企业已经将智能翻译应用于运营过程中,如 eBay(线上拍卖及购物网站)、亚马逊和速卖通等企业都借助智能翻译技术开拓国际市场,提升交易效率。首先,以 eBay 为例。eBay 的智能翻译技术主要运用在全球销售、搜索和分类以及客户沟通中,eBay 的全球销售业务运用智能翻译将商品信息翻译成多种语言,以吸引更多的国际买家,并且买家可以通过 eBay 内置的智能翻译工具来查看商品,eBay 的翻译模式还能处理专业术语,如全新未拆封会翻译为"new in box"。在搜索和分类中,当用户输入搜索关键词时,eBay 的智能翻译技术可以将这些关键词翻译为多种语言,在不同的市场寻找相应的商品和服务,以便提升用户满意度。当买家需要与卖家或 eBay 的客服人员进行沟通时,智能翻译技术可以自动将信息翻译成目标语言进行沟通,这样可以提高沟通效率和准确性,同时也可以减少沟通障碍和误解。eBay 通过构建自身的机器翻译,连接全球用户,吸引更多的国际买家和卖家参与平台交易,推动全球范围内交易的扩展,此外,智能翻译技术能够帮助企业更快对需求进行翻译,缩短购物流程时间,增强用户体验性,与此同时还能促进文化交流,用户可以更轻松地浏览和购买来自不同国家的商品,了解和体验有着不同文化背景的产品和服务。其次,基于亚马逊进行分析。亚马逊提供机器翻译服务,该技术可以帮助用户将产品信息、网站内容、用户手册等翻译成多种语言。此外,亚马逊的语音助手可以通过语音识别和翻译来促进用户交互和沟通,将用户的语音指令翻译成文本输出。亚马逊的智能翻译技术为其全球化业务发展、客户满意度提升和平台运营效率提升等方面带来了重要的影响。最后,对速卖通的智能翻译应用进行分析。速卖通对于智能翻译的应用包括商品信息翻译、客户沟通交流、网站内容翻译以及自动翻译审核,自动翻译审核可以保证商品信息翻译的准确性和一致性,通过机器学习算法,智能翻译技术可以自动检测并解决语言表述错误、错别字和语法错误等问题,从而提高翻译质量和效率。通过校对翻译结果可以保证商品翻译信息的严谨性,减少翻译错误带来的问题。

如果企业想要充分利用智能翻译推动国际市场的扩展,首先要具有创新意识,充分利用深度学习技术。当前智能翻译已经得到了广泛的普及,要想在市场中更快、更准确地进行翻译,需要电商企业不断开发新技术,提升软件的可操作性,通过深度学习来提升智能翻译的准确性和速度。除了软件应用外,还有企业提供多语言实时翻译的智能耳机或手表等智能设备,以满足消费者在旅游、商务出行等场景中的跨语言沟通需求。除了创新外,企业在人工智能管理层面也要选择合适的智能翻译工具,需要充分考虑其准确性、速度和可靠性等因素,还要确保网站数据的安全性,确保企业信息和客户隐私的安全。此外,大型跨境电商企业可以建立智能翻译技术团队,结合企业发展需求来设计和优化智能翻译工具,还可以通过人工智能技术来预测消费者需求和市场趋势,以更好地满足市场需求。综上所述,企业可以在创新和人工智能管理层面不断完善和应用智能翻译,从而帮助电商企业扩展国际市场。

10.5　人工智能创新与应用改善客户体验

在这样一个信息爆炸的时代,如何在海量的信息中找出有效的用户需求信息成为许多人关注的焦点。因此,越来越多电商企业将人工智能技术用于改善客户体验,以此来提升客户满意度以及企业绩效。人工智能技术改善电商企业用户体验的方式主要体现在以下几个方面。第一,人工智能可以实现精准推送。该技术能够通过分析用户历史购买数据、浏览行为、搜索关键词、商品点击次数等来更好地识别用户的兴趣、偏好和购买习惯,从而得到用户画像。基于用户画像,电商企业能够推送更契合用户需求的商品。但是这也对人工智能技术提出了较高的要求,由于用户的喜好会不断变化,因此该技术要保证算法的运行稳定以及输出结果的准确,从而快速抓住用户的眼球。第二,人工智能技术还能实现个性化推荐,该技术可以让电商企业为每个用户提供个性化的商品推荐,通过分析用户的个人资料、行为数据和社交网络信息等,自动匹配合适的产品,提升用户的购买意愿和忠诚度。人工智能技术还能通过智能客服来提升客户体验,人工智能能有效缓解由于人工客服数量有限而导致的客户满意度下降的问题,通过智能客服,可以快速回答客户的问题。在使用人工智能技术进行用户分析时,可能存在用户隐私问题,因此电商企业在应用人工智能技术改善客户体验的前提下,要合理使用客户隐私信息数据,防止数据泄露。

近年来,许多企业通过人工智能技术来改善用户体验,如亚马逊、淘宝、京东等大型企业,它们在人工智能技术运用上都取得了显著成效。第一,亚马逊作为大型电商平台,一直致力于人工智能技术在平台中的应用,其所开发的语音助手就是一个很好的例子,它可以引导用户查找商品、下单购买、查询商品物流信息等。此外,亚马逊平台还通过大数据分析以及机器学习等分析客户数据,从而使平台能够提供更加个性化的商品和服务推荐,这一技术的应用既提升了用户体验感,也提高了平台的销售额。第二,淘宝作为网上购物平台之一,不断开发人工智能技术以提升客户体验。淘宝利用自然语言处理技术和机器学习来提高其搜索和推荐系统的准确性,此外还开发了一个客服机器人。淘宝的推荐算法可以根据用户的历史搜索和浏览行为为用户定制和推荐其可能感兴趣的内容,从而提升销售额;客服机器人可以实现 24 小时在线回答用户问题,减少因人工客服下班而导致的等待时间延长等问题,提升了客户满意度。淘宝还推出了 AR 增强现实虚拟试衣镜,利用计算机视觉技术和 3D 建模技术,将用户的身体转化为 3D 模型,从而实现在家就能尝试不同类型的穿搭,这一新的购物模式大幅缩短了用户购物时间。除此之外,淘宝还利用了图像扫描、图像识别技术,只要用户用手机直接扫描商品或拍照识别,就能快速找到该商品或类似商品,大幅提升用户购物的便利性。面对最近火热的直播销售模式,淘宝也巧妙应用人工智能技术对其进行升级,通过数字人主播 24 小时带货,提高销售效率。第三,京东在人工智能技术的使用上也采用了自然语言处理技术以及深度学习来支持平台的智能推荐和精准推送,借助浏览记录和购买记录数据实现个性化推荐。京东在物流上使用人工智能技术实现了创新性的技术改进,京东可以根据用户的购买记录和浏览记录预测客户即将下单的商品,优先将商品存储至目标用户所在地区的仓库,大大减少了用户等待送货的时间,提升了用户满意度。京东物流还使用人工智能技术对货品进行智能分拣,大幅提升了物流速度和准确性。

在电商市场竞争日益激烈的今天,企业要想通过人工智能技术改善客户体验,从创新的角度来讲,电商企业可以逐步探索新的消费场景,改善客户体验,除了满足客户的商品购买需求,还可以扩展至服务层面,例如无人零售等,通过人工智能技术实现对商品信息、库存信息、订单信息等的自动化管理,提升销售效率。此外,还可以引入新的算法模型,电商企业可以将新的模型应用在物流等领域,帮助实现交通、路线以及车辆追踪等的综合分析,优化配送效率,引入新的算法模型还能优化用户画像的学习模型,更准确地根据客户偏好推荐产品。电商企业还可以联合其他品牌共同创新,品牌联合可以是线上线下联合,在实体店铺利用扫码推销以及互动视频推荐产品等方式来推广线上商品。从环境活力角度分析,电商企业要改善客户体验首先要优化物流运输,物流运输是电商经营环节中影响用户购买体验的重要环节,平台有自建物流体系的企业可以通过物联网、大数据和人工智能对货物物流运输进行智能化管理,如通过集成位置跟踪和路线规划等实现货物运输的实时监控与调度,减少因信息不对称而导致的能源浪费。电商企业还可以基于平台的用户流量向消费者推广可持续发展理念,积极组织各类活动,提升品牌价值,增加用户好感。

第 11 章　结论与展望

11.1　研究结论

随着人工智能技术的发展,人工智能的渗透率逐渐变高,从企业数量来看,人工智能渗透率较高的行业包括医疗、金融、商业、教育、公共安全等。人工智能可以为企业创造巨大的利益,但也会带来风险,使企业陷入被动。例如,一家企业稍有不慎就可能泄露有价值和敏感的信息,从而影响其竞争优势。如果企业不建立内部管理制度、提升技术能力,它们就有过度依赖供应商的风险。虽然之前的研究提出了影响信息技术采用的关键因素,但很少有研究实证分析促进人工智能采用的因素。这些因素能够影响企业决策。在系统地采用基于人工智能的解决方案之前,企业需要评估这些因素。

本书旨在厘清人工智能能力构成要素与借助人工智能提升企业绩效的有效路径,基于资源基础视角、动态能力理论和技术—组织—环境框架剖析企业人工智能能力的构成要素。通过回顾相关研究成果,本书提出了电子商务企业人工智能能力与企业绩效的研究模型,旨在解释与预测人工智能应用背景下电子商务企业绩效。随后,本书基于新开发的量表设计了在线调查问卷,累计收到 394 份有效问卷。

借助基于偏最小二乘结构方程模型分析技术的软件 SmartPLS 3.0 开展了进一步的数据分析,同时采用模糊集定性比较分析、自适应神经模糊系统和人工神经网络开展了综合研究。研究结果显示,本书提出的模型具有良好的解释力、预测能力和适配度。本书发现,人工智能能力作为二阶变量,由人工智能基础、人工智能倾向、人工智能技能三个一阶变量形成。人工智能能力通过企业创造力、人工智能管理、人工智能驱动决策间接影响企业绩效。创新文化正向调节企业创造力与人工智能驱动决策之间的关系,同时也正向调节人工智能驱动决策与企业绩效之间的关系。环境活力正向调节人工智能管理与人工智能驱动决策之间的关系。控制变量中企业成立年数负向影响企业绩效,企业员工规模并不会影响企业绩效。此外,模糊集定性比较分析结果得出了企业绩效成立的四种组态和企业绩效不成立的十种组态。

人工智能为企业获得新的竞争优势提供了许多机会,因此企业掌握该技术具有重要意义。公司内部缺乏资源、知识和资金成为人工智能实施的阻碍。不实施人工智能可能会导致企业错失数字技术所带来的红利。当竞争对手都在倡导数字化转型时,如果不齐头并进,可能会使企业在竞争中处于劣势。企业应考虑在培训教育、基础设施和技术方面投入时间和资金,以进一步提升其竞争优势。企业拥有人工智能的有形资源(数据、基础资源、技术)、人力资源(技术技能和业务技能)和无形资源(协调能力和组织变革能力)可以提升企业竞争力。企业绩效对企业的生存与发展来说至关重要。停滞不前的业绩可能导致企业与竞争对手之间的差距扩大。通过人工智能技术提高企业绩效可以给企业带来竞争优势,但前提是企业愿意为实施人工智能进行投入。

综上所述,本书提供了企业借助人工智能可以提高企业绩效并获得竞争优势的有力证据,扩大了人工智能与企业绩效的研究范畴。这些发现可以作为未来研究采用人工智能和新技术、数字化转型以及影响信息技术决策的变量的基础,也为理论和管理实践做出了贡献。

11. 2 理论贡献

本书对理论发展的主要贡献在于讨论了人工智能应用背景下电子商务企业绩效的关键影响因素,还提出了融入资源基础视角、动态能力理论和技术—组织—环境框架的多理论框架模型(Barney,1991;Chatterjee et al.,2024;Zhong et al.,2024),探讨了电子商务企业人工智能能力的构造,发现了企业创造力、人工智能管理、人工智能驱动决策对企业绩效的影响,并考察了创新文化与环境活力的调节效应。本书揭示了电子商务企业人工智能能力形成机制,证实了电子商务企业人工智能能力会通过企业创造力、人工智能管理、人工智能驱动决策对企业绩效产生影响(Garrido-Moreno et al.,2024)。本书的研究结果表明,人工智能能力、人工智能管理、企业创造力、人工智能驱动决策、创新文化、环境活力、人工智能基础、人工智能倾向、人工智能技能是影响企业绩效的主要因素。基于资源基础视角、动态能力理论和技术—组织—环境框架,本书还从理论和实证角度发现,人工智能应用背景下的企业绩效受到人工智能能力、人工智能管理、企业创造力、人工智能驱动决策的积极影响,并且发现不同企业成立年数会带来不同的企业绩效。本书扩展了资源基础视角、动态能力理论和技术—组织—环境框架在企业创造力、人工智能管理、人工智能驱动决策方面的研究成果(Hossain et al.,2021;Rahman et al.,2021)。

本书为人工智能的企业应用研究做出了贡献。一些学者呼吁采用一种综合的方法,结合多理论视角来研究近年来涉及创新的信息技术采用。但事实是关于新一代人工智能能力构建与效应的研究很少。因此从某种角度来说,本书丰富了该领域的研究成果。特别是,本书提出了一个融合性的理论框架,将资源基础视角、动态能力理论和技术—组织—环境框架相结合,该框架嵌入了人工智能、企业和环境背景的特征,以验证人工智能应用背景下企业绩效的决定因素。本书与以往人工智能研究的不同之处在于实证研究了人工智能应用背景下影响企业绩效的四条中介路径与两个调节变量。本书所使用的工具也经过信效度测试的验证,研究模型具有良好解释力、预测能力和拟合度。因此,本书开发的工具和研究模型对于其他相关研究有着重要的意义。

本书揭示了电子商务企业人工智能能力构成机制及其对企业绩效的作用。数据分析结果显示,电子商务企业人工智能能力是由基础(有形资源)、倾向(无形资源)和技能(人力资源)三个一阶变量形成的二阶变量(Mikalef & Gupta,2021)。本书提出的电子商务企业人工智能能力模型是一个二阶的形成性模型,表明人工智能能力是由基础、倾向和技能三种互补性资源共同形成的(Ghasemaghaei,2021)。对电子商务企业人工智能能力的构成资源进行分类为接下来的研究和管理提供了更多的便利。研究结果也与企业技术管理的文献非常吻合,尤其是人工智能项目。

本书认为不仅是人工智能技术的特征,企业管理也会影响人工智能应用所带来的企业绩效的提升。人工智能驱动决策会显著正向影响企业绩效,这与 Ashaari 等(2021)的研究结论类似。本书发现人工智能能力并未直接影响企业绩效(Chen & Lin,2021;Haftor et al.,2021),而是通过企业创造力和人工智能管理间接影响人工智能驱动决策,然后影响企业绩效。人工智能能力作为由多种资源共同构成的企业能力,需要通过创新的措施和高质量的决策来体现其商业价值。

本书揭示了创新文化与环境活力作为调节变量对人工智能能力与企业绩效之间关系产生的影响。创新文化对企业创造力与人工智能驱动决策之间的关系存在正向调节作用(Zhang et al.,2021),同时也对人工智能驱动决策与企业绩效之间的关系存在正向调节作用(Ashaari et al.,2021)。环境活力对人工智能管理与人工智能驱动决策之间的关系存在正向调节作用(Belhadi et al.,2024)。然而环境活力对人工智能驱动决策与企业绩效之间的关系并不存在调节作用,说明外部环境的变化与不可预测性难以让企业在人工智能驱动决策上获利。因而企业应该关注创新文化与环境活力作为调节变量所带来的积极影响。

控制变量中企业成立年数负向影响企业绩效。初创企业更期望借助新技术和新模式来提升企业绩效(Yao et al.,2021),而成立时间较长的企业对新技术的看法可能过于保守。企业员工规模并不会影响企业绩效,这说明在考虑人工智能与企业绩效之间的关系时不用过多担心企业员工规模所带来的影响。

11.3　管理启示

11.3.1　构建企业人工智能能力

本书的发现为那些希望有效部署人工智能技术和应用的企业提供了有力支撑。对于考虑采用人工智能技术的公司来说,准确理解人工智能的决定因素至关重要。这些研究为企业提供了理论支撑,为实施人工智能技术和应用做好充分准备。企业应具备有效应用人工智能技术的能力,特别是管理能力。高效的内部管理机制是新技术顺利实施的关键。本书的研究结果表明,企业必须确保内部合作和沟通的效率,以及教育和培训计划的完整性和有效性,以将基于人工智能的解决方案集成在其业务运营中。企业可以通过基础(有形资源)、倾向(无形资源)和技能(人力资源)三个方面培育企业人工智能能力。本书证实了电子商务企业人工智能能力由基础、倾向、技能三个一阶变量形成,数据分析结果显示人工智能能力是一个二阶模型。这意味着企业要让人工智能技术真正发挥商业价值来改善企业绩效不能单靠硬件设备和软件、技术资源(Rahman et al.,2021)、数据资源(Chaudhuri et al.,2021)等,而是应该让这些互补性资源有机组合形成企业的竞争优势(杜传忠等,2024)。不同部门之间应该相互协作,以了解各个组织如何应用人工智能技术,并建立一个整体框架来应用那些已被证明的方法。因此,高层管理人员需要了解拥有适当的信息技术基础设施和技能组合对于采用新技术的重要性。在企业内成功应用新技术的一种方法是确定信息技术专家,对他们进行培训并将他们指定为人工智能专家。这些信息技术专家应接受广泛的培训,以培养出能够实施人工智能技术并为企业提供充分的技术支持的合格信息技术人员。管理者应确保所有员工都对信息安全的组织规章制度有所了解。信息技术专业人员应帮助实施这些规定。所有信息技术人员都应定期接受信息安全培训,以了解如何正确保护正在使用的人工智能。此外,要让企业采用人工智能技术,必须有基本的人工智能基础设施。本书的研究结果为决策者估算人工智能创新特性所产生的直接和间接影响提供了可靠的依据。

11.3.2　提升人工智能创新优势

企业可采用人工智能技术来执行企业经营中的重复性工作,这样可以让更多人力资源从重复性工作中解放出来并降低成本(Garrido-Moreno et al.,2024)。大量企业正在寻找重要的数字化转型技术,其中一些企业实施了以人工智能为代表的技术以支持企业业务发展,希望提高数据分析和决策效率。那些实施人工智能的企业看到了企业业绩的改善,并认为植入人工智能将进一步推动企业的发展。如果不实施这项具有变革性的技术,企业在提高竞争优势和绩效方面或将面临更大的挑战。此外,企业还可以尝试使用人工智能技术来开展创新的工作,通过使用企业内部数据和外部市场数据进行深入挖掘来发现企业客户的需求变化,从而让企业有更多时间来优化流程、产品和服务。例如,通过人工智能技术可以形成更多可能获得消费者青睐的产品方案,借助记录的浏览数据、点击流数据和销售数据来预测消费者喜欢的产品组合。

11.3.3 培养人工智能创新文化

本书研究证实了创新文化和环境活力在研究模型中所存在的正向调节作用。电子商务企业应该培育创新文化,吸纳企业内各个层级员工的观点,也应该考虑外部专家的意见。企业还可以建立容错机制来鼓励尝试新的想法和方案,这也许能为企业带来更多提升企业绩效的机会。外部环境的变化也会影响企业的经营,企业可以用人工智能技术实时监控外部环境的变化并推荐干预策略,在激烈的市场竞争中洞察商机。研究结果表明,企业绩效增长受到企业内部和外部环境两个层面的影响。客户是重要的,面对激烈的市场竞争和接近饱和的市场,电子商务企业不应一味以低价策略吸引客户。为了促进企业的可持续发展,必须优化服务内容并提高产品质量,吸引和刺激顾客购买企业提供的产品和服务。

在某种程度上,企业几乎所有的员工都将受到人工智能驱动计划的影响。企业领导者和变革推动者必须采取整体的方法来实现人工智能驱动,而不是将员工视为一个单一的个体。尽管企业的所有员工都会受到影响,但受影响最大的是企业领导者、信息技术分析师以及人工智能驱动技术的早期采用者。领导者需要为计划提供支持,并确定团队人数、项目选择和优先级。信息技术相关专业人员需要提供基于企业需求的工具,这些工具可用于通过消除风险和未知因素来改进或替代决策。运营、规划甚至战略决策者都会在一定程度上受到各自领域人工智能驱动技术采用的影响。在人工智能驱动的文化转型期间,企业领导者和变革推动者有责任向受影响的个人进行说明。在项目选择和优先排序的过程中,如果人工智能团队无法参与讨论,领导者和变革推动者必须负责将这些信息有效地传达给团队。在整个决策支持工具的开发过程中需要与个人决策者合作时,人工智能团队应该积极与其交流相关信息。各方之间的有效沟通有利于创建一个值得信赖的人工智能驱动决策环境,培养企业的创新文化。

11.3.4 重视人工智能管理决策

研究结果表明,人工智能的管理和驱动决策在帮助企业应用人工智能技术方面发挥了重要作用。算法和模型是人工智能的核心,但企业必须有配套的管理方案和驱动决策的策略才能更好地发挥人工智能的潜力。构建基于人工智能驱动决策的流程是发挥人工智能提升企业绩效作用的重要步骤(Chatterjee et al.,2024)。企业只有在市场营销、产品开发、客户关系管理等环节上基于人工智能进行决策,才能真正享受人工智能所带来的技术红利。数字化技术的快速发展也要求企业建立人工智能管理系统,并对人工智能系统进行监控和及时更新。本书的研究结果为管理者作出明智的人工智能决策提供了有价值的见解。人工智能不仅是一种信息技术创新,也是一种战略创新。它代表着企业提高商业效率和获得竞争优势的商业模式的巨大转变。

11.3.5 关注跨行业差异化应用

针对不同行业的特点,关注人工智能的差异化应用具有重要意义。以电子商务行业为例,可以提出以下建议:第一,提升企业综合管理能力,即电子商务企业需要合理配置企业的信息技术资源,建立有效的内部沟通协作机制,制定可行的培训方案,降低人工智能应用难度,为人工智能应用创造条件。第二,随着数字化浪潮的到来,全面引入人工智能技术,借助自动化、智能化运营技术以提高电子商务运营效率、节约运维成本。由于电子商务活动产生了丰富的数据,电子商务企业可以积极利用人工智能、大数据技术和平台进行数据挖掘,提高数据质量和数据处理效率,保障数据安全。第三,人工智能的管理和驱动决策在人工智能应用中发挥着重要作用。电子商务企业可以通过多种方式作出人工智能的管理和驱动决策,比如外包部分流程、购买特定服务、让供应商协助开发内部解决方案或培训内部员工。电子商务企业应积极与人工智能厂商合作,研究和探索基于"电子商务＋人工智能"的创新服务和应用,针对不同业务需求提供不同的应用场景,实现资源利用最大化,利用人工智能让企业获利。第四,建立合理、创新的人工智能人才培养机制。培养既懂电子商务,又懂业务运营,还懂人工智能的复合型人才。通过制定适当的制度和激励措施,引导员工挖掘自身的潜力,整合人力资源,提高企业的整体效率。

11.4　政策建议

11.4.1　加快人工智能发展谋划

确立明确的发展目标与路径,强调专精特新的中小企业培育和数字经济跨越式发展;因地制宜地结合地方产业特色制定人工智能发展规划;制定具体、可行的实施方案,包括政策支持、资金投入、人才培养和技术创新等多个方面;推动政府、企业、学术界、金融界等各方面的资源整合,建立跨部门、跨领域的协同创新机制;强化政策落实与监督,确保政策效果最大化;加强国际交流与合作,促进人才、技术和资本的交流融合;关注人工智能发展的社会责任与伦理,确保其健康、可持续发展。这些措施有助于为全国范围内人工智能产业发展提供清晰的发展蓝图,引导企业和社会各界共同努力,推动产业转型升级,提高产业集聚度和企业竞争力。

11.4.2　加快国家先导区的创建

鉴于先导区的创建对于集聚资源和促进产业协同发展具有重要意义,建议加快创建国家级和地方级人工智能创新应用先导区的步伐。深入研究已获批先导区,总结其成功经验,针对不同地区的实际情况制定具有竞争力的创建方案。积极与相关部门沟通,争取中央政策支持,推动各地创建国家人工智能创新应用先导区。在创建过程中,要加强国家与地方的协同联动,调动产业、科技、教育、金融等多方力量共同推动人工智能产业发展。创新区内政策设计,优化企业创新创业环境,吸引优秀人才和企业落户,推动新一代人工智能技术在企业中应用。加强对先导区内的人工智能企业和项目的支持,为企业提供优质服务,推动人工智能产业的发展和优化。通过加快创建国家级和地方级人工智能创新应用先导区,有望整合各地的优势资源,提升人工智能产业发展水平,进一步助力企业的数字化转型。在这一过程中,关注新一代人工智能技术对企业与社会发展的作用和意义,更好地推动产业转型升级,提高产业集聚度和企业竞争力。此外,政府、企业、学术界和金融界等应共同努力,形成人工智能产业发展的良好生态,为实现人工智能技术的广泛应用和推动产业发展创造有利条件。

11.4.3　加快人工智能创新高地建设

为响应新一代人工智能对经济社会发展的迫切需求,建议加快推动人工智能产业高地建设。借鉴上海、深圳、青岛等城市的成功经验,以推动企业数字化和高质量发展为核心,制定全国性的人工智能产业发展规划与政策措施。通过优化政策体系,激发企业创新活力,为各地企业提供有力支持。从国家层面制定涉及人工智能技术创新、产业集群发展和基础设施升级的政策,并鼓励省级政府结合本省的实际情况,制定与国家规划相协调的发展战略。从人才培养的视角来看,要创新国家与省级人才引进和培育机制,提升全国人工智能产业人才综合素质,为产业发展提供持续动力。引导社会资本投入,支持产业交流与合作,提升全国人工智能产业的整体竞争力。实施这一策略将有望推动全国范围内人工智能产业发展,助力企业享受人工智能应用带来的红利,提升市场竞争力,进而提升我国在全球人工智能产业竞争中的地位,为经济社会发展注入新活力。

11.4.4　加快创新平台联盟发展

建议构建全国范围内的人工智能创新平台联盟,以促进技术创新与应用以及企业数字化转型。借鉴国内成功经验,组建人工智能技术创新联盟,推动技术研发、资源共享及产业合作,以提升各地企业的人工智能应用能力。从国家层面出发,推动数据开放共享平台建设,鼓励企业与科研机构等合作,共同构建全国人工智能数据开放生态,助力技术创新与产业发展。组织举办相关活动与论坛,加强与其他城市及产业联盟的交流合作,提升在国际人工智能领域的知名度与影响力。积极推动人工智能技术在各行业的应用,充分发挥产业优势,促进新技术、新产品及新模式的创新与应用。制定相关政策,为人工智能创新平台联盟提供稳定、持续的支持,为企业赋能提供有力保障。加快创新平台联盟建设有望进一步提升全国人工智能产业的整体竞争力,推动企业数字化转型及市场竞争力提升。这将为新一代人工智能的广泛应用创造有利条件,从而促进企业与社会的持续发展。在此基础上,政府应根据各地的实际情况,制定相应的政策,确保创新平台联盟的顺利构建。

11.4.5　加快人才培训教育项目规划

为应对新一代人工智能技术的快速发展,政府应制订专项培训计划和教育项目,旨在加强企业和员工对相关技术的认识与应用,进而为企业提供丰富的人才资源,推动人工智能技术在企业的应用和创新。这需要加强与教育机构的合作,确保培训和教育项目的针对性与实效性。设立专门的人工智能人才培养基金,提供培训补贴,鼓励企业自主开展技能培训。同时,支持高校和科研机构安排相关课程与开展研究,吸引海外优秀人才,优化人才引进政策和激励机制。加强宣传和普及工作,提高全社会对人工智能技术的认识和接受度。各级政府应关注培训质量和效果,鼓励企业、高校和科研机构之间的深度合作,共同推动人工智能领域的技术创新和人才培养。通过加快人才培训教育项目规划,助力企业和社会发展,确保我国在全球人工智能产业竞争中保持领先地位。

11.5　研究创新

本书的创新点主要体现在学术思想创新、学术观点创新、研究方法创新三个方面。

11.5.1　学术思想创新

第一,基于资源基础视角、动态能力理论和技术—组织—环境框架构建了人工智能、企业创造力与绩效的研究框架。该研究思路扩展了人工智能、企业创造力与绩效之间的关联理论,提出了综合研究框架,构建了新一代人工智能、企业创造力与绩效之间的关系模型。

第二,从构建人工智能能力的视角出发,提出了新一代人工智能对企业创造力与绩效的作用路径。该研究思路揭示了人工智能能力发展、实际应用及其在企业创造力与绩效提升中的作用机制,为人工智能与企业管理研究领域提供了多元化的理论视角,丰富了相关学术研究。

第三,提出了新一代人工智能提升企业创造力与绩效的复杂特征和影响机制。突破传统研究思想,关注新一代人工智能技术在企业创新与绩效提升中的复杂特征,揭示其多维、交叉作用的影响机制,为企业在新一代人工智能背景下提升创造力与绩效提供有力的理论支撑和实践指导,推动交叉领域研究,拓宽学术视野。

11.5.2　学术观点创新

第一,企业人工智能能力的构建是提升创造力与绩效的关键,通过系统梳理,揭示了关键路径,为企业实现数字化转型提供理论指导。

第二,人工智能能力的高阶形成性模型包括人工智能基础、人工智能技能和人工智能倾向,为理解企业人工智能能力提供了一个全新的理论框架。

第三,人工智能对企业绩效的积极影响需通过人工智能管理和驱动决策的中介路径传递,这有助于企业制定更有效的策略,理解与管理人工智能发挥作用的过程。

第四,人工智能作用的发挥需综合考虑多因素,运用组态方案驱动企业绩效提升,为企业实现人工智能应用的最大价值提供了理论指导。

第五,企业应基于内部资源优势和外部环境适应性,形成企业能力。本书借鉴了多理论的观点,为企业能力提升和发展提供了全新的理论视角。

11.5.3　研究方法创新

第一,结构方程模型和组态效应分析的综合应用有助于理解各因素的影响路径和效应类型,以及借助人工智能提升企业绩效的组态方案。本书采用结构方程模型、模糊集定性比较分析等多种方法,不仅探讨了单个影响因素对企业绩效的影响,也深入探讨了多个影响因素组态对企业绩效的影响。本书还借助重要性—效能映射分析发现了虽然重要但效能低的因素。

第二,二维非线性关系模型和三维模型的可视化展示有利于直观了解人工智能与企业创造力、绩效之间的多维关系。采用自适应神经模糊系统分析、人工神经网络分析等方法建立了企业绩效与八个因素之间的二维非线性关系模型、两个因素共同组合影响的三维模型,确保了实验的准确度以及可观察性。

第三,多元方法创新为分析新一代人工智能对企业创造力与绩效的影响问题提供了研究方法上的突破。文献回顾与内容分析、问卷调查、专家访谈、多案例分析等方法的创新应用避免了单一研究方法所带来的局限性,定性与定量方法的综合应用有利于更加客观地得出研究结论与对策。

11.6 研究局限与展望

虽然本书对当前的理论发展和人工智能实践做出了一些贡献,但也存在一些局限。该研究是专门针对中国的电子商务企业进行的,它只反映了一个行业、一个国家的情况,其他地区、其他行业的研究结果可能会有差异。从高层管理者那里收集的数据可能存在片面性,高层管理者可能对企业转型和市场导向的实际情况缺少整体了解。在这项研究中,企业的其他特征(如风险承担、研发能力、市场开拓能力、生产效率等)没有考虑在内。资源基础视角、动态能力理论和技术—组织—环境框架等涉及多方面的因素。该研究在收集数据时没有考虑员工的职务和岗位,不同岗位的员工可能会有不同的看法。本书中所讨论的企业绩效主要来自受访者的主观评价,调查中问题回答的准确性取决于参与者对调查项目回答的真实性,以及他们之前的经验和对人工智能技术与应用的理解,并未涵盖样本公司的财务数据,这种对企业绩效的主观判断可能无法像财务数据那样精准。这项研究使用了一个时间点的横截面数据,它未考虑人工智能能力与企业绩效的纵向变化。此外,一些受访者不想花太多时间填写问卷,因此问卷中的数据可能并不准确。

　　虽然有一些局限,但该研究也为未来的研究创造了机会。本书中提出的概念框架的有效性可用于形成该研究领域未来研究的假设,需要进行跨行业、跨地区的研究,以提高本书研究结果的准确性,行业和地区之间的比较可以为了解行业和地区造成的差异提供重要的参考。此外,研究结果可用于支持未来开展企业数字化转型与企业绩效的研究。概念框架和研究方法可用于分析商业环境经常发生变化的其他行业,如信息技术、数字程序开发和其他服务部门。

参考文献

Abdel-Basset M，Nabeeh N A，El-Ghareeb H A，et al. Utilising neutrosophic theory to solve transition difficulties of IoT-based enterprises [J]. Enterprise Information Systems，2020(9-10)：1304-1324.

Abou-Foul M，Ruiz-Alba J L，López-Tenorio P J. The impact of artificial intelligence capabilities on servitization：The moderating role of absorptive capacity-A dynamic capabilities perspective [J]. Journal of Business Research，2023(1)：113609.

Abrate G，Nicolau J L，Viglia G. The impact of dynamic price variability on revenue maximization[J]. Tourism Management，2019(1)：224-233.

Achi A，Adeola O，Achi F C. CSR and green process innovation as antecedents of micro，small，and medium enterprise performance：Moderating role of perceived environmental volatility [J]. Journal of Business Research，2022(1)：771-781.

Afsay A，Tahriri A，Rezaee Z. A meta-analysis of factors affecting acceptance of information technology in auditing[J]. International Journal of Accounting Information Systems，2023(1)：100608.

Ågerfalk P J. Artificial intelligence as digital agency[J]. European Journal of Information Systems，2020(1)：1-8.

Aghababaeyan Z，Abdellatif M，Briand L，et al. Black-box testing of deep neural networks through test case diversity[J]. IEEE Transactions on Software Engineering，2023(5):3182-3204.

Agrawal A，Gans J S，Goldfarb A. Artificial intelligence: The ambiguous labor market impact of automating prediction[J]. Journal of Economic Perspectives,2019(2):31-50.

Aksoy H. How do innovation culture，marketing innovation and product innovation affect the market performance of small and medium-sized enterprises (SMEs)? [J]. Technology in Society,2017(1):133-141.

Akter S，Dwivedi Y K，Biswas K，et al. Addressing algorithmic bias in AI-driven customer management [J]. Journal of Global Information Management,2021(6):1-27.

Alawag A M，Alaloul W S，Liew M S，et al. Critical success factors influencing total quality management in industrialised building system: A case of malaysian construction industry [J]. Ain Shams Engineering Journal,2023(2):101877.

Al-Emran M，AlQudah A A，Abbasi G A，et al. Determinants of using AI-based chatbots for knowledge sharing: Evidence from PLS-SEM and fuzzy sets (fsQCA) [J]. IEEE Transactions on Engineering Management,2023(1):4985-4999.

Alpar P，Schulz M. Self-service business intelligence[J]. Business & Information Systems Engineering,2016(1):151-155.

Alsudani M Q，Jaber M M，Ali M H，et al. Smart logistics with IoT-based enterprise management system using global manufacturing [J]. Journal of Combinatorial Optimization,2023(2):57.

Al-Surmi A，Bashiri M，Koliousis I. AI based decision making: Combining strategies to improve operational performance[J]. International Journal of Production Research,2022(14):4464-4486.

Alter S. Understanding artificial intelligence in the context of usage: Contributions and smartness of algorithmic capabilities in work systems

[J]. International Journal of Information Management,2022(1):102392.

Alvandi E, Sadoddin A, Sheikh V. A web-based integrated Bayesian decision support system for rangeland management in semi-arid watersheds [J]. Environmental Science & Policy,2023(1):80-96.

Amabile T M. Creativity, artificial intelligence, and a world of surprises[J]. Academy of Management Discoveries,2020(3):351-354.

Ameen N, Tarba S, Cheah J H, et al. Coupling artificial intelligence capability and strategic agility for enhanced product and service creativity[J]. British Journal of Management,2024(2):100958.

Andersson M, Kusetogullari A, Wernberg J. Coding for intangible competitive advantage-mapping the distribution and characteristics of software-developing firms in the Swedish economy [J]. Industry and Innovation,2023(1):17-41.

Antonelli C, Orsatti G, Pialli G. The knowledge-intensive direction of technological change[J]. Eurasian Business Review,2023(1):1-27.

Arenal A, Armuna C, Feijoo C, et al. Innovation ecosystems theory revisited: The case of artificial intelligence in China [J]. Telecommunications Policy,2020(6):101960.

Arias-Pérez J, Vélez-Jaramillo J. Ignoring the three-way interaction of digital orientation, not-invented-here syndrome and employee's artificial intelligence awareness in digital innovation performance: A recipe for failure[J]. Technological Forecasting and Social Change,2022(1):121305.

Arslan A, Cooper C, Khan Z, et al. Artificial intelligence and human workers interaction at team level: A conceptual assessment of the challenges and potential HRM strategies [J]. International Journal of Manpower,2022(1):75-88.

Ashaari M A, Singh K S D, Abbasi G A, et al. Big data analytics capability for improved performance of higher education institutions in the Era of IR 4.0: A multi-analytical SEM & ANN perspective [J].

Technological Forecasting and Social Change,2021(1):121119.

Ashenden D, Sasse A. CISOs and organisational culture: Their own worst enemy?[J]. Computers & Security,2013(1):396-405.

Astrachan C B, Patel V K, Wanzenried G. A comparative study of CB-SEM and PLS-SEM for theory development in family firm research[J]. Journal of Family Business Strategy,2014(1):116-128.

Awa H O, Ojiabo O U. A model of adoption determinants of ERP within TOE framework[J]. Information Technology & People,2016(4): 901-930.

Awan U, Shamim S, Khan Z, et al. Big data analytics capability and decision-making: The role of data-driven insight on circular economy performance [J]. Technological Forecasting and Social Change, 2021 (1):120766.

Baabdullah A M, Alalwan A A, Slade E L, et al. SMEs and artificial intelligence (AI): Antecedents and consequences of AI-based B2B practices [J]. Industrial Marketing Management,2021(1):255-270.

Baabdullah A M. The precursors of AI adoption in business: Towards an efficient decision-making and functional performance[J]. International Journal of Information Management,2024(1):102745.

Baer M, Frese M. Innovation is not enough: Climates for initiative and psychological safety, process innovations, and firm performance[J]. Journal of Organizational Behavior: The International Journal of Industrial, Occupational and Organizational Psychology and Behavior,2003 (1):45-68.

Bag S, Pretorius J H C, Gupta S, et al. Role of institutional pressures and resources in the adoption of big data analytics powered artificial intelligence, sustainable manufacturing practices and circular economy capabilities [J]. Technological Forecasting and Social Change, 2021 (1):120420.

Bag S, Wood L C, Mangla S K, et al. Procurement 4.0 and its implications on business process performance in a circular economy [J]. Resources, Conservation and Recycling, 2020(1):104502.

Baharun R, Mi T J, Mardani A, et al. Innovation in healthcare performance among private brand's healthcare services in small and medium-sized enterprises (SMEs)[J]. Acta Polytechnica Hungarica, 2019 (5):151-172.

Bahrami M, Shokouhyar S. The role of big data analytics capabilities in bolstering supply chain resilience and firm performance: A dynamic capability view [J]. Information Technology & People, 2022 (5): 1621-1651.

Baker J. The technology-organization-environment framework [J]. Information Systems Theory: Explaining and Predicting Our Digital Society, 2012(1):231-245.

Baldegger R, Caon M, Sadiku K. Correlation between entrepreneurial orientation and implementation of AI in human resource management (HRM) [J]. Technology Innovation Management Review, 2020(4):72-79.

Bao Z, Wang C. A multi-agent knowledge integration process for enterprise management innovation from the perspective of neural network [J]. Information Processing & Management, 2022(2):102873.

Barchard K A, Williams J. Practical advice for conducting ethical online experiments and questionnaires for United States psychologists[J]. Behavior Research Methods, 2008(1):1111-1128.

Barney J B, Hansen M H. Trustworthiness as a source of competitive advantage[J]. Strategic Management Journal, 1994(S1):175-190.

Barney J. Firm resources and sustained competitive advantage [J]. Journal of Management, 1991(1):99-120.

Barr A, Feigenbaum E A, Cohen P R. The handbook of artificial intelligence[M]. Stanford: HeurisTech Press, 1981.

Barreto I. Dynamic capabilities: A review of past research and an agenda for the future[J]. Journal of Management,2010(1):256-280.

Basile L J, Carbonara N, Pellegrino R, et al. Business intelligence in the healthcare industry: The utilization of a data-driven approach to support clinical decision making[J]. Technovation,2023(1):102482.

Battisti E, Nirino N, Leonidou E, et al. Corporate venture capital and CSR performance: An extended resource based view's perspective[J]. Journal of Business Research,2022(1):1058-1066.

Bauer K, von Zahn M, Hinz O. Expl (AI) ned: The impact of explainable artificial intelligence on users' information processing [J]. Information Systems Research,2023(4):1582-1602.

Beamish P W, Chakravarty D. Using the resource-based view in multinational enterprise research[J]. Journal of Management,2021(7): 1861-1877.

Becker J M, Klein K, Wetzels M. Hierarchical latent variable models in PLS-SEM: Guidelines for using reflective-formative type models[J]. Long Range Planning,2012(5-6):359-394.

Belhadi A, Mani V, Kamble S S, et al. Artificial intelligence-driven innovation for enhancing supply chain resilience and performance under the effect of supply chain dynamism: An empirical investigation[J]. Annals of Operations Research,2024(2):627-652.

Benbya H, Strich F, Tamm T. Navigating generative artificial intelligence promises and perils for knowledge and creative work [J]. Journal of the Association for Information Systems,2024(1):23-36.

Benitez-Amado J, Walczuch R M. Information technology, the organizational capability of proactive corporate environmental strategy and firm performance: A resource-based analysis [J]. European Journal of Information Systems,2012(1):664-679.

Benzaid C, Taleb T. AI-driven zero touch network and service management in 5G and beyond: Challenges and research directions[J]. IEEE Network,2020(2):186-194.

Bhargava H K, Power D J, Sun D. Progress in web-based decision support technologies[J]. Decision Support Systems,2007(4):1083-1095.

Bhaskaran S. Incremental innovation and business performance: Small and medium-size food enterprises in a concentrated industry environment [J]. Journal of Small Business Management,2006(1):64-80.

Borgatti S P, Molina J L. Toward ethical guidelines for network research in organizations[J]. Social Networks,2005(2):107-117.

Borges A F S, Laurindo F J B, Spínola M M, et al. The strategic use of artificial intelligence in the digital era: Systematic literature review and future research directions [J]. International Journal of Information Management,2021(1):102225.

Bourlakis M, Bourlakis C. Integrating logistics and information technology strategies for sustainable competitive advantage[J]. Journal of Enterprise Information Management,2006(4):389-402.

Bouschery S G, Blazevic V, Piller F T. Augmenting human innovation teams with artificial intelligence: Exploring transformer-based language models[J]. Journal of Product Innovation Management,2023(2):139-153.

Bradford M, Earp J B, Grabski S. Centralized end-to-end identity and access management and ERP systems: A multi-case analysis using the Technology Organization Environment framework [J]. International Journal of Accounting Information Systems,2014(2):149-165.

Braun V, Clarke V, Boulton E, et al. The online survey as a qualitative research tool [J]. International Journal of Social Research Methodology,2021(6):641-654.

Brillinger A S, Els C, Schäfer B, et al. Business model risk and uncertainty factors: Toward building and maintaining profitable and sustainable business models[J]. Business Horizons,2020(1):121-130.

Bruton G D, Rubanik Y. Resources of the firm, Russian high-technology startups, and firm growth[J]. Journal of Business Venturing, 2002(6):553-576.

Burton J W, Stein M K, Jensen T B. A systematic review of algorithm aversion in augmented decision making[J]. Journal of Behavioral Decision Making,2020(2):220-239.

Cailou J, DeHai L. Does venture capital stimulate the innovation of China's new energy enterprises?[J]. Energy,2022(1):122704.

Çakıt E, Olak A J, Karwowski W, et al. Assessing safety at work using an adaptive neuro-fuzzy inference system (ANFIS) approach aided by partial least squares structural equation modeling (PLS-SEM) [J]. International Journal of Industrial Ergonomics,2020(1):102925.

Caldeira M M, Ward J M. Using resource-based theory to interpret the successful adoption and use of information systems and technology in manufacturing small and medium-sized enterprises[J]. European Journal of Information Systems,2003(2):127-141.

Caliskan A, Özkan Özen Y D, Ozturkoglu Y. Digital transformation of traditional marketing business model in new industry era[J]. Journal of Enterprise Information Management,2021(4):1252-1273.

Cannas V G, Ciano M P, Saltalamacchia M, et al. Artificial intelligence in supply chain and operations management: A multiple case study research[J]. International Journal of Production Research,2024(9):3333-3360.

Cannavale C, Esempio Tammaro A, Leone D, et al. Innovation adoption in inter-organizational healthcare networks-the role of artificial intelligence[J]. European Journal of Innovation Management,2022(6):758-774.

Carrillo-Perez F, Pecho O E, Morales J C, et al. Applications of artificial intelligence in dentistry: A comprehensive review[J]. Journal of

Esthetic and Restorative Dentistry,2022(1):259-280.

Cavanagh A，Croy G，Cox J W，et al. Developing and harnessing historical sensibility to overcome the influence of dominant logics：A pedagogical model[J]. Academy of Management Learning & Education, 2023(4):595-620.

Chahal H，Gupta M，Bhan N，et al. Operations management research grounded in the resource-based view：A meta-analysis[J]. International Journal of Production Economics,2020(1):107805.

Chai L，Li J，Clauss T，et al. The influences of interdependence, opportunism and technology uncertainty on interfirm coopetition[J]. The Journal of Business and Industrial Marketing,2019(5):948-964.

Chakraborty A，Banerjee J S，Bhadra R，et al. A framework of intelligent mental health monitoring in smart cities and societies[J]. IETE Journal of Research,2024(2):1328-1341.

Chan D W M，Olawumi T O，Ho A M L. Critical success factors for building information modelling (B)IM implementation in Hong Kong[J]. Engineering，Construction and Architectural Management，2019（9）: 1838-1854.

Chang V，Chen W，Xu Q A，et al. Towards the customers' intention to use QR codes in mobile payments[J]. Journal of Global Information Management (JGIM),2021(6):1-21.

Chatterjee S，Chaudhuri R，Vrontis D，et al. Exploring the impacts of knowledge infrastructure，dynamic capability，and customer relationship management ability on business value of a firm[J]. IEEE Transactions on Engineering Management,2022(1):12910-12920.

Chatterjee S，Chaudhuri R，Vrontis D. Does data-driven culture impact innovation and performance of a firm? An empirical examination[J]. Annals of Operations Research,2024(2):601-626.

Chatterjee S，Kar A K. Why do small and medium enterprises use social media marketing and what is the impact: Empirical insights from India [J]. International Journal of Information Management, 2020 (1):102103.

Chaudhuri R, Chatterjee S, Vrontis D, et al. Adoption of robust business analytics for product innovation and organizational performance: The mediating role of organizational data-driven culture[J]. Annals of Operations Research,2021(1):1757-1791.

Chaudhuri S, Dayal U, Narasayya V. An overview of business intelligence technology[J]. Communications of the ACM,2011(8):88-98.

Cheah J H, Amaro S, Roldán J L. Multigroup analysis of more than two groups in PLS-SEM: A review, illustration, and recommendations[J]. Journal of Business Research,2023(1):113539.

Chen C. Influence of employees' intention to adopt AI applications and big data analytical capability on operational performance in the high-tech firms[J]. Journal of the Knowledge Economy,2024(1):3946-3974.

Chen D, Esperança J P, Wang S. The Impact of artificial intelligence on firm performance: An application of the resource-based view to e-commerce firms[J]. Frontiers in Psychology,2022(1):884830.

Chen G, Kang H, Luna-Reyes L F. Key determinants of online fiscal transparency: A technology-organization-environment framework [J]. Public Performance & Management Review,2019(3):606-631.

Chen M J, Michel J G, Lin W. Worlds apart? Connecting competitive dynamics and the resource-based view of the firm [J]. Journal of Management,2021(7):1820-1840.

Chen M, Mao S, Liu Y. Big data: A survey[J]. Mobile Networks and Applications,2014(1):171-209.

Chen P, Chu Z, Zhao M. The road to corporate sustainability: The importance of artificial intelligence [J]. Technology in Society, 2024 (1):102440.

Chen X F，Siau K. Business analytics/business intelligence and IT infrastructure：Impact on organizational agility［J］. Journal of Organizational and End User Computing (JOEUC)，2020(4):138-161.

Chen Y，Lin Z. Business intelligence capabilities and firm performance：A study in China［J］. International Journal of Information Management，2021(1):102232.

Chen Z，Yin M，Zhou M. Does environmental regulatory pressure affect corporate debt financing?［J］. Resources，Conservation and Recycling，2022(1):106405.

Chesbrough H. The logic of open innovation：Managing intellectual property［J］. California Management Review，2003(3):33-58.

Chhillar D，Aguilera R V. An eye for artificial intelligence：Insights into the governance of artificial intelligence and vision for future research ［J］. Business & Society，2022(5):1197-1241.

Chinchanachokchai S，Thontirawong P，Chinchanachokchai P. A tale of two recommender systems：The moderating role of consumer expertise on artificial intelligence based product recommendations［J］. Journal of Retailing and Consumer Services，2021(1):102528.

Chittipaka V，Kumar S，Sivarajah U，et al. Blockchain technology for supply chains operating in emerging markets：An empirical examination of technology-organization-environment （TOE） framework［J］. Annals of Operations Research，2023(1):465-492.

Cho J，Cheon Y，Jun J W，et al. Digital advertising policy acceptance by out-of-home advertising firms：A combination of TAM and TOE framework［J］. International Journal of Advertising，2022(3):500-518.

Chowdhury S，Dey P，Joel-Edgar S，et al. Unlocking the value of artificial intelligence in human resource management through AI capability framework［J］. Human Resource Management Review，2023(1):100899.

Chunsheng L，Wong C W Y，Yang C C，et al. Value of supply chain resilience：Roles of culture，flexibility，and integration［J］. International Journal of Physical Distribution and Logistics Management，2019（1）：80-100.

Collins G S，Moons K G M. Reporting of artificial intelligence prediction models［J］. The Lancet，2019（10181）：1577-1579.

Coltman T，Devinney T M，Midgley D F，et al. Formative versus reflective measurement models：Two applications of formative measurement［J］. Journal of Business Research，2008（12）：1250-1262.

Combs J G，Ketchen，Jr D J，Ireland R D，et al. The role of resource flexibility in leveraging strategic resources［J］. Journal of Management Studies，2011（5）：1098-1125.

Conner K R，Prahalad C K. A resource-based theory of the firm：Knowledge versus opportunism ［J］. Organization Science，1996（5）：477-501.

Cruz-Jesus F，Pinheiro A，Oliveira T. Understanding CRM adoption stages：Empirical analysis building on the TOE framework［J］. Computers in Industry，2019（1）：1-13.

Dabbous A，Barakat K A，Kraus S. The impact of digitalization on entrepreneurial activity and sustainable competitiveness：A panel data analysis［J］. Technology in Society，2023（1）：102224.

De Mattos C A，Laurindo F J B. Information technology adoption and assimilation：Focus on the suppliers portal［J］. Computers in Industry，2017（1）：48-57.

De Paula D，Marx C，Wolf E，et al. A managerial mental model to drive innovation in the context of digital transformation［J］. Industry and Innovation，2023（1）：42-66.

De Silva D，Sierla S，Alahakoon D，et al. Toward intelligent industrial informatics：A review of current developments and future directions of artificial intelligence in industrial applications ［J］. IEEE

Industrial Electronics Magazine,2020(2):57-72.

Dean D, Suhartanto D. The formation of visitor behavioral intention to creative tourism: The role of push-pull motivation[J]. Asia Pacific Journal of Tourism Research,2019(5):393-403.

De-Arteaga M, Feuerriegel S, Saar-Tsechansky M. Algorithmic fairness in business analytics: Directions for research and practice[J]. Production and Operations Management,2022(10):3749-3770.

Denicolai S, Zucchella A, Magnani G. Internationalization, digitalization, and sustainability: Are SMEs ready? A survey on synergies and substituting effects among growth paths[J]. Technological Forecasting and Social Change, 2021(1):120650.

Di Vaio A, Hassan R, Alavoine C. Data intelligence and analytics: A bibliometric analysis of human-Artificial intelligence in public sector decision-making effectiveness [J]. Technological Forecasting and Social Change,2022(1):121201.

Di Vaio A, Palladino R, Hassan R, et al. Artificial intelligence and business models in the sustainable development goals perspective: A systematic literature review[J]. Journal of Business Research,2020(1): 283-314.

DiBella J, Forrest N, Burch S, et al. Exploring the potential of SMEs to build individual, organizational, and community resilience through sustainability-oriented business practices[J]. Business Strategy and the Environment,2023(1):721-735.

Ding R X, Palomares I, Wang X, et al. Large-Scale decision-making: Characterization, taxonomy, challenges and future directions from an artificial intelligence and applications perspective[J]. Information Fusion, 2020(1):84-102.

Dora M, Kumar A, Mangla S K, et al. Critical success factors influencing artificial intelligence adoption in food supply chains [J].

International Journal of Production Research,2022(14):4621-4640.

Duan Y，Edwards J S，Dwivedi Y K． Artificial intelligence for decision making in the era of big data-evolution，challenges and research agenda[J]． International Journal of Information Management，2019（1）：63-71.

Dubey R，Bryde D J，Blome C，et al． Facilitating artificial intelligence powered supply chain analytics through alliance management during the pandemic crises in the B2B context[J]． Industrial Marketing Management，2021(1):135-146.

Dubey R，Gunasekaran A，Childe S J，et al． Big data analytics and artificial intelligence pathway to operational performance under the effects of entrepreneurial orientation and environmental dynamism：A study of manufacturing organisations [J]． International Journal of Production Economics,2020(1):107599.

Dubey R，Gunasekaran A，Childe S J，et al． Big data and predictive analytics and manufacturing performance：Integrating institutional theory，resource-based view and big data culture [J]． British Journal of Management,2019(2):341-361.

Dwivedi Y K，Kshetri N，Hughes L，et al． "So what if ChatGPT wrote it?" Multidisciplinary perspectives on opportunities，challenges and implications of generative conversational AI for research，practice and policy [J]． International Journal of Information Management，2023(1):102642.

Dwivedi Y K，Pandey N，Currie W，et al． Leveraging ChatGPT and other generative artificial intelligence（AI)-based applications in the hospitality and tourism industry：Practices，challenges and research agenda [J]． International Journal of Contemporary Hospitality Management，2024(1):1-12.

Dzhunushalieva G，Teuber R． Roles of innovation in achieving the sustainable development goals: A bibliometric analysis[J]. Journal of Innovation & Knowledge,2024(2):100472.

Eddleston K A, Kellermanns F W, Sarathy R. Resource configuration in family firms: Linking resources, strategic planning and technological opportunities to performance[J]. Journal of Management Studies,2008(1): 26-50.

Eikelenboom M, De Jong G. The impact of dynamic capabilities on the sustainability performance of SMEs[J]. Journal of Cleaner Production, 2019(1):1360-1370.

El Baz J, Cherrafi A, Benabdellah A C, et al. Environmental supply chain risk management for industry 4.0: A data mining framework and research agenda[J]. Systems, 2023(1):46.

El Jaouhari A, Hamidi L S. Assessing the influence of artificial intelligence on agri-food supply chain performance: The mediating effect of distribution network efficiency[J]. Technological Forecasting and Social Change,2024(1):123149.

El Khatib M, Al Falasi A. Effects of artificial intelligence on decision making in project management[J]. American Journal of Industrial and Business Management,2021(3):251-260.

Elia S, Giuffrida M, Mariani M M, et al. Resources and digital export: An RBV perspective on the role of digital technologies and capabilities in cross-border E-commerce[J]. Journal of Business Research, 2021(1):158-169.

Elshaer I A, Azazz A M S, Fayyad S. Green human resources and innovative performance in small-and medium-sized tourism enterprises: A mediation model using PLS-SEM data analysis[J]. Mathematics, 2023(3): 711.

Endsley M R. Supporting human-AI teams: Transparency, explainability, and situation awareness [J]. Computers in Human

Behavior,2023(1):107574.

Engel R, Fernandez P, Ruiz-Cortes A, et al. SLA-aware operational efficiency in AI-enabled service chains: Challenges ahead[J]. Information Systems and E-Business Management,2022(1):199-221.

Enholm I M, Papagiannidis E, Mikalef P, et al. Artificial intelligence and business value: A literature review [J]. Information Systems Frontiers,2022(5):1709-1734.

Fan X, Thompson B, Wang L. Effects of sample size, estimation methods, and model specification on structural equation modeling fit indexes[J]. Structural Equation Modeling: A Multidisciplinary Journal, 1999(1):56-83.

Feng S, Zhang R, Li G. Environmental decentralization, digital finance and green technology innovation [J]. Structural Change and Economic Dynamics,2022(1):70-83.

Ferraris A, Mazzoleni A, Devalle A, et al. Big data analytics capabilities and knowledge management: Impact on firm performance[J]. Management Decision,2019(8):1923-1936.

Ferreira J, Coelho A, Moutinho L. Dynamic capabilities, creativity and innovation capability and their impact on competitive advantage and firm performance: The moderating role of entrepreneurial orientation[J]. Technovation,2020(1):102061.

Feuerriegel S, Shrestha Y R, von Krogh G, et al. Bringing artificial intelligence to business management[J]. Nature Machine Intelligence,2022 (7):611-613.

Filippo C, Vito G, Irene S, et al. Future applications of generative large language models: A data-driven case study on ChatGPT [J]. Technovation,2024(1):103002.

Fiss P C. Building better causal theories: A fuzzy set approach to typologies in organization research[J]. Academy of Management Journal,

2011(2):393-420.

Fornell C, Larcker D F. Evaluating structural equation models with unobservable variables and measurement error[J]. Journal of Marketing Research,1981(1):39-50.

Foroughi B, Nhan P V, Iranmanesh M, et al. Determinants of intention to use autonomous vehicles: Findings from PLS-SEM and ANFIS [J]. Journal of Retailing and Consumer Services,2023(1):103158.

Fountaine T, McCarthy B, Saleh T. Building the AI-powered organization[J]. Harvard Business Review,2019(4):62-73.

Fu R, Tang Y, Chen G. Chief sustainability officers and corporate social (IR) responsibility[J]. Strategic Management Journal,2020(4):656-680.

Galetsi P, Katsaliaki K, Kumar S. Exploring benefits and ethical challenges in the rise of mHealth (mobile healthcare) technology for the common good: An analysis of mobile applications for health specialists[J]. Technovation,2023(1):102598.

Gao J, Zhang W, Guan T, et al. The effect of manufacturing agent heterogeneity on enterprise innovation performance and competitive advantage in the era of digital transformation[J]. Journal of Business Research,2023(1):113387.

Garcia E, Jimenez M A, De Santos P G, et al. The evolution of robotics research[J]. IEEE Robotics & Automation Magazine,2007(1):90-103.

García-Machado J J, Sroka W, Nowak M. PLS-SEM model on business demand for technological services and R&D and innovation activities[J]. Technological and Economic Development of Economy,2023(1):1-22.

Garcia-Martinez L J, Kraus S, Breier M, et al. Untangling the relationship between small and medium-sized enterprises and growth: A review of extant literature [J]. International Entrepreneurship and Management Journal,2023(2):455-479.

Garrido-Moreno A, Martín-Rojas R, García-Morales V J. The key role of innovation and organizational resilience in improving business performance: A mixed-methods approach[J]. International Journal of Information Management,2024(1):102777.

Geralis M, Terziovski M. A quantitative analysis of the relationship between empowerment practices and service quality outcomes[J]. Total Quality Management & Business Excellence,2003(1):45-62.

Ghani N A, Hamid S, Hashem I A T, et al. Social media big data analytics: A survey[J]. Computers in Human Behavior,2019(1):417-428.

Ghasemaghaei M. Understanding the impact of big data on firm performance: The necessity of conceptually differentiating among big data characteristics [J]. International Journal of Information Management, 2021 (1):102055.

Ghosh S, Hughes M, Hodgkinson I, et al. Digital transformation of industrial businesses: A dynamic capability approach[J]. Technovation, 2022(1):102414.

Giannoulakis C. Sponsorship in marketing: Effective partnerships in sports, arts, and events[J]. Journal of Sport Management, 2020 (3): 278-279.

Giudici P, Centurelli M, Turchetta S. Artificial intelligence risk measurement[J]. Expert Systems with Applications,2024(1):121220.

Gofman M, Jin Z. Artificial intelligence, education, and entrepreneurship[J]. The Journal of Finance,2024(1):631-667.

Gong Y, Yang J, Shi X. Towards a comprehensive understanding of digital transformation in government: Analysis of flexibility and enterprise architecture[J]. Government Information Quarterly,2020(3):101487.

Grover V, Chiang R H L, Liang T P, et al. Creating strategic business value from big data analytics: A research framework[J]. Journal of Management Information Systems,2018(2):388-423.

Grover V, Tseng S L, Pu W. A theoretical perspective on organizational culture and digitalization[J]. Information & Management,2022(4):103639.

Gudergan S P, Ringle C M, Wende S, et al. Confirmatory tetrad analysis in PLS path modeling[J]. Journal of Business Research,2008(12): 1238-1249.

Guenther P, Guenther M, Ringle C M, et al. Improving PLS-SEM use for business marketing research [J]. Industrial Marketing Management,2023(1):127-142.

Güneri A F, Ertay T, Yücel A. An approach based on ANFIS input selection and modeling for supplier selection problem[J]. Expert Systems with Applications,2011(12):14907-14917.

Guo H, Guo A, Ma H. Inside the black box: How business model innovation contributes to digital start-up performance [J]. Journal of Innovation & Knowledge,2022(2):100188.

Gupta B B, Gaurav A, Panigrahi P K, et al. Analysis of artificial intelligence-based technologies and approaches on sustainable entrepreneurship[J]. Technological Forecasting and Social Change,2023 (1):122152.

Gupta M, George J F. Toward the development of a big data analytics capability[J]. Information & Management,2016(8):1049-1064.

Gupta S, Drave V A, Dwivedi Y K, et al. Achieving superior organizational performance via big data predictive analytics: A dynamic capability view[J]. Industrial Marketing Management,2020(1):581-592.

Gupta S, Modgil S, Bhattacharyya S, et al. Artificial intelligence for decision support systems in the field of operations research: Review and future scope of research[J]. Annals of Operations Research, 2022 (1): 215-274.

Habbal A, Ali M K, Abuzaraida M A. Artificial intelligence trust, risk and security management (AI TRiSM): Frameworks, applications, challenges and future research directions [J]. Expert Systems with Applications,2024(1):122442.

Haefner N, Wincent J, Parida V, et al. Artificial intelligence and innovation management: A review, framework, and research agenda[J]. Technological Forecasting and Social Change,2021(1):120392.

Haenlein M, Kaplan A. A brief history of artificial intelligence: On the past, present, and future of artificial intelligence [J]. California Management Review,2019(4):5-14.

Haesevoets T, De Cremer D, Dierckx K, et al. Human-machine collaboration in managerial decision making[J]. Computers in Human Behavior,2021(1):106730.

Haftor D M, Climent R C, Lundström J E. How machine learning activates data network effects in business models: Theory advancement through an industrial case of promoting ecological sustainability [J]. Journal of Business Research,2021(1):196-205.

Hair Jr J F, Howard M C, Nitzl C. Assessing measurement model quality in PLS-SEM using confirmatory composite analysis[J]. Journal of Business Research,2020(1):101-110.

Hair Jr J F, Hult G T M, Ringle C M, et al. A primer on partial least squares structural equation modeling (PLS-SEM) (3rd ed.) [M]. Thousand Oaks: Sage Publications,2022.

Hair Jr J F, Sarstedt M, Ringle C M, et al. A primer on partial least squares structural equation modeling (PLS-SEM) (2nd ed.) [M]. Thousand Oaks: Sage Publications,2017.

Handfield R, Jeong S, Choi T. Emerging procurement technology: Data analytics and cognitive analytics[J]. International Journal of Physical Distribution & Logistics Management,2019(10):972-1002.

Harper G R, Utley D R. Organizational culture and successful information technology implementation [J]. Engineering Management Journal,2001(2):11-15.

Harris J R. Ethical values of individuals at different levels in the organizational hierarchy of a single firm[J]. Journal of Business Ethics, 1990(1):741-750.

Harsch K, Festing M. Dynamic talent management capabilities and organizational agility: A qualitative exploration [J]. Human Resource Management,2020(1):43-61.

Hart S L, Dowell G. Invited editorial: A natural-resource-based view of the firm: Fifteen years after[J]. Journal of Management,2011(5):1464-1479.

Hartley J L, Sawaya W J. Tortoise, not the hare: Digital transformation of supply chain business processes[J]. Business Horizons, 2019(6):707-715.

Hayajneh J A M, Elayan M B H, Abdellatif M A M, et al. Impact of business analytics and π-shaped skills on innovative performance: Findings from PLS-SEM and fsQCA[J]. Technology in Society,2022(1):101914.

Hayes A F, Scharkow M. The relative trustworthiness of inferential tests of the indirect effect in statistical mediation analysis: Does method really matter?[J]. Psychological Science,2013(10):1918-1927.

Hayes A F. Partial, conditional, and moderated moderated mediation: Quantification, inference, and interpretation[J]. Communication Monographs, 2018(1):4-40.

He X, Liu Y. Knowledge evolutionary process of artificial intelligence in e-commerce: Main path analysis and science mapping analysis [J]. Expert Systems with Applications,2024(1):121801.

Helo P, Hao Y. Artificial intelligence in operations management and supply chain management: An exploratory case study [J]. Production

Planning & Control,2022(16):1573-1590.

Henseler J, Ringle C M, Sarstedt M. Testing measurement invariance of composites using partial least squares [J]. International Marketing Review,2016(3):405-431.

Herhausen D, Miočević D, Morgan R E, et al. The digital marketing capabilities gap[J]. Industrial Marketing Management,2020(1):276-290.

Hew J J, Badaruddin M, Moorthy M K. Crafting a smartphone repurchase decision making process: Do brand attachment and gender matter?[J]. Telematics and Informatics,2016(4):34-56.

Hidalgo A, Albors J. Innovation management techniques and tools: A review from theory and practice[J]. R&D Management,2008(2):113-127.

Hilmersson M, Johanson M, Papaioannou S, et al. Business unpredictability, improvisation and business network commitment in small and medium-sized enterprise market entry[J]. International Small Business Journal,2022(8):991-1018.

Himeur Y, Ghanem K, Alsalemi A, et al. Artificial intelligence based anomaly detection of energy consumption in buildings: A review, current trends and new perspectives[J]. Applied Energy,2021(1):116601.

Ho J C. Disruptive innovation from the perspective of innovation diffusion theory[J]. Technology Analysis & Strategic Management,2022(4):363-376.

Holzinger A, Keiblinger K, Holub P, et al. AI for life: Trends in artificial intelligence for biotechnology[J]. New Biotechnology,2023(1):16-24.

Hossain M A, Akter S, Yanamandram V. Why doesn't our value creation payoff: Unpacking customer analytics-driven value creation capability to sustain competitive advantage [J]. Journal of Business Research,2021(1):287-296.

Howard M C, Henderson J. A review of exploratory factor analysis in tourism and hospitality research: Identifying current practices and avenues for improvement[J]. Journal of Business Research,2023(1):113328.

Howard M C. A review of exploratory factor analysis decisions and overview of current practices: What we are doing and how can we improve? [J]. International Journal of Human-Computer Interaction, 2016 (1): 51-62.

Hsu H Y, Liu F H, Tsou H T, et al. Openness of technology adoption, top management support and service innovation: A social innovation perspective[J]. Journal of Business & Industrial Marketing, 2019(3):575-590.

Hsu T, Hoffman L, Thomas E B K. Confirmatory measurement modeling and longitudinal invariance of the CompACT-15: A short-form assessment of psychological flexibility[J]. Psychological Assessment,2023 (5):430.

Hu P, Lu Y, Wang B. Experiencing power over AI: The fit effect of perceived power and desire for power on consumers' choice for voice shopping[J]. Computers in Human Behavior,2022(1):107091.

Huang B, Philp M. When AI-based services fail: Examining the effect of the self-AI connection on willingness to share negative word-of-mouth after service failures[J]. The Service Industries Journal, 2021(13-14): 877-899.

Huang L C, Shiau W L. Factors affecting creativity in information system development: Insights from a decomposition and PLS-MGA[J]. Industrial Management & Data Systems,2017(3):496-520.

Huang S M, Ou C S, Chen C M, et al. An empirical study of relationship between IT investment and firm performance: A resource-based perspective[J]. European Journal of Operational Research,2006(3): 984-999.

Huang X, Tung C L, Wang X, et al. Configurations of the driving factors promoting China's commercial health insurance: A comparative qualitative analysis based on the technology-organization-environment framework[J]. Heliyon,2022(11): e11522.

Huang Y, Liu D, Bell F M, et al. Influences of intra- and interorganizational IT innovations on knowledge sharing and team creativity: Evidence from construction projects in China[J]. Journal of Construction Engineering and Management,2024(5):04024026.

Huang Z, Savita K S, Zhong-jie J. The business intelligence impact on the financial performance of start-ups [J]. Information Processing & Management,2022(1):102761.

Huberman J. Amazon Go, surveillance capitalism, and the ideology of convenience[J]. Economic Aanthropology,2021(2):337-349.

Hue T T. The determinants of innovation in vietnamese manufacturing firms: An empirical analysis using a technology-organization-environment framework[J]. Eurasian Business Review,2019 (3):247-267.

Hwang W, Kim H. Does the adoption of emerging technologies improve technical efficiency? Evidence from Korean manufacturing SMEs [J]. Small Business Economics,2021(2):627-643.

Iacobucci D. Structural equations modeling: Fit indices, sample size, and advanced topics[J]. Journal of Consumer Psychology,2010(1):90-98.

Iaia L, Nespoli C, Vicentini F, et al. Supporting the implementation of AI in business communication: The role of knowledge management[J]. Journal of Knowledge Management,2024(1):85-95.

Ishaya T, Folarin M. A service oriented approach to business intelligence in telecoms industry[J]. Telematics and Informatics,2012(3): 273-285.

Islam M A, Aldaihani F M F. Justification for adopting qualitative research method, research approaches, sampling strategy, sample size, interview method, saturation, and data analysis[J]. Journal of International Business and Management,2022(1):1-11.

Jabeur S B, Ballouk H, Arfi W B, et al. Artificial intelligence applications in fake review detection: Bibliometric analysis and future avenues for research[J]. Journal of Business Research,2023(1):113631.

Jaeger S R, Cardello A V. Factors affecting data quality of online questionnaires: Issues and metrics for sensory and consumer research[J]. Food Quality and Preference,2022(1):104676.

Jang J S R. ANFIS: Adaptive-network-based fuzzy inference system [J]. IEEE Transactions on Systems, Man, and Cybernetics, 1993 (3): 665-685.

Jarrahi M H, Askay D, Eshraghi A, et al. Artificial intelligence and knowledge management: A partnership between human and AI[J]. Business Horizons,2023(1):87-99.

Jarrahi M H. Artificial intelligence and the future of work: Human-AI symbiosis in organizational decision making[J]. Business Horizons,2018 (4):577-586.

Jayawardena C, Ahmad A, Valeri M, et al. Technology acceptance antecedents in digital transformation in hospitality industry[J]. International Journal of Hospitality Management,2023(1):103350.

Jia N, Luo X, Fang Z, et al. When and how artificial intelligence augments employee creativity[J]. Academy of Management Journal,2024 (1):5-32.

Jia Q, Guo Y, Barnes S J. Enterprise 2.0 post-adoption: Extending the information system continuance model based on the technology-organization-environment framework[J]. Computers in Human Behavior, 2017(1):95-105.

Jin X, Wang M, Wang Q, et al. Gender diversity of senior management teams and corporate innovation efficiency: Evidence from

China[J]. Finance Research Letters,2024(1):104897.

Joshi A, Benitez J, Huygh T, et al. Impact of IT governance process capability on business performance: Theory and empirical evidence[J]. Decision Support Systems,2022(1):113668.

Joyce D W, Kormilitzin A, Smith K A, et al. Explainable artificial intelligence for mental health through transparency and interpretability for understandability[J]. NPJ Digital Medicine,2023(1):6.

Kamoonpuri S Z, Sengar A. Hi, May AI help you? An analysis of the barriers impeding the implementation and use of artificial intelligence-enabled virtual assistants in retail[J]. Journal of Retailing and Consumer Services,2023(1):103258.

Kang W, Shao B. The impact of voice assistants' intelligent attributes on consumer well-being: Findings from PLS-SEM and fsQCA[J]. Journal of Retailing and Consumer Services,2023(1):103130.

Karaboga D, Kaya E. Adaptive network based fuzzy inference system (ANFIS) training approaches: A comprehensive survey[J]. Artificial Intelligence Review,2019(1):2263-2293.

Karran A J, Demazure T, Hudon A, et al. Designing for confidence: The impact of visualizing artificial intelligence decisions[J]. Frontiers in Neuroscience,2022(1):883385.

Keding C, Meissner P. Managerial overreliance on AI-augmented decision-making processes: How the use of AI-based advisory systems shapes choice behavior in R&D investment decisions[J]. Technological Forecasting and Social Change,2021(1):120970.

Khalid N. Artificial intelligence learning and entrepreneurial performance among university students: Evidence from malaysian higher educational institutions[J]. Journal of Intelligent & Fuzzy Systems,2020(4):5417-5435.

Khalil S, Kallmuenzer A, Kraus S. Visiting museums via augmented reality: An experience fast-tracking the digital transformation of the tourism industry[J]. European Journal of Innovation Management,2024 (6):2084-2100.

Khan M, Ozturk I. Examining the direct and indirect effects of financial development on CO2 emissions for 88 developing countries[J]. Journal of Environmental Management,2021(1):112812.

Khattak A, Tabash M I, Yousaf Z, et al. Towards innovation performance of SMEs: Investigating the role of digital platforms, innovation culture and frugal innovation in emerging economies[J]. Journal of Entrepreneurship in Emerging Economies,2022(5):796-811.

Khaw K W, Alnoor A, Al-Abrrow H, et al. Modelling and evaluating trust in mobile commerce: A hybrid three stage fuzzy delphi, structural equation modeling, and neural network approach[J]. International Journal of Human-Computer Interaction,2022(16):1529-1545.

Kijek T, Kijek A. Is innovation the key to solving the productivity paradox?[J]. Journal of Innovation & Knowledge,2019(4):219-225.

Kim J B. Implementation of artificial intelligence system and traditional system: A comparative study [J]. Journal of System and Management Sciences,2019(3):135-146.

Kiron D, Schrage M. Strategy for and with AI[J]. MIT Sloan Management Review,2019(4):30-35.

Knapp H, Kirk S A. Using pencil and paper, Internet and touch-tone phones for self-administered surveys: Does methodology matter? [J]. Computers in Human Behavior,2003(1):117-134.

Kopalle P K, Kumar V, Subramaniam M. How legacy firms can embrace the digital ecosystem via digital customer orientation[J]. Journal of the Academy of Marketing Science,2020(1):114-131.

Krakowski S, Luger J, Raisch S. Artificial intelligence and the changing sources of competitive advantage [J]. Strategic Management

Journal,2023(6):1425-1452.

Kristjanpoller W, Minutolo M C. Gold price volatility: A forecasting approach using the artificial neural network-GARCH model[J]. Expert Systems with Applications,2015(20):7245-7251.

Kubrak K, Milani F, Nolte A. A visual approach to support process analysts in working with process improvement opportunities[J]. Business Process Management Journal,2023(8):101-132.

Kumar S, Lim W M, Sivarajah U, et al. Artificial intelligence and blockchain integration in business: Trends from a bibliometric-content analysis[J]. Information Systems Frontiers,2023(2):871-896.

Kumar S, Sahoo S, Lim W M, et al. Fuzzy-set qualitative comparative analysis (fsQCA) in business and management research: A contemporary overview [J]. Technological Forecasting and Social Change, 2022 (1):121599.

Kunc M H, Morecroft J D W. Managerial decision making and firm performance under a resource-based paradigm[J]. Strategic Management Journal,2010(11):1164-1182.

Lall S. Technological capabilities and industrialization [J]. World Development, 1992(2):165-186.

Larbi-Siaw O, Xuhua H, Owusu E, et al. Eco-innovation, sustainable business performance and market turbulence moderation in emerging economies[J]. Technology in Society,2022(1):101899.

Lateef M, Keikhosrokiani P. Predicting critical success factors of business intelligence implementation for improving SMEs' performances: A case study of lagos state, nigeria [J]. Journal of the Knowledge Economy,2023(3):2081-2106.

Le A T H, Sutrisna M. Project cost control system and enabling-factors model: PLS-SEM approach and importance-performance map analysis[J]. Engineering, Construction and Architectural Management,

2024(6):2513-2535.

Lecun Y, Bengio Y, Hinton G. Deep learning[J]. Nature,2015 (7553):436-444.

Lee H J, Lee D S, Kwon H B, et al. Reconstruction of 12-lead ECG using a single-patch device[J]. Methods of Information in Medicine,2017 (4):319-327.

Lennerholt C, Van Laere J, Söderström E. User-related challenges of self-service business intelligence[J]. Information Systems Management, 2021(4):309-323.

Leonidou L C, Leonidou C N, Fotiadis T A, et al. Dynamic capabilities driving an eco-based advantage and performance in global hotel chains: The moderating effect of international strategy[J]. Tourism Management,2015(1):268-280.

Levi-Bliech M, Pliskin N, Fink L. Implementing a sales support app to complement face-to-face interaction: An empirical investigation of business value[J]. Journal of Organizational Computing and Electronic Commerce,2020(3):266-278.

Li B, Hou B, Yu W, et al. Applications of artificial intelligence in intelligent manufacturing: A review [J]. Frontiers of Information Technology & Electronic Engineering,2017(1):86-96.

Li J J, Bonn M A, Ye B H. Hotel employee's artificial intelligence and robotics awareness and its impact on turnover intention: The moderating roles of perceived organizational support and competitive psychological climate[J]. Tourism Management,2019(1):172-181.

Li L, Tong Y, Liu Y, et al. Artificial intelligence-enabled customer value proposition capability and market performance: The moderating role of environmental heterogeneity[J]. IEEE Transactions on Engineering Management,2024(1):5588-5599.

Li M, Liu Y. The influence of digital innovation ecosystem of high-end equipment manufacturing on the intelligent maturity of enterprise: An empirical study on the configuration of the "three-layer core-periphery" structure[J]. Business Process Management Journal,2024(1):199-221.

Li N, Wang X, Zhang S. Effects of digitization on enterprise growth performance: Mediating role of strategic change and moderating role of dynamic capability [J]. Managerial and Decision Economics, 2023 (2): 1040-1053.

Li S, Peng G, Xing F, et al. Value co-creation in industrial AI: The interactive role of B2B supplier, customer and technology provider[J]. Industrial Marketing Management,2021(1):105-114.

Li T C, Chan Y E. Dynamic information technology capability: Concept definition and framework development [J]. The Journal of Strategic Information Systems,2019(4):101575.

Liang T P, Liu Y H. Research landscape of business intelligence and big data analytics: A bibliometrics study [J]. Expert Systems with Applications,2018(1):2-10.

Liang T P, Turban E. Introduction to the special issue social commerce: A research framework for social commerce[J]. International Journal of Electronic Commerce,2011(2):5-14.

Lim K H. Knowledge management systems diffusion in Chinese enterprises: A multistage approach using the technology-organization-environment framework[J]. Journal of Global Information Management (JGIM),2009(1):70-84.

Lin J, Zeng Y, Wu S, et al. How does artificial intelligence affect the environmental performance of organizations? The role of green innovation and green culture[J]. Information & Management,2024(2):103924.

Lindell M K, Whitney D J. Accounting for common method variance in cross-sectional research designs[J]. The Journal of Applied Psychology, 2001(1):114-121.

Liu J, Chang H, Forrest J Y L, et al. Influence of artificial intelligence on technological innovation: Evidence from the panel data of china's manufacturing sectors[J]. Technological Forecasting and Social Change,2020(1):120142.

Liu L, Lin M, Yu M. Relationship of internal institutions, knowledge sharing, and technological innovation in characteristic cultural enterprises: Evidence from China[J]. Managerial and Decision Economics,2023(1): 515-524.

Lopatovska I, Rink K, Knight I, et al. Talk to me: Exploring user interactions with the Amazon Alexa[J]. Journal of Librarianship and Information Science,2019(4):984-997.

Lou B, Wu L. AI on drugs: Can artificial intelligence accelerate drug development? Evidence from a large-scale examination of bio-pharma firms [J]. Management Information Systems Quarterly,2021(3):1451-1482.

Low M P, Seah C S, Cham T H, et al. Digitalization adoption for digital economy: An examination of Malaysian small medium-sized enterprises through the technology-organization-environment framework [J]. Business Process Management Journal,2022(7):1473-1494.

Lu H, Li Y, Chen M, et al. Brain intelligence: Go beyond artificial intelligence[J]. Mobile Networks and Applications,2018(1):368-375.

Lupoae O D, Radu R I, Isai V M, et al. Sustainable entrepreneurship in the equestrian sector through horse manure: A PLS-SEM approach[J]. International Journal of Entrepreneurial Behavior & Research,2023(7): 1497-1515.

Lytras M D, Visvizi A, Chopdar P K, et al. Information management in smart cities: Turning end users' views into multi-item scale development, validation, and policy-making recommendations [J]. International Journal of Information Management,2021(1):102146.

Ma Q, Lin C T, Chen Z. A hybrid evaluation model for e-learning platforms based on extended TOE framework[J]. International Journal of Information Technology & Decision Making,2024(3):1171-1202.

Macbeth C, Dai H. Effects of learning parameters on learning procedure and performance of a BPNN[J]. Neural Networks the Official Journal of the International Neural Network Society,1997(8):1505.

MacCallum R C, Zhang S, Preacher K J, et al. On the practice of dichotomization of quantitative variables[J]. Psychological Methods,2002 (1):19-40.

Maghsoodi A I. Cryptocurrency portfolio allocation using a novel hybrid and predictive big data decision support system[J]. Omega, 2023 (1):102787.

Majhi S G, Mukherjee A, Anand A. Business value of cognitive analytics technology: A dynamic capabilities perspective[J]. VINE Journal of Information and Knowledge Management Systems,2023(6):1231-1249.

Makridakis S. The forthcoming artificial intelligence (AI) revolution: Its impact on society and firms[J]. Futures,2017(1):46-60.

Manolopoulos D, Salavou H, Papadopoulos A, et al. Strategic decision-making and performance in social enterprises: Process dimensions and the influence of entrepreneurs' proactive personality [J]. Entrepreneurship Research Journal,2024(2):631-675.

Manser Payne E H, Peltier J, Barger V A. Enhancing the value co-creation process: Artificial intelligence and mobile banking service platforms[J]. Journal of Research in Interactive Marketing, 2021 (1): 68-85.

Mariani M, Baggio R, Fuchs M, et al. Business intelligence and big data in hospitality and tourism: A systematic literature review [J]. International Journal of Contemporary Hospitality Management,2018(12): 3514-3554.

Mavani N R, Ali J M, Othman S, et al. Application of artificial intelligence in food industry—A guideline[J]. Food Engineering Reviews, 2022(1):134-175.

Mccarthy J, Minsky M L, Rochester N, et al. A proposal for the dartmouth summer research project on artificial intelligence, august 31, 1955[J]. AI Magazine, 2006(4):12.

Messeri L, Crockett M J. Artificial intelligence and illusions of understanding in scientific research[J]. Nature, 2024(8002):49-58.

Mikalef P, Gupta M. Artificial intelligence capability: Conceptualization, measurement calibration, and empirical study on its impact on organizational creativity and firm performance[J]. Information & Management, 2021(3):103434.

Mishra A K, Bansal R, Maurya P K, et al. Predicting the antecedents of consumers' intention toward purchase of mutual funds: A hybrid PLS-SEM-neural network approach [J]. International Journal of Consumer Studies, 2023(2):563-587.

Mo F, Rehman H U, Monetti F M, et al. A framework for manufacturing system reconfiguration and optimisation utilising digital twins and modular artificial intelligence [J]. Robotics and Computer-Integrated Manufacturing, 2023(1):102524.

Moderno O B S, Braz A C, Nascimento P T S. Robotic process automation and artificial intelligence capabilities driving digital strategy: A resource-based view[J]. Business Process Management Journal, 2024(1):105-134.

Mohamed G, Zahra F F, Najwa Z, et al. Enhancing immersive virtual shopping experiences in the retail metaverse through visual analytics, cognitive artificial intelligence techniques, blockchain-based digital assets, and immersive simulations: A systematic literature review[J]. Engineering Applications of Artificial Intelligence, 2024(1):305-318.

Montezuma D, Oliveira S P, Neto P C, et al. Annotating for artificial intelligence applications in digital pathology: A practical guide for pathologists and researchers[J]. Modern Pathology,2023(4):100086.

Mostafiz M I, Hughes M, Sambasivan M. Entrepreneurial orientation, competitive advantage and strategic knowledge management capability in Malaysian family firms [J]. Journal of Knowledge Management,2022(2):423-458.

Müller R, Locatelli G, Holzmann V, et al. Artificial intelligence and project management: Empirical overview, state of the art, and guidelines for future research[J]. Project Management Journal,2024(1):9-15.

Munir M, Jajja M S S, Chatha K A, et al. Supply chain risk management and operational performance: The enabling role of supply chain integration[J]. International Journal of Production Economics,2020(1):107667.

Munjal S, Bhasin N, Nandrajog D, et al. Examining the evolution of emerging market multinational enterprises' competitive advantages: Evidence from India[J]. Journal of Business Research,2022(1):732-744.

Munoko I, Brown-Liburd H L, Vasarhelyi M. The ethical implications of using artificial intelligence in auditing [J]. Journal of Business Ethics,2020(1):209-234.

Mustonen-Ollila E, Lyytinen K. Why organizations adopt information system process innovations: A longitudinal study using Diffusion of Innovation theory[J]. Information Systems Journal,2003(3):275-297.

Namdar J, Torabi S A, Sahebjamnia N, et al. Business continuity-inspired resilient supply chain network design[J]. International Journal of Production Research,2021(5):1331-1367.

Nasiri M, Saunila M, Rantala T, et al. Sustainable innovation among small businesses: The role of digital orientation, the external environment, and company characteristics [J]. Sustainable Development, 2022 (4): 703-712.

Nasyiah T，Masudin I，Zulfikarijah F，et al. Explaining sustainable performance with SEM-FsQCA：The role of traceability systems， knowledge management，halal SCM practices，and spiritual leadership in small-medium enterprises（SMEs）[J]. IEEE Transactions on Engineering Management，2024（1）：5691-5705.

Nayak M，Narayan K A. Strengths and weaknesses of online surveys [J]. Technology，2019（7）：31-38.

Neeley T，Leonardi P. Developing a digital mindset[J]. Harvard Business Review，2022（5-6）：50-55.

Neumann O，Guirguis K，Steiner R. Exploring artificial intelligence adoption in public organizations：A comparative case study[J]. Public Management Review，2024（1）：114-141.

Ng P M L，Lit K K，Cheung C T Y. Remote work as a new normal? The technology-organization-environment（TOE）context[J]. Technology in Society，2022（1）：102022.

Nguyen N，Dang-Van T，Vo-Thanh T，et al. Digitalization strategy adoption：The roles of key stakeholders，big data organizational culture， and leader commitment [J]. International Journal of Hospitality Management，2024（1）：103643.

Nie J，Jian X，Xu J，et al. The effect of corporate social responsibility practices on digital transformation in china：A resource-based view[J]. Economic Analysis and Policy，2024（1）：1-15.

Nishant R，Kennedy M，Corbett J. Artificial intelligence for sustainability：Challenges，opportunities，and a research agenda [J]. International Journal of Information Management，2020（1）：102104.

Norzelan N A，Mohamed I S，Mohamad M. Technology acceptance of artificial intelligence（AI）among heads of finance and accounting units in the shared service industry[J]. Technological Forecasting and Social Change，2024（1）：123022.

Nouinou H，Asadollahi-Yazdi E，Baret I，et al. Decision-making in the context of Industry 4.0：Evidence from the textile and clothing industry[J]. Journal of cleaner production，2023(1)：136184.

Novitasari M，Wijaya A L，Agustin N M，et al. Corporate social responsibility and firm performance：Green supply chain management as a mediating variable[J]. Corporate Social Responsibility and Environmental Management，2023(1)：267-276.

Nuccio M，Bertacchini E. Data-driven arts and cultural organizations：Opportunity or chimera?[J]. European Planning Studies，2022 (9)：1638-1655.

Obermayer N，Kövári E，Leinonen J，et al. How social media practices shape family business performance：The wine industry case study [J]. European Management Journal，2022(3)：360-371.

Obschonka M，Audretsch D B. Artificial intelligence and big data in entrepreneurship：A new era has begun[J]. Small Business Economics，2020(1)：529-539.

Okorie O，Russell J，Cherrington R，et al. Digital transformation and the circular economy：Creating a competitive advantage from the transition towards Net Zero Manufacturing [J]. Resources，Conservation and Recycling，2023(1)：106756.

Orlandi L B，Zardini A，Rossignoli C. Organizational technological opportunism and social media：The deployment of social media analytics to sense and respond to technological discontinuities[J]. Journal of Business Research，2020(1)：385-395.

Pablo A L，Reay T，Dewald J R，et al. Identifying，enabling and managing dynamic capabilities in the public sector [J]. Journal of Management studies，2007(5)：687-708.

Palmié M，Rüegger S，Parida V. Microfoundations in the strategic management of technology and innovation：Definitions，systematic literature review, integrative framework, and research agenda[J]. Journal of Business Research,2023(1):113351.

Pan X, Pan X, Song M, et al. Blockchain technology and enterprise operational capabilities: An empirical test[J]. International Journal of Information Management,2020(1):101946.

Panda S, Rath S K. Investigating the structural linkage between IT capability and organizational agility: A study on Indian financial enterprises [J]. Journal of Enterprise Information Management,2016(5):751-773.

Pannu A. Artificial intelligence and its application in different areas [J]. Artificial Intelligence,2015(10):79-84.

Park H, Yoo J, Hahn H. Differentiated knowledge service strategy by addressing the moderating effect of company growth stages on organizational performance: The case of South Korea[J]. Technology Analysis & Strategic Management,2024(2):210-222.

Park S H, Han K, Jang H Y, et al. Methods for clinical evaluation of artificial intelligence algorithms for medical diagnosis[J]. Radiology,2023 (1):20-31.

Paschen J, Wilson M, Ferreira J J. Collaborative intelligence: How human and artificial intelligence create value along the B2B sales funnel[J]. Business Horizons,2020(3):403-414.

Paschen U, Pitt C, Kietzmann J. Artificial intelligence: Building blocks and an innovation typology[J]. Business Horizons, 2020 (2): 147-155.

Passlick J, Guhr N, Lebek B, et al. Encouraging the use of self-service business intelligence-an examination of employee-related influencing factors[J]. Journal of Decision Systems,2020(1):1-26.

Pazikadin A R, Rifai D, Ali K, et al. Solar irradiance measurement instrumentation and power solar generation forecasting based on Artificial Neural Networks (ANN): A review of five years research trend[J].

Science of the Total Environment,2020(1):136848.

Peerally J A, Santiago F, De Fuentes C, et al. Towards a firm-level technological capability framework to endorse and actualize the Fourth Industrial Revolution in developing countries[J]. Research Policy,2022 (10):104563.

Pelletier C, Raymond L. Investigating the strategic IT alignment process with a dynamic capabilities view: A multiple case study[J]. Information & Management,2024(4):103819.

Pereira A M, Moura J A B, Costa E D B, et al. Customer models for artificial intelligence-based decision support in fashion online retail supply chains[J]. Decision Support Systems,2022(1):113795.

Perifanis N A, Kitsios F. Investigating the influence of artificial intelligence on business value in the digital era of strategy: A literature review[J]. Information, 2023(2):85.

Pinarbasi F, Sonmez Cakir F, Güner Gültekin D, et al. Examination of the effects of value creation, intellectual property and organizational creativity on artificial intelligence focused enterprises[J]. Business Process Management Journal,2024(1):317-337.

Pinheiro M A P, Jugend D, Lopes de Sousa Jabbour A B, et al. Circular economy-based new products and company performance: The role of stakeholders and Industry 4.0 technologies[J]. Business Strategy and the Environment,2022(1):483-499.

Podsakoff P M, MacKenzie S B, Lee J Y, et al. Common method biases in behavioral research: A critical review of the literature and recommended remedies[J]. Journal of Applied Psychology,2003(5):879.

Polisetty A, Chakraborty D, Kar A K, et al. What determines AI adoption in companies? Mixed-method evidence[J]. Journal of Computer Information Systems,2024(3):370-387.

Polkinghorne D E. Language and meaning: Data collection in

qualitative research[J]. Journal of Counseling Psychology,2005(2):137.

Popovič A, Hackney R, Tassabehji R, et al. The impact of big data analytics on firms' high value business performance[J]. Information Systems Frontiers,2018(1):209-222.

Porée F, Kachenoura A, Carrault G, et al. Surface electrocardiogram reconstruction from intracardiac electrograms using a dynamic time delay artificial neural network [J]. IEEE Transactions on Biomedical Engineering,2013(1):106-114.

Powell T C, Dent-Micallef A. Information technology as competitive advantage: The role of human, business, and technology resources[J]. Strategic Management Journal,1997(5):375-405.

Pozzi R, Rossi T, Secchi R. Industry 4.0 technologies: Critical success factors for implementation and improvements in manufacturing companies[J]. Production Planning & Control,2023(2):139-158.

Pratt M G, Kaplan S, Whittington R. Editorial essay: The tumult over transparency: Decoupling transparency from replication in establishing trustworthy qualitative research[J]. Administrative Science Quarterly, 2020(1):1-19.

Qian C, Zhu C, Huang D H, et al. Examining the influence mechanism of artificial intelligence development on labor income share through numerical simulations[J]. Technological Forecasting and Social Change,2023(1):122315.

Rafi-Ul-Shan P, Bashiri M, Kamal M M, et al. An analysis of fuzzy group decision-making to adopt emerging technologies for fashion supply chain risk management [J]. IEEE Transactions on Engineering Management,2024(1):8469-8487.

Ragin C C. Redesigning social inquiry: Fuzzy sets and beyond[M]. Chicago: University of Chicago Press,2009.

Rahman M S, Bag S, Gupta S, et al. Technology readiness of B2B firms and AI-based customer relationship management capability for enhancing social sustainability performance [J]. Journal of Business Research,2023(1):113525.

Rahman M S, Hossain M A, Fattah F A M A. Does marketing analytics capability boost firms' competitive marketing performance in data-rich business environment? [J]. Journal of Enterprise Information Management,2021(2):455-480.

Raisch S, Krakowski S. Artificial intelligence and management: The automation-augmentation paradox[J]. Academy of Management Review, 2021(1):192-210.

Raj A, Jeyaraj A. Antecedents and consequents of Industry 4.0 adoption using technology, organization and environment (TOE) framework: A meta-analysis[J]. Annals of Operations Research,2023(1): 101-124.

Rana N P, Chatterjee S, Dwivedi Y K, et al. Understanding dark side of artificial intelligence (AI) integrated business analytics: Assessing firm's operational inefficiency and competitiveness[J]. European Journal of Information Systems,2022(3):364-387.

Ratzmann M, Gudergan S P, Bouncken R. Capturing heterogeneity and PLS-SEM prediction ability: Alliance governance and innovation[J]. Journal of Business Research,2016(10):4593-4603.

Ravichandran T. Exploring the relationships between IT competence, innovation capacity and organizational agility[J]. The Journal of Strategic Information Systems,2018(1):22-42.

Reinartz W J, Echambadi R, Chin W W. Generating non-normal data for simulation of structural equation models using mattson's method[J]. Multivariate Behavioral Research,2002(2):227-244.

Ren S. Optimization of enterprise financial management and decision-making systems based on big data[J]. Journal of Mathematics,2022(1):

1-11.

Rhim J, Kwak M, Gong Y, et al. Application of humanization to survey chatbots: Change in chatbot perception, interaction experience, and survey data quality[J]. Computers in Human Behavior, 2022(1): 107034.

Riahi Y, Saikouk T, Gunasekaran A, et al. Artificial intelligence applications in supply chain: A descriptive bibliometric analysis and future research directions [J]. Expert Systems with Applications, 2021 (1): 114702.

Richards G, Yeoh W, Chong A Y L, et al. Business intelligence effectiveness and corporate performance management: An empirical analysis[J]. Journal of Computer Information Systems, 2019(2): 188-196.

Rietveld J, Schilling M A. Platform competition: A systematic and interdisciplinary review of the literature[J]. Journal of Management, 2021 (6): 1528-1563.

Ringle C M, Sarstedt M, Schlittgen R, et al. PLS path modeling and evolutionary segmentation[J]. Journal of Business Research, 2013 (9): 1318-1324.

Ringle C M, Sarstedt M. Gain more insight from your PLS-SEM results: The importance-performance map analysis [J]. Industrial Management & Data Systems, 2016(9): 1865-1886.

Rivard S, Raymond L, Verreault D. Resource-based view and competitive strategy: An integrated model of the contribution of information technology to firm performance[J]. The Journal of Strategic Information Systems, 2006(1): 29-50.

Roberts N, Jeyaraj A, Pullin J E. Assessing the connections among top management support, IT assimilation, and the business value of IT: A meta-analysis[J]. Journal of the Association for Information Systems, 2023 (1): 107-135.

Rodgers W, Murray J M, Stefanidis A, et al. An artificial intelligence algorithmic approach to ethical decision-making in human resource management processes[J]. Human Resource Management Review, 2023 (1):100925.

Rogers E M. Diffusion of innovations: Modifications of a model for telecommunications [J]. Die Diffusion Von Innovationen in Der Telekommunikation, 1995(1):25-38.

Rouhani S, Ashrafi A, Zare Ravasan A, et al. The impact model of business intelligence on decision support and organizational benefits[J]. Journal of Enterprise Information Management, 2016(1):19-50.

Russo-Spena T, Mele C, Marzullo M. Practising value innovation through artificial intelligence: The IBM Watson case [J]. Journal of Creating Value, 2019(1):11-24.

Saa-Perez P D, Garcia-Falcon J M. A resource-based view of human resource management and organizational capabilities development [J]. International Journal of Human Resource Management, 2002(1):123-140.

Sadeghi K, Ojha D, Kaur P, et al. Explainable artificial intelligence and agile decision-making in supply chain cyber resilience[J]. Decision Support Systems, 2024(1):114194.

Saenz M J, Revilla E, Simón C. Designing AI systems with human-machine teams[J]. MIT Sloan Management Review, 2020(3):1-5.

Sahoo S, Kumar S, Donthu N, et al. Artificial intelligence capabilities, open innovation, and business performance-empirical insights from multinational B2B companies[J]. Industrial Marketing Management, 2024(1):28-41.

Saide S, Sheng M L. ICT team Dual-Innovations in the microlevel of circular supply chain management: Explicit-tacit knowledge, exchange ideology, and leadership support[J]. IEEE Transactions on Engineering Management, 2023(1):12124-12137.

Salem I E, Elbaz A M, Al-alawi A, et al. Is eco-label hotel

engagement the pathway to sustainability practices via entrepreneurial resilience and orientation in Oman? Findings from PLS-SEM and fsQCA [J]. International Journal of Contemporary Hospitality Management,2023 (2):717-742.

Salvagno M, Taccone F S, Gerli A G. Can artificial intelligence help for scientific writing?[J]. Critical Care,2023(1):1-5.

Sancak I E. Change management in sustainability transformation: A model for business organizations [J]. Journal of Environmental Management, 2023 (1):117165.

Sarstedt M, Hair Jr J F, Cheah J H, et al. How to specify, estimate, and validate higher-order constructs in PLS-SEM [J]. Australasian Marketing Journal,2019(3):197-211.

Sattari F, Lefsrud L, Kurian D, et al. A theoretical framework for data-driven artificial intelligence decision making for enhancing the asset integrity management system in the oil & gas sector[J]. Journal of Loss Prevention in the Process Industries,2022(1):104648.

Scaliza J A A, Jugend D, Jabbour C J C, et al. Relationships among organizational culture, open innovation, innovative ecosystems, and performance of firms: Evidence from an emerging economy context[J]. Journal of Business Research,2022(1):264-279.

Schlesinger P A, Rahman N. Self-service business intelligence resulting in disruptive technology[J]. Journal of Computer Information Systems,2016(1):11-21.

Schou P K. Coming apart while scaling up-adoption of logics and the fragmentation of organizational identity in science-based ventures [J]. Journal of Management Studies,2023(3):688-721.

Secundo G, Del Vecchio P, Simeone L, et al. Creativity and stakeholders' engagement in open innovation: Design for knowledge translation in technology-intensive enterprises [J]. Journal of Business

Research,2020(1):272-282.

Sehnem S, Bispo D S, João J O, et al. Upscaling circular economy in foodtechs businesses in emergent countries: Towards sustainable development through natural resource based view [J]. Sustainable Development,2022(5):1200-1221.

Selz D. From electronic markets to data driven insights[J]. Electronic Markets,2020(1):57-59.

Shadrin D, Menshchikov A, Somov A, et al. Enabling precision agriculture through embedded sensing with artificial intelligence[J]. IEEE Transactions on Instrumentation and Measurement,2019(7):4103-4113.

Shan S, Luo Y, Zhou Y, et al. Big data analysis adaptation and enterprises' competitive advantages: The perspective of dynamic capability and resource-based theories [J]. Technology Analysis & Strategic Management,2019(4):406-420.

Shang R, Kauffman R J, Huang J, et al. Client risk informedness in brokered cloud services: An experimental pricing study[J]. Electronic Commerce Research and Applications,2020(1):100893.

Shang Y, Zhou S, Zhuang D, et al. The impact of artificial intelligence application on enterprise environmental performance: Evidence from microenterprises[J]. Gondwana Research,2024(1):181-195.

Shao X F, Li Y, Suseno Y, et al. How does facial recognition as an urban safety technology affect firm performance? The moderating role of the home country's government subsidies [J]. Safety Science, 2021 (1):105434.

Shareef M A, Kumar V, Dwivedi Y K, et al. A new health care system enabled by machine intelligence: Elderly people's trust or losing self control [J]. Technological Forecasting and Social Change, 2021 (1):120334.

Sharifi A, Beris A T, Javidi A S, et al. Application of artificial intelligence in digital twin models for stormwater infrastructure systems in smart cities[J]. Advanced Engineering Informatics,2024(1):102485.

Shaw J, Rudzicz F, Jamieson T, et al. Artificial intelligence and the implementation challenge[J]. Journal of Medical Internet research,2019 (7): e13659.

Shen B, Dong C, Tong X, et al. Emerging technologies in e-commerce operations and supply chain management [J]. Electronic Commerce Research and Applications,2022(1):101203.

Shi J, Jiang Z, Liu Z. Digital technology adoption and collaborative innovation in Chinese high-speed rail industry: Does organizational agility matter? [J]. IEEE Transactions on Engineering Management,2023(1): 4322-4335.

Shi X, Lin Z, Liu J, et al. Consumer loyalty toward smartphone brands: The determining roles of deliberate inertia and cognitive lock-in [J]. Information & Management,2018(7):866-876.

Shortliffe E H, Sepúlveda M J. Clinical decision support in the era of artificial intelligence[J]. Jama,2018(21):2199-2200.

Shukla M, Shankar R. An extended technology-organization-environment framework to investigate smart manufacturing system implementation in small and medium enterprises [J]. Computers & Industrial Engineering,2022(1):107865.

Shuwaikh F, Dubocage E. Access to the Corporate investors' complementary eesources: A leverage for innovation in biotech venture capital-backed companies [J]. Technological Forecasting and Social Change, 2022 (1):121374.

Simmons A B, Chappell S G. Artificial intelligence-definition and practice[J]. IEEE Journal of Oceanic Engineering,1988(2):14-42.

Singh L K, Khanna M, Singh R. Artificial intelligence based medical decision support system for early and accurate breast cancer prediction[J].

Advances in Engineering Software，2023（1）：103338.

Singh N，Misra R，Singh S，et al. Assessing the factors that influence the adoption of healthcare wearables by the older population using an extended PMT model［J］. Technology in Society，2022（1）：102126.

Singh P K，Sarkar P. An artificial neural network tool to support the decision making of designers for environmentally conscious product development［J］. Expert Systems with Applications，2023（1）：118679.

Singh S K，Chen J，Del Giudice M，et al. Environmental ethics，environmental performance，and competitive advantage：Role of environmental training［J］. Technological Forecasting and Social Change，2019（1）：203-211.

Smedberg H，Bandaru S. Interactive knowledge discovery and knowledge visualization for decision support in multi-objective optimization ［J］. European Journal of Operational Research，2023（3）：1311-1329.

Smith J D. The Importance of artificial intelligence in sales management in the B2B industry［J］. Journal of Artificial Intelligence Research，2024（1）：103-108.

Solberg E，Traavik L E M，Wong S I. Digital mindsets：Recognizing and leveraging individual beliefs for digital transformation［J］. California Management Review，2020（4）：105-124.

Song Y. How do Chinese SMEs enhance technological innovation capability? From the perspective of innovation ecosystem［J］. European Journal of Innovation Management，2023（5）：1235-1254.

Srivastava G，Venkataraman R V K. A review of the state of the art in business intelligence software［J］. Enterprise Information Systems，2022（1）：1-28.

Stål H I，Bengtsson M，Manzhynski S. Cross-sectoral collaboration in business model innovation for sustainable development：Tensions and compromises［J］. Business Strategy and the Environment，2022（1）：

445-463.

Sterne J, Razlogova E. Tuning sound for infrastructures: Artificial intelligence, automation, and the cultural politics of audio mastering[J]. Cultural Studies,2021(4-5):750-770.

Stopford J M, Baden-Fuller C W. Creating corporate entrepreneurship [J]. Strategic Management Journal,1994(7):521-536.

Strickland E. IBM Watson, heal thyself: How IBM overpromised and underdelivered on AI health care[J]. IEEE Spectrum,2019(4):24-31.

Sullivan Y, Wamba S F. Artificial intelligence and adaptive response to market changes: A strategy to enhance firm performance and innovation [J]. Journal of Business Research,2024(1):114500.

Sun P, Cao Y, Liu Y, et al. Fault classification technique for power distribution network using binary ant colony algorithm and fuzzy neural network[J]. High Voltage Engineering,2016(7):2063-2072.

Suparta W, Samah A A. Rainfall prediction by using ANFIS times series technique in south tangerang, Indonesia [J]. Geodesy and Geodynamics,2020(6):411-417.

Syam N, Sharma A. Waiting for a sales renaissance in the fourth industrial revolution: Machine learning and artificial intelligence in sales research and practice[J]. Industrial Marketing Management, 2018 (1): 135-146.

Taherdoost H. A critical review of blockchain acceptance models — blockchain technology adoption frameworks and applications [J]. Computers,2022(2):24.

Tahmasebi P, Hezarkhani A. A hybrid neural networks-fuzzy logic-genetic algorithm for grade estimation[J]. Computers & Geosciences,2012 (1):18-27.

Tai T Y. Comparing the effects of intelligent personal assistant-human and human-human interactions on EFL learners' willingness to communicate beyond the classroom[J]. Computers & Education, 2024 (1):104965.

Taiwo R, Shaban I A, Zayed T. Development of sustainable water infrastructure: A proper understanding of water pipe failure[J]. Journal of Cleaner Production, 2023(1):136653.

Tamym L, Benyoucef L, Moh A N S, et al. Big data analytics-based approach for robust, flexible and sustainable collaborative networked enterprises[J]. Advanced Engineering Informatics, 2023(1):101873.

Tchuente D, Lonlac J, Kamsu-Foguem B. A methodological and theoretical framework for implementing explainable artificial intelligence (XAI) in business applications [J]. Computers in Industry, 2024 (1):104044.

Teece D J, Pisano G, Shuen A. Dynamic capabilities and strategic management[J]. Strategic Management Journal, 1997(7):509-533.

Teece D J. A dynamic capabilities-based entrepreneurial theory of the multinational enterprise[J]. Journal of International Business Studies, 2014 (1):8-37.

Telkamp J B, Anderson M H. The implications of diverse human moral foundations for assessing the ethicality of artificial intelligence[J]. Journal of Business Ethics, 2022(4):961-976.

Tian H, Iqbal S, Anwar F, et al. Network embeddedness and innovation performance: A mediation moderation analysis using PLS-SEM [J]. Business Process Management Journal, 2021(5):1590-1609.

Toorajipour R, Oghazi P, Palmié M. Data ecosystem business models: Value propositions and value capture with artificial intelligence of things [J]. International Journal of Information Management, 2024 (1):102804.

Toorajipour R, Sohrabpour V, Nazarpour A, et al. Artificial intelligence in supply chain management: A systematic literature review

[J]. Journal of Business Research,2021(1):502-517.

Tornatzky L G, Fleischer M, Chakrabarti A K. Processes of technological innovation[M]. Lexington: Lexington Books,1990.

Tsionas M G, Patel P C. Tinkering or orchestrating? The value of country-level asset management capability and entrepreneurship outcomes [J]. International Journal of Production Economics,2023(1):108663.

Tu Y, Wu W. How does green innovation improve enterprises' competitive advantage? The role of organizational learning[J]. Sustainable Production and Consumption,2021(1):504-516.

Ullah F, Qayyum S, Thaheem M J, et al. Risk management in sustainable smart cities governance: A TOE framework[J]. Technological Forecasting and Social Change,2021(1):120743.

Valaei N, Rezaei S. Does Web 2.0 utilisation lead to knowledge quality, improvisational creativity, compositional creativity, and innovation in small and medium-sized enterprises? A sense-making perspective[J]. Technology Analysis & Strategic Management,2017(4): 381-394.

Van Dis E A, Bollen J, Zuidema W, et al. ChatGPT: Five priorities for research[J]. Nature,2023(7947):224-226.

Vanneschi L, Horn D M, Castelli M, et al. An artificial intelligence system for predicting customer default in e-commerce[J]. Expert Systems with Applications,2018(1):1-21.

Varlamov O. "Brains" for robots: Application of the mivar expert systems for implementation of autonomous intelligent robots[J]. Big Data Research,2021(1):100241.

Varsha P S, Akter S, Kumar A, et al. The impact of artificial intelligence on branding: A bibliometric analysis (1982-2019)[J]. Journal of Global Information Management (JGIM),2021(4):221-246.

Verd J M. Using a hybrid data collection tool: Analysis of youth labour market trajectories integrating quantitative, qualitative and social network data[J]. International Journal of Social Welfare,2023(1):9-19.

Verganti R, Vendraminelli L, Iansiti M. Innovation and design in the age of artificial intelligence [J]. Journal of Product Innovation Management,2020(3):212-227.

Vidgen R, Hindle G, Randolph I. Exploring the ethical implications of business analytics with a business ethics canvas[J]. European Journal of Operational Research,2020(3):491-501.

Vrontis D, Christofi M, Pereira V, et al. Artificial intelligence, robotics, advanced technologies and human resource management: A systematic review [J]. The International Journal of Human Resource Management,2022(6):1237-1266.

Wamba S F, Dubey R, Gunasekaran A, et al. The performance effects of big data analytics and supply chain ambidexterity: The moderating effect of environmental dynamism[J]. International Journal of Production Economics,2020(1):107498.

Wamba-Taguimdje S L, Fosso Wamba S, Kala Kamdjoug J R, et al. Influence of artificial intelligence (AI) on firm performance: The business value of AI-based transformation projects [J]. Business Process Management Journal,2020(7):1893-1924.

Wang S, Esperança J P, Yang W, et al. Investigating the determinants of new technology entrepreneurial performance: An empirical study with PLS-SEM and MGA[J]. Journal of the Knowledge Economy, 2024(1):6617-6642.

Wang L, Alam P. Information technology capability: Firm valuation, earnings uncertainty, and forecast accuracy[J]. Journal of Information Systems,2007(2):27-48.

Wang X, Lin X, Shao B. How does artificial intelligence create business agility? Evidence from chatbots [J]. International Journal of

Information Management,2022(1):102535.

Wang Y S, Li H T, Li C R, et al. Factors affecting hotels' adoption of mobile reservation systems: A technology-organization-environment framework[J]. Tourism Management,2016(1):163-172.

Wang Y, Cai X, Xu C, et al. Rise of the machines: Examining the influence of professional service robots attributes on consumers' experience [J]. Journal of Hospitality and Tourism Technology,2021(4):609-623.

Wang Y, Kung L A, Byrd T A. Big data analytics: Understanding its capabilities and potential benefits for healthcare organizations [J]. Technological Forecasting and Social Change,2018(1):3-13.

Wang Y, Qualls W. Towards a theoretical model of technology adoption in hospitality organizations [J]. International Journal of Hospitality Management,2007(3):560-573.

Wang Y, Su X, Wang H, et al. Intellectual capital and technological dynamic capability: Evidence from Chinese enterprises[J]. Journal of Intellectual Capital,2019(4):453-471.

Warner K S R, Wäger M. Building dynamic capabilities for digital transformation: An ongoing process of strategic renewal[J]. Long Range Planning,2019(3):326-349.

Weber F. Artificial intelligence for business analytics: Algorithms, platforms and application scenarios [M]. Wiesbaden: Springer Nature,2023.

Wei Y, Zhu R, Tan L. Emission trading scheme, technological innovation, and competitiveness: Evidence from China's thermal power enterprises[J]. Journal of Environmental Management,2022(1):115874.

Wernerfelt B. A resource-based view of the firm [J]. Strategic Management Journal,1984(2):171-180.

Wójcik P. Exploring links between dynamic capabilities perspective and resource-based view: A literature overview[J]. International Journal of

Management and Economics,2015(1):83-107.

Won J Y, Park M J. Smart factory adoption in small and medium-sized enterprises: Empirical evidence of manufacturing industry in Korea[J]. Technological Forecasting and Social Change,2020(1):120117.

Wong L W, Tan G W H, Ooi K B, et al. Artificial intelligence-driven risk management for enhancing supply chain agility: A deep-learning-based dual-stage PLS-SEM-ANN analysis[J]. International Journal of Production Research,2024(15):5535-5555.

Wongsinhirun N, Chatjuthamard P, Jiraporn P. Corporate culture and board gender diversity: Evidence from textual analysis[J]. International Review of Financial Analysis,2023(1):102534.

Wu L, Chiu M L. Organizational applications of IT innovation and firm's competitive performance: A resource-based view and the innovation diffusion approach[J]. Journal of Engineering and Technology Management,2015(1):25-44.

Wu Q, Yan D, Umair M. Assessing the role of competitive intelligence and practices of dynamic capabilities in business accommodation of SMEs[J]. Economic Analysis and Policy,2023(1):1103-1114.

Xi X, Zhao J, Yu L, et al. Exploring the potentials of artificial intelligence towards carbon neutrality: Technological convergence forecasting through link prediction and community detection [J]. Computers & Industrial Engineering,2024(1):110015.

Xia D, Zhang M, Yu Q, et al. Developing a framework to identify barriers of green technology adoption for enterprises[J]. Resources, Conservation and Recycling,2019(1):99-110.

Ximénez C, Maydeu-Olivares A, Shi D, et al. Assessing cutoff values of SEM fit indices: Advantages of the unbiased SRMR index and its cutoff criterion based on communality[J]. Structural Equation Modeling: A Multidisciplinary Journal,2022(3):368-380.

Xu L, Jia F, Lin X, et al. The role of technology in supply chain decarbonisation: Towards an integrated conceptual framework[J]. Supply Chain Management: An International Journal,2023(4):803-824.

Yablonsky S. AI-driven platform enterprise maturity: From human led to machine governed[J]. Kybernetes,2021(10):2753-2789.

Yalcin A S, Kilic H S, Delen D. The use of multi-criteria decision-making methods in business analytics: A comprehensive literature review [J]. Technological Forecasting and Social Change,2022(1):121193.

Yang G, Ji G, Tan K H. Impact of artificial intelligence adoption on online returns policies [J]. Annals of Operations Research, 2022 (1): 703-726.

Yang J, Blount Y, Amrollahi A. Artificial intelligence adoption in a professional service industry: A multiple case study [J]. Technological Forecasting and Social Change,2024(1):123251.

Yang T, Yi X, Lu S, et al. Intelligent manufacturing for the process industry driven by industrial artificial intelligence [J]. Engineering,2021 (9):1224-1230.

Yang X, Cao D, Chen J, et al. AI and IoT-based collaborative business ecosystem: A case in Chinese fish farming industry [J]. International Journal of Technology Management,2020(2):151-171.

Yang Y, Wang Y, Easa S M, et al. Risk factors influencing tunnel construction safety: Structural equation model approach[J]. Heliyon,2023 (1): e12924.

Yao M, Ye D, Yang G, et al. Are entrepreneurial capabilities and prior knowledge the silver bullet for the generation of new digital venture ideas in a digital context?[J]. Journal of Global Information Management (JGIM),2021(6):1-17.

Yasmin M, Tatoglu E, Kilic H S, et al. Big data analytics capabilities and firm performance: An integrated MCDM approach [J]. Journal of

Business Research,2020(1):1-15.

Yoo S, Kang N. Explainable artificial intelligence for manufacturing cost estimation and machining feature visualization[J]. Expert Systems with Applications,2021(1):115430.

Yoon C Y. Measuring enterprise IT capability: A total IT capability perspective[J]. Knowledge-Based Systems,2011(1):113-118.

You D, Zhang Y, Yuan B. Environmental regulation and firm eco-innovation: Evidence of moderating effects of fiscal decentralization and political competition from listed Chinese industrial companies[J]. Journal of Cleaner Production,2019(1):1072-1083.

You K, Zhou C, Ding L. Deep learning technology for construction machinery and robotics[J]. Automation in Construction,2023(1):104852.

Yu C S, Tao Y H. Understanding business-level innovation technology adoption[J]. Technovation,2009(2):92-109.

Yu X, Xu S, Ashton M. Antecedents and outcomes of artificial intelligence adoption and application in the workplace: The socio-technical system theory perspective[J]. Information Technology & People,2023(1): 454-474.

Yun Y, Ma D, Yang M. Human-computer interaction-based decision support system with applications in data mining[J]. Future Generation Computer Systems,2021(1):285-289.

Zacca R, Dayan M, Ahrens T. Impact of network capability on small business performance[J]. Management Decision,2015(1):2-23.

Zameer H, Wang Y, Yasmeen H, et al. Green innovation as a mediator in the impact of business analytics and environmental orientation on green competitive advantage[J]. Management Decision, 2022 (2): 488-507.

Zhang C, Lu Y. Study on artificial intelligence: The state of the art and future prospects[J]. Journal of Industrial Information Integration,

2021(1):100224.

Zhang X，Chu Z，Ren L，et al. Open innovation and sustainable competitive advantage：The role of organizational learning［J］. Technological Forecasting and Social Change,2023(1):122114.

Zhao Y，Peng B，Elahi E，et al. Does the extended producer responsibility system promote the green technological innovation of enterprises? An empirical study based on the difference-in-differences model[J]. Journal of Cleaner Production,2021(1):128631.

Zhong Y，Chen Z，Ye J，et al. Exploring critical success factors for digital transformation in construction industry-based on TOE framework ［J］. Engineering，Construction and Architectural Management，2024 (9):1-23.

Zhou Z，Liu Z，Fan H. Non-actual controller and enterprise technology innovation[J]. Annals of Operations Research,2024(3):1-23.

Zhu Y Q，Corbett J U，Chiu Y T. Understanding employees' responses to artificial intelligence［J］. Organizational Dynamics，2021 (1):100786.

白俊红,张艺璇,卞元超.创新驱动政策是否提升城市创业活跃度——来自国家创新型城市试点政策的经验证据[J].中国工业经济,2022(6)：61-78.

白海青,毛基业.影响ERP成功应用的关键因素因果模型——上线后的视角[J].管理世界,2011(3):102-111,188.

包群,廖赛男.国内生产网络与间接出口外溢：基于客户—供应商关系的证据[J].管理世界,2023(8):20-45.

邝芳飞,金永涛,张文豪,等.基于机器学习的遥感影像云检测研究进展[J].遥感技术与应用,2023(1):129-142.

蔡万刚,钟榴,刘姜,等.基于双边市场的互联网平台企业倾斜定价模型与策略[J].上海理工大学学报,2019(1):52-57.

蔡新蕾,高山行.技术能力和专有互补资产对企业技术商业化的影响研究——环境动态性的调节效应[J].科学学与科学技术管理,2013(12):97-106.

曹建峰.论自动驾驶汽车的算法安全规制[J].华东政法大学学报,2023(2):22-33.

曹霞,吕丹,付向梅.社会资本对负责任创新的影响研究[J].科研管理,2024(3):74-82.

曾经纬,李柏洲.组态视角下企业绿色双元创新驱动路径[J].中国人口·资源与环境,2022(2):151-161.

柴天佑,刘强,丁进良,等.工业互联网驱动的流程工业智能优化制造新模式研究展望[J].中国科学:技术科学,2022(1):14-25.

陈德球,张雯宇.企业数字化转型与产品市场竞争地位[J].武汉大学学报(哲学社会科学版),2024(2):118-131.

陈国青,曾大军,卫强,等.大数据环境下的决策范式转变与使能创新[J].管理世界,2020(2):95-105.

陈吉,田林,徐以汎.基于局部斜率更新的数据驱动动态定价策略[J].系统工程学报,2020(1):33-47.

陈剑,刘运辉.数智化使能运营管理变革:从供应链到供应链生态系统[J].管理世界,2021(11):227-240,14.

陈劲,陈钰芬.企业技术创新绩效评价指标体系研究[J].科学学与科学技术管理,2006(3):86-91.

陈权,高佳豪,曹雅萍,等.动态环境下民营企业家社会心态对企业韧性的影响研究[J].华东经济管理,2024(3):108-116.

陈群,陈肇强,侯博议,等.人工智能风险分析技术研究进展[J].大数据,2020(1):47-59.

陈少峰,李微,宋菲.新一代信息技术条件下文化与科技融合及其产业形态研究[J].山东大学学报(哲学社会科学版),2022(5):50-59.

陈小平.人工智能:技术条件、风险分析和创新模式升级[J].科学与社会,2021(2):1-14.

陈艳霞,张鹏.人工智能产业政策的创新促进效应——来自企业专利数据的证据[J].现代经济探讨,2024(3):69-79,132.

陈毅然.企业职能管理工作的定量方法研究[J].南京航空航天大学学报,1993(3):384-386.

陈云松,吴晓刚.走向开源的社会学 定量分析中的复制性研究[J].社会,2012(3):1-23.

池仁勇,梅小苗,阮鸿鹏.智能制造与中小企业组织变革如何匹配?[J].科学学研究,2020(7):1244-1250,1324.

邓仲华,李志芳.科学研究范式的演化——大数据时代的科学研究第四范式[J].情报资料工作,2013(4):19-23.

丁进良,杨翠娥,陈远东,等.复杂工业过程智能优化决策系统的现状与展望[J].自动化学报,2018(11):1931-1943.

丁晓蔚,苏新宁.基于区块链可信大数据人工智能的金融安全情报分析[J].情报学报,2019(12):1297-1309.

董保宝,葛宝山.新企业风险承担与绩效倒 U 型关系及机会能力的中介作用研究[J].南开管理评论,2014(4):56-65.

董豪,杨静,李少波,等.基于深度强化学习的机器人运动控制研究进展[J].控制与决策,2022(2):278-292.

杜传忠,曹效喜,刘书彤.人工智能与高新技术企业竞争力:机制与效应[J].商业经济与管理,2024(2):30-49.

杜丽群,程俊霞."经济人"假设与人工智能时代[J].北京大学学报(哲学社会科学版),2021(6):147-157.

杜亚光,何瑛,金振,等.人工智能与企业客户稳定性——基于中国工业机器人应用的证据[J].经济问题,2024(2):48-56.

杜运周,贾良定.组态视角与定性比较分析(QCA):管理学研究的一条新道路[J].管理世界,2017(6):155-167.

范合君,吴婷.数字化能否促进经济增长与高质量发展——来自中国省级面板数据的经验证据[J].管理学刊,2021(3):36-53.

范晓男,孟繁琨,鲍晓娜,等.人工智能对制造企业是否存在"生产率悖论"[J].科技进步与对策,2020(14):125-134.

方杰,温忠麟.基于结构方程模型的有调节的中介效应分析[J].心理科学,2018(2):453-458.

丰超,韩彩霞,李学成,等.企业社交媒体能力对渠道合作绩效的影响研究[J].管理学报,2024(5):731-738.

冯立杰,李燕燕,王金凤,等.组态视角下后发企业颠覆式创新驱动模式研究[J].科技进步与对策,2024(10):89-98.

冯文娜,姜梦娜,孙梦婷.市场响应、资源拼凑与制造企业服务化转型绩效[J].南开管理评论,2020(4):84-95.

高山行,刘嘉慧.人工智能对企业管理理论的冲击及应对[J].科学学研究,2018(11):2004-2010.

高昕,苏敬勤.本土制造企业高端化转型的战略决策逻辑研究[J].管理学报,2024(3):317-328.

谷晓博,程智楷,周智辉,等.基于特征降维和机器学习的覆膜冬小麦LAI遥感反演[J].农业机械学报,2023(6):148-157,167.

关婷,薛澜.世界各国是如何执行全球可持续发展目标(SDGs)的?[J].中国人口·资源与环境,2019(1):11-20.

郭凯明.人工智能发展、产业结构转型升级与劳动收入份额变动[J].管理世界,2019(7):60-77.

韩凤晶,石春生.新兴产业企业动态核心能力构成因素的实证分析——基于中国高端装备制造业上市公司的数据[J].中国软科学,2010(12):166-175.

韩广华,樊博.利克特式量表语义差异对科学测量的影响[J].科技进步与对策,2017(20):1-6.

韩连胜,张金成.企业项目管理能力的研究[J].科学学与科学技术管理,2010(1):137-140.

韩民春,彭刚东,袁瀚坤.人工智能驱动现代化产业体系协同发展的理论机制、实证检验与实现路径[J].经济问题探索,2024(3):112-132.

何宇,陈珍珍,张建华.人工智能技术应用与全球价值链竞争[J].中国工业经济,2021(1):117-135.

洪江涛,张思悦.可供性理论视角下制造业数字创新的驱动机制[J].科学学研究,2024(2):405-414,426.

胡保亮,项益鸣.竞争优势获取视角的信息技术分类与应用[J].科技进步与对策,2006(6):52-54.

胡元林,向海林,彭羽昊.异质性资源对企业生态创新的影响——以资源管理为中介[J].科技进步与对策,2021(21):92-100.

黄东兵,王灵均,周承绪,等.制造企业人工智能创新如何赋能高质量发展——来自中国上市公司的经验证据[J].科技进步与对策,2022(8):110-120.

黄艳,陶秋燕,高腾飞.资源拼凑:起源、研究脉络与理论框架[J].科技进步与对策,2020(3):151-160.

姜晓丹,刘连臣,吴澄,等.新一代信息技术环境下现代服务业的数字化和智能化演进[J].计算机集成制造系统,2021(11):3049-3056.

蒋路远,曹李梅,秦昕,等.人工智能决策的公平感知[J].心理科学进展,2022(5):1078-1092.

金陈飞,吴杨,池仁勇,等.人工智能提升企业劳动收入份额了吗?[J].科学学研究,2020(1):54-62.

金星晔,左从江,方明月,等.企业数字化转型的测度难题:基于大语言模型的新方法与新发现[J].经济研究,2024(3):34-53.

匡立春,刘合,任义丽,等.人工智能在石油勘探开发领域的应用现状与发展趋势[J].石油勘探与开发,2021(1):1-11.

李奉书,徐莹婕,杜鹏程,等.数字经济时代下联盟管理能力对企业颠覆性技术创新的影响——知识流动的中介作用与知识重构能力的调节作用[J].科技进步与对策,2022(4):80-90.

李功源,刘博涵,杨雨豪,等.可信人工智能系统的质量属性与实现:三级研究[J].软件学报,2023(9):3941-3965.

李国良,周煊赫,孙佶,等.基于机器学习的数据库技术综述[J].计算机学报,2020(11):2019-2049.

李婧,贺小刚,茆键.亲缘关系、创新能力与企业绩效[J].南开管理评论,

2010(3):117-124.

李娟,倪明明,刘帆,等.基于认知层级视角的供应链成员定价决策分析[J].管理科学学报,2024(4):104-118.

李青文.科技伦理视阈下人工智能法律主体地位之否定——以机器能否具备自由意志能力为分析路径[J].科学管理研究,2022(2):40-48.

李文,张珍珍,梅蕾.企业网络、大数据能力与商业模式创新机制研究——基于 fsQCA 方法的实证分析[J].科技进步与对策,2022(1):121-131.

李兴旺,王迎军.企业动态能力理论综述与前瞻[J].当代财经,2004(10):103-106.

李一昊,滕伊洋,张亚群,等.毒性病理学中人工智能和机器学习的应用研究进展[J].中国新药杂志,2023(6):598-604.

李易懋.金融科技对我国上市商业银行盈利能力影响的实证研究[J].湖南师范大学自然科学学报,2020(5):83-89.

李雨霏,刘海燕,闫树.面向价值实现的数据资产管理体系构建[J].大数据,2020(3):45-56.

林子铭,施永裕,张金隆,等.战略决策支持系统设计与高阶主管决策风格的差异:大陆与台湾之比较研究[J].管理学报,2011(12):1842-1846.

林子筠,吴琼琳,才凤艳.营销领域人工智能研究综述[J].外国经济与管理,2021(3):89-106.

刘大卫.人工智能背景下人力资源雇佣关系重构及社会影响分析[J].云南社会科学,2020(1):47-52.

刘海涛.基于神经网络的多元化企业 IT 协同能力对绩效的影响研究[D].广州:广东工业大学,2014.

刘洪德,史竹青,于新宇.黑龙江省创新型中小企业成长现状、问题及对策研究[J].科技进步与对策,2010(14):36-40.

刘敬福,叶建军,周祥春,等.喷射成形 TiC_p/ZA35 复合材料热挤压工艺的 ANN 优化和组织研究[J].航空材料学报,2023(2):59-65.

刘力源.智能机器人会超越人类吗[J].科技导报,2015(21):101-103.

刘良灿.论企业文化与企业战略的协同管理[J].贵州财经学院学报，2010(5):58-63.

刘毅.人工智能的历史与未来[J].科技管理研究,2004(6):121-124.

卢任,赵相英,吕大国.企业数字化转型、管理者时间导向与核心技术能力:一个倒U型关系[J].科技进步与对策,2024(7):11-20.

陆颖颖,孙裕彤,张瑶,等.人工智能、机器学习、自动化和机器人技术对信息行业的影响——2021年CILIP专题研讨会综述与启示[J].图书情报工作,2022(19):143-152.

罗建强,郭亚涛,胡炳坤.制造企业混合产品知识封锁—共享的边界识别[J].科研管理,2023(2):156-164.

罗仕鉴,王瑶,钟方旭,等.创新设计转译文化基因的数字开发与传播策略研究[J].浙江大学学报(人文社会科学版),2023(1):5-18.

罗婷予,谢康,刘意.大数据驱动的企业与用户互动创新推荐系统及应用[J].北京交通大学学报(社会科学版),2023(1):33-45.

吕越,谷玮,包群.人工智能与中国企业参与全球价值链分工[J].中国工业经济,2020(5):80-98.

吕越,张昊天,高恺琳.人工智能时代的中国产业链"延链补链"——基于制造业企业智能设备进口的微观证据[J].中国工业经济,2024(1):56-74.

马海群,张涛,李钟隽.新时代文献信息的价值重构:人工智能技术和智慧服务[J].情报理论与实践,2021(2):1-7.

欧阳日辉.数字基础设施促进电子商务创新发展的机理与路径[J].广西社会科学,2024(1):1-11.

潘清泉,鲁晓玮.创业企业创新投入、高管过度自信对企业绩效的影响[J].科技进步与对策,2017(1):98-103.

潘珊,郭凯明.人工智能、岗位结构变迁与服务型制造[J].中国工业经济,2024(4):57-75.

戚聿东,肖旭.数字经济时代的企业管理变革[J].管理世界,2020(6):135-152,250.

齐二石,霍艳芳,刘洪伟.面向智能制造的工业工程和精益管理[J].中国机械工程,2022(21):2521-2530.

钱颜文,顾元勋.基于创新创业共生的企业战略转型过程研究[J].北京交通大学学报(社会科学版),2023(1):114-122.

任保平.以数字新质生产力的形成全方位推进新型工业化[J].人文杂志,2024(3):1-7.

阮梅花,袁天蔚,王慧媛,等.神经科学和类脑人工智能发展:未来路径与中国布局——基于业界百位专家调研访谈[J].生命科学,2017(2):97-113.

尚航标,刘佳奇,王智林,等.数字化转型差异度对企业绩效的影响研究[J].管理学报,2024(2):193-201.

邵新建,巫和懋,肖立晟,等.中国企业跨国并购的战略目标与经营绩效:基于A股市场的评价[J].世界经济,2012(5):81-105.

史金易,王志凯.加强数字经济认知,推动经济社会迭代创新[J].浙江大学学报(人文社会科学版),2021(5):149-156.

宋玉臣,朱铭祺.供应链金融与企业数字技术创新——影响效果、作用机制与地方政府支持政策下的效应评估[J].商业研究,2024(2):74-83.

宋渊洋,陈正一,阎海峰.数字化转型能降低企业对大客户的依赖吗?[J].管理评论,2024(2):130-142.

苏玺鉴,胡安俊.人工智能的产业与区域渗透:态势、动力、模式与挑战[J].经济学家,2023(2):79-89.

孙桂生,唐少清,陶金元,等.企业家精神、创新文化与高质量发展的内在逻辑分析[J].中国软科学,2024(S1):454-461.

孙瑾,杨静舒.循环的力量:互惠关系对消费者行为的影响[J].心理科学进展,2023(6):1094-1108.

孙路明,张少敏,姬涛,等.人工智能赋能的数据管理技术研究[J].软件学报,2020(3):600-619.

孙艺.人工智能赋能新质生产力:理论逻辑、实践基础与政策路径[J].西南民族大学学报(人文社会科学版),2024(2):108-115.

谭春辉,王俊.基于Web数据挖掘技术的企业网站客户忠诚度提升模型研究[J].图书情报工作,2009(14):138-142.

汤丹丹,温忠麟.共同方法偏差检验:问题与建议[J].心理科学,2020(1):215-223.

汤志伟,雷鸿竹,郭雨晖.政策工具—创新价值链视角下的我国地方政府人工智能产业政策研究[J].情报杂志,2019(5):49-56.

唐红梅.人工神经网络技术在成熟期企业员工绩效评估中的研究与开发[D].武汉:武汉理工大学,2006.

唐文虎,牛哲文,赵柏宁,等.数据驱动的人工智能技术在电力设备状态分析中的研究与应用[J].高电压技术,2020(9):2985-2999.

万赟.从图灵测试到深度学习:人工智能60年[J].科技导报,2016(7):26-33.

汪明月,李颖明,王子彤.工业企业绿色技术创新绩效传导及政府市场规制的调节作用研究[J].管理学报,2022(7):1026-1037,1091.

王烽权,江积海,王若瑾.人工智能如何重构商业模式匹配性?——新电商拼多多案例研究[J].外国经济与管理,2020(7):48-63.

王国柱.人工智能生成物可版权性判定中的人本逻辑[J].华东师范大学学报(哲学社会科学版),2023(1):133-142,205.

王君华,刘亚超.生成式人工智能背景下企业知识管理系统的构建及发展[J].科技管理研究,2024(7):152-161.

王丽平,金斌斌.新经济下创业企业非线性成长基因组态与等效路径研究——基于模糊集定性比较分析[J].科技进步与对策,2020(7):69-78.

王良,刘益,张磊楠.转型业务流程外包中企业间竞合关系类型、知识共享与创新绩效关系研究[J].科技进步与对策,2013(7):84-89.

王巍,姜智鑫.通向可持续发展之路:数字化转型与企业异地合作创新[J].财经研究,2023(1):79-93.

王晰巍,李玥琪,刘宇桐,等.大数据及人工智能时代背景下国外图书情报专业研究生人才培养趋势研究[J].图书情报工作,2019(11):5-14.

王先林,曹汇.数字平台个性化定价的反垄断规制[J].山东大学学报(哲学社会科学版),2022(4):136-149.

王小华,周韩梅.摆脱路径依赖:金融科技区域差异化发展的逻辑与检验[J].当代财经,2023(2):15-27.

王晓丽,李西营,邵景进.形成性测量模型:结构方程模型的新视角[J].心理科学进展,2011(2):293-300.

王雪,潘爱玲,王慧.业绩压力与传统企业数字并购:促进还是抑制?[J].财经论丛,2024(4):81-90.

王洋,闫海.生成式人工智能的风险迭代与规制革新——以 ChatGPT 为例[J].理论月刊,2023(6):14-24.

王永贵,张思祺,张二伟,等.基于互动视角的数字营销研究:整合框架与未来展望[J].财经论丛,2024(5):5-16.

王钰,唐要家.人工智能应用如何影响企业创新宽度?[J].财经问题研究,2024(2):38-50.

王媛媛.保险科技如何重塑保险业发展[J].金融经济学研究,2019(6):29-41.

王志宏,杨震.人工智能技术研究及未来智能化信息服务体系的思考[J].电信科学,2017(5):1-11.

王宗军,蒋元涛.基于 SWOT 的智能型动态战略决策支持系统结构设计[J].科技进步与对策,2004(4):119-121.

韦景竹,王政.公共文化数据协同治理研究:内涵、范畴与理论框架[J].图书情报知识,2023(6):67-77.

韦影,宗小云.企业适应数字化转型研究框架:一个文献综述[J].科技进步与对策,2021(11):152-160.

魏峰,张惠淼,王艺霏.危机情境下流动性冗余、双元创新与中小企业绩效的关系研究[J].科学学与科学技术管理,2024(4):33-51.

魏江,许庆瑞.企业技术能力与技术创新能力之关系研究[J].科研管理,1996(1):22-26.

魏彦强,李新,高峰,等.联合国 2030 年可持续发展目标框架及中国应对策略[J].地球科学进展,2018(10):1084-1093.

温有奎,温浩,乔晓东.让知识产生智慧——基于人工智能的文本挖掘与问答技术研究[J].情报学报,2019(7):722-730.

吴飞,阳春华,兰旭光,等.人工智能的回顾与展望[J].中国科学基金,2018(3):243-250.

吴贵生.技术创新管理[M].北京:清华大学出版社,2000.

吴江,陈婷,龚艺巍,等.企业数字化转型理论框架和研究展望[J].管理学报,2021(12):1871-1880.

吴晓波,李思涵,徐宁,等.数字经济背景下浙江省创新型经济发展评价及赋能对策研究——基于2014—2017年六省市的对比分析[J].科技管理研究,2020(13):157-164.

武常岐,张昆贤,陈晓蓉.传统制造业企业数字化转型路径研究——基于结构与行动者视角的三阶段演进模型[J].山东大学学报(哲学社会科学版),2022(4):121-135.

肖鹏,王爱梅,刘金培.企业国际化与竞争优势:动态能力的中介效应[J].科技进步与对策,2019(11):85-91.

谢萌萌,夏炎,潘教峰,等.人工智能、技术进步与低技能就业——基于中国制造业企业的实证研究[J].中国管理科学,2020(12):54-66.

谢新水.人工智能内容生产:功能张力、发展趋势及监管策略——以ChatGPT为分析起点[J].电子政务,2023(4):25-35.

辛杰.企业文化对企业社会责任的影响:领导风格与高管团队行为整合的作用[J].上海财经大学学报,2014(6):30-39.

邢丽云,俞会新,任相伟.网络嵌入、绿色动态能力与企业绿色创新——环境规制和管理者环境注意力的调节作用[J].科技进步与对策,2022(14):105-113.

徐国虎,田萌.大数据系统实施对企业绩效影响的实证研究[J].科技进步与对策,2017(16):98-105.

徐佳,崔静波.低碳城市和企业绿色技术创新[J].中国工业经济,2020(12):178-196.

徐雷,李政,郭晓玲.人工智能算法决策与企业研发"合谋"[J].中国软科学,2024(6):214-224.

徐巧玲.知识管理能力对企业技术创新绩效的影响[J].科技进步与对策,2013(2):84-87.

徐印州,林梨奎,李丹琪.社区商业的人工智能化趋势[J].商业经济研究,2018(12):8-12.

徐占东,刘鹏佩,杨学磊.知识获取视阈下创业学习对新创企业创新绩效的影响机制——环境动态性的调节作用[J].科技进步与对策,2024(6):118-128.

许建,罗永强.商业智能系统建设若干问题的探讨[J].计算机系统应用,2008(8):118-123.

颜嘉麒,王敏红,朱庆华.人工智能驱动下信息管理研究前沿论坛纪要[J].图书情报知识,2023(6):17-19.

颜莉,虎利森.经济不确定性、数字赋能与企业创新——基于我国医药制造企业历史经验数据[J].湖北经济学院学报,2022(6):76-90.

阳镇,陈劲.数智化时代下企业社会责任的创新与治理[J].上海财经大学学报,2020(6):33-51.

杨瑾,解若琳.装备制造企业颠覆式创新实现机理及路径研究——基于扎根理论的分析[J].科技进步与对策,2020(19):87-95.

杨扬,张虹.智能聊天机器人技术在出版业的创新应用及发展趋势[J].出版科学,2020(1):81-86.

杨祎,刘嫣然,李垣.替代或互补:人工智能应用管理对创新的影响[J].科研管理,2021(4):46-54.

杨震宁,李东红,赵红.跨国技术战略联盟"跨边界"立体学习模型研究[J].外国经济与管理,2016(11):83-100.

姚加权,张锟澎,郭李鹏,等.人工智能如何提升企业生产效率?——基于劳动力技能结构调整的视角[J].管理世界,2024(2):101-116,133,117-122.

姚小涛,亓晖,刘琳琳,等.企业数字化转型:再认识与再出发[J].西安交通大学学报(社会科学版),2022(3):1-9.

叶兰.数据管理能力成熟度模型比较研究与启示[J].图书情报工作,

2020(13):51-57.

于斌,张亚辉,冯林.企业管理中战略执行力的影响因素分析[J].社会科学辑刊,2018(3):148-151.

于洪,何德牛,王国胤,等.大数据智能决策[J].自动化学报,2020(5):878-896.

于洪君.开辟人工智能中国路径彰显全球治理中国经验[J].当代世界,2024(5):4-11.

余菲菲,蒋庆.大数据分析能力对企业数字化转型的影响:地方政策感知的调节效应[J].科技进步与对策,2024(3):12-22.

余江,白宇彤,孟庆时,等.数字化转型战略对企业数字创新绩效影响研究[J].科研管理,2024(4):1-11.

余凯,贾磊,陈雨强,等.深度学习的昨天、今天和明天[J].计算机研究与发展,2013(9):1799-1804.

余乐安.基于人工智能的预测与决策优化理论和方法研究[J].管理科学,2022(1):60-66.

俞鼎,李正风.智能社会实验:场景创新的责任鸿沟与治理[J].科学学研究,2024(6):1121-1128.

喻登科,陈淑婷.信息技术与企业绩效:知识管理能力与商业模式创新的链式中介作用[J].科技进步与对策,2024(8):117-128.

袁野,汪书悦,陶于祥.人工智能关键核心技术创新能力测度体系构建:基于创新生态系统视角[J].科技进步与对策,2021(18):84-93.

岳佳彬,胥文帅.贫困治理参与、市场竞争与企业创新——基于上市公司参与精准扶贫视角[J].财经研究,2021(9):123-138.

张钹,朱军,苏航.迈向第三代人工智能[J].中国科学:信息科学,2020(9):1281-1302.

张超,李国良,冯建华,等.HTAP 数据库关键技术综述[J].软件学报,2023(2):761-785.

张初兵,李天歌,常颖,等.自强还是自嘲:智能语音助手幽默语言风格对用户失败容忍度的影响[J].财经论丛,2024(3):91-101.

张德涛,张景静.地方政府的行为选择与企业绿色技术创新[J].中国人口·资源与环境,2022(3):86-94.

张公一,张畅,刘思雯.环境不确定情境下组织韧性影响路径、作用机制与应对策略研究[J].科技进步与对策,2023(2):20-29.

张明,杜运周.组织与管理研究中QCA方法的应用:定位、策略和方向[J].管理学报,2019(9):1312-1323.

张铭,曾静,曾娜,等."技术—组织—环境"因素联动对互联网企业数字创新的影响——基于TOE框架的模糊集定性比较分析与必要条件分析[J].科学学与科学技术管理,2024(3):21-40.

张鹏飞.日本人工智能产业发展和政策研究[J].现代日本经济,2021(5):25-40.

张姝艳,皮婷婷.医疗领域中人工智能应用的可解释性困境与治理[J].医学与哲学,2023(3):25-29,35.

张文松.企业战略能力研究[M].北京:科学出版社,2005.

张夏恒.新一代人工智能技术(ChatGPT)可能引发的社会变革[J].产业经济评论,2023(3):22-30.

张夏恒.中小企业数字化转型障碍、驱动因素及路径依赖——基于对377家第三产业中小企业的调查[J].中国流通经济,2020(12):72-82.

张新新,刘华东.出版＋人工智能:未来出版的新模式与新形态——以《新一代人工智能发展规划》为视角[J].科技与出版,2017(12):38-43.

章文光,吴映雄.基于人工智能的创新变革[J].北京大学学报(哲学社会科学版),2020(4):139-148.

赵宏霞,王梦娟,王国涛.工业互联网平台生态嵌入对参与企业探索式创新绩效的影响[J].科技进步与对策,2022(15):89-98.

赵亮员,吕鹏,薛品,等.以小"建"大:中小企业"数实融合"的新趋势与新特点[J].山东大学学报(哲学社会科学版),2023(2):99-112.

赵晓庆,许庆瑞.企业技术能力演化的轨迹[J].科研管理,2002(1):70-76.

赵延东,Jon Pedersen.受访者推动抽样:研究隐藏人口的方法与实践

[J].社会,2007(2):192-205,208.

郑力源,周海炜.企业大数据能力:研究综述与未来展望[J].科技进步与对策,2019(15):153-160.

郑云坚,程熙镕,王丹.电子商务市场产品多元化战略的销售绩效及驱动因素研究[J].北京交通大学学报(社会科学版),2016(4):65-73.

钟优慧,杨志江.国有企业是否更愿意绿色技术创新?——来自制造业上市公司的实证研究[J].云南财经大学学报,2021(5):88-98.

周浩,龙立荣.共同方法偏差的统计检验与控制方法[J].心理科学进展,2004(6):942-950.

周品.MATLAB神经网络设计与应用[M].北京:清华大学出版社,2013.

周雄勇,朱庆华,许志端.数字追溯对食品企业创新行为的影响——知识整合的中介效应和环境动态性的调节效应[J].中国管理科学,2023(3):186-195.

周烁,张文韬.互联网使用的主观福利效应分析[J].经济研究,2021(9):158-174.

朱国玮,高文丽,刘佳惠,等.人工智能营销:研究述评与展望[J].外国经济与管理,2021(7):86-96.

朱巧玲,杨剑刚.算法陷阱与规制跨越[J].经济学家,2022(1):104-114.

朱巍,陈慧慧,田思媛,等.人工智能:从科学梦到新蓝海——人工智能产业发展分析及对策[J].科技进步与对策,2016(21):66-70.

祝明伟,李随成.供应商为制造商带来更多的研发创新还是非研发创新?——社会资本视角[J].科研管理,2022(7):61-68.

祝继高,曲馨怡,韩慧博,等.数字化转型与财务管控创新研究——基于国家电网的探索性案例分析[J].管理世界,2024(2):172-192.

祝坤福,余心玎,魏尚进,等.全球价值链中跨国公司活动测度及其增加值溯源[J].经济研究,2022(3):136-154.

附录　新一代人工智能对企业创造力与绩效影响的调查问卷

亲爱的用户,:

　　您好,非常感谢您对本次问卷调查的支持！本次调查旨在研究人工智能对企业创造力与绩效的影响,您的宝贵意见将成为相关研究的重要参考依据。

　　此问卷为无记名作答,仅作为学术研究之用,不会公开填写的信息。非常感谢您的支持与合作！

　　人工智能是指模拟人类智慧运行的机器(程序),常用于智能客服、智能化数据分析、个性化推荐(商品、视频)、趋势预测、价格参考等。

　　1. 贵公司在哪些方面应用了人工智能技术？(多选题)*

□智能客服

□商务智能

□供需趋势预测

□定价参考

□用户画像分析

□广告投放预测

□推广文案创作

□短视频制作

□其他 _____

2. 公司成立年数（单选题）*

○1 年以下　　　○1—3 年　　　○4—6 年　　　○6 年以上

3. 公司人数（单选题）*

○1—5 人　　　　　○6—10 人　　　　　○10 人以上

4. 人工智能管理（单选题）*

题项	很不同意	不同意	一般	同意	很同意
我们采用了人工智能系统	○	○	○	○	○
我们推行使用人工智能系统	○	○	○	○	○
我们持续监控人工智能系统的进展	○	○	○	○	○
我们不断更新人工智能系统	○	○	○	○	○

5. 环境活力（单选题）*

题项	很不同意	不同意	一般	同意	很同意
我们能根据需求改变我们的经营策略	○	○	○	○	○
危机期间,我们的客户需求是不断变化的	○	○	○	○	○
危机期间,我们的营销策略会迅速变化	○	○	○	○	○
危机期间,供需方面非常难以预测	○	○	○	○	○
我们正在采用人工智能技术来提升企业绩效以应对危机	○	○	○	○	○

6. 企业创造力（单选题）*

题项	很不同意	不同意	一般	同意	很同意
我们产生了许多新颖且有用的想法	○	○	○	○	○
我们的企业氛围有助于产生新颖且有用的想法	○	○	○	○	○
我们花了很多时间来产生新颖且有用的想法	○	○	○	○	○
我们认为产生新颖且有用的想法是重要的	○	○	○	○	○
我们积极地提出新颖且有用的想法	○	○	○	○	○

7. 创新文化（单选题）*

题项	很不同意	不同意	一般	同意	很同意
我们灵活的组织结构有助于整合不同的观点	○	○	○	○	○
我们通过不断尝试新的做事方式来承担风险	○	○	○	○	○
我们的文化鼓励创新	○	○	○	○	○

8. 人工智能驱动决策（单选题）*

题项	很不同意	不同意	一般	同意	很同意
我们认为拥有、理解和使用人工智能是非常重要的	○	○	○	○	○
我们依靠人工智能来支持决策	○	○	○	○	○
我们基于人工智能来制定新策略	○	○	○	○	○
我们需要人工智能进行有效决策	○	○	○	○	○

9. 人工智能基础(单选题)*

题项	很不同意	不同意	一般	同意	很同意
我们拥有应用人工智能的硬件设备(计算机等)	○	○	○	○	○
我们能够获取运行人工智能所需的数据	○	○	○	○	○
我们拥有应用人工智能的软件	○	○	○	○	○
我们拥有应用人工智能的技术资源	○	○	○	○	○
我们为人工智能项目安排了充足的资金	○	○	○	○	○

10. 人工智能技能(单选题)*

题项	很不同意	不同意	一般	同意	很同意
我们了解人工智能的应用范围	○	○	○	○	○
我们能制订人工智能的使用计划	○	○	○	○	○
我们具备人工智能的应用技能	○	○	○	○	○
我们能获得关于人工智能使用的培训	○	○	○	○	○
我们能够使用人工智能技术	○	○	○	○	○

11. 人工智能倾向(单选题) *

题项	很不同意	不同意	一般	同意	很同意
我们要认识到创新的重要性	○	○	○	○	○
我们已制定创新工作的策略	○	○	○	○	○
我们有能力实施创新计划	○	○	○	○	○
我们愿意做各种新的尝试	○	○	○	○	○
我们会引入新产品或新技术来提升企业绩效	○	○	○	○	○
我们会采取积极行动来把握发展机遇	○	○	○	○	○

12. 企业绩效（单选题）*

题项	很不同意	不同意	一般	同意	很同意
我们的市场份额增长较快	○	○	○	○	○
我们目前没有碰到财务困难	○	○	○	○	○
我们持续推出新产品和服务	○	○	○	○	○
我们对当前的发展很满意	○	○	○	○	○
人工智能实施有助于提高企业绩效	○	○	○	○	○

13. 感知习惯（单选题）*

题项	很不同意	不同意	一般	同意	很同意
我通常会选择进行网络购物	○	○	○	○	○
网络购物已成为我的习惯	○	○	○	○	○
网络购物对我来说很自然	○	○	○	○	○